p. 1: cartaz de 1961, de Anatóli Antóntchenko.
"8 de Março – Dia Internacional da Mulher.
PAZ [em vários idiomas]."

A REVOLUÇÃO DAS MULHERES

Aleksandra M. Kollontai ⊁ Anna A. Kalmánovitch
Ariadna V. Tirkóva-Williams ⊁ Ekaterina D. Kuskova
Elena A. Kuvchínskaia ⊁ Inessa F. Armand
Konkórdia N. Samóilova ⊁ Liubov I. Guriévitch
Maria I. Pokróvskaia ⊁ Nadiéjda K. Krúpskaia
Olga A. Chapír

GRAZIELA SCHNEIDER [ORG.]

A REVOLUÇÃO DAS MULHERES

emancipação feminina na Rússia soviética

artigos, atas, panfletos, ensaios

Copyright da edição © Boitempo, 2017

Direção editorial
Ivana Jinkings

Edição
Bibiana Leme

Assistência editorial
Thaisa Burani

Tradução
Cecília Rosas, Denise Sales, Ekaterina Vólkova Américo, Gabriela Soares, Gabriella Oliveira, Gabrielle Figueira, Kristina Balykova, Melissa Teixeira Siqueira Barbosa, Natalia Quintero, Priscila Marques, Renata Esteves, Sofia Osthoff, Tatiana Lárkina, Thaiz Carvalho Senna (conforme identificação em cada texto)

Conferência final
Paula Vaz de Almeida

Preparação
Mariana Tavares

Revisão
Maíra Bregalda

Coordenação de produção
Livia Campos

Capa
Ivana Jinkings
(sobre montagem com fotografia em óleo sobre tela de Liubov Popova, 1917)

Diagramação
Natalia Aranda (Crayon Editorial)

Equipe de apoio: Allan Jones / Ana Yumi Kajiki / Artur Renzo / Eduardo Marques / Elaine Ramos / Frederico Indiani / Isabella Marcatti / Ivam Oliveira / Kim Doria / Marlene Baptista / Maurício Barbosa / Renato Soares / Thaís Barros / Tulio Candiotto

CIP-BRASIL. CATALOGAÇÃO NA PUBLICAÇÃO
SINDICATO NACIONAL DOS EDITORES DE LIVROS, RJ

R35

A revolução das mulheres : emancipação feminina na Rússia soviética / organização Graziela Schneider ; [tradução Cecília Rosas ... [et al.]]. – 1. ed. – São Paulo : Boitempo, 2017.

ISBN: 978-85-7559-538-1

1. União Soviética - História - Revolução, 1917-1921. 2. Mulheres - Condições sociais - União Soviética. 3. Feminismo - História - União Soviética. I. Schneider, Graziela. II. Rosas, Cecília. III. Título.

17-39486   CDD: 305.42
CDU: 316.346.2-055-2

É vedada a reprodução de qualquer parte deste livro sem a expressa autorização da editora.

1ª edição: março de 2017
1ª reimpressão: junho de 2017; 2ª reimpressão: fevereiro de 2018
3ª reimpressão: novembro de 2018; 4ª reimpressão: junho de 2021

BOITEMPO
Jinkings Editores Associados Ltda.
Rua Pereira Leite, 373
05442-000 São Paulo SP
Tel.: (11) 3875-7250 / 3875-7285
editor@boitempoeditorial.com.br
www.boitempoeditorial.com.br | www.blogdaboitempo.com.br
www.facebook.com/boitempo | www.twitter.com/editoraboitempo
www.youtube.com/tvboitempo | www.instagram.com/boitempo

AGRADECIMENTOS

À Boitempo Editorial, em especial a Ivana Jinkings e Bibiana Leme, pela iniciativa inestimável e pelo trabalho meticuloso e inspirador.

A Elena Vássina e Sonia Branco, pelas valiosas percepções e perspectivas.

A Cecilia Rosas, Daniela Mountian, Denise Sales, Natalia Quintero e Priscila Marques, pelos amparos imediatos, práticos e imateriais, durante todo o processo de realização deste livro.

A Ekaterina Vólkova Américo, Kristina Balykova, Maria Vragova e Paula Almeida, por toda a imprescindível ajuda de "últimos momentos".

A todas as autoras; às tradutoras Cecília Rosas, Denise Sales, Gabriela Soares, Gabriella Oliveira, Gabrielle Figueira, Ekaterina Vólkova Américo, Kristina Balykova, Melissa Teixeira, Natalia Quintero, Priscila Marques, Renata Esteves, Sofia Osthoff, Tatiana Lárkina, Thaiz Senna; à preparadora Mariana Tavares e a toda a equipe de mulheres envolvidas nesta publicação: sem elas, essas vozes não chegariam até nós.

A Bruno Gomide, pela confiança em meu trabalho, pelas orientações e conversações.

A Odomiro Fonseca, Aleksei Filimonov e Alexandr Kornev, por suas contribuições elucidativas.

A minha mãe e meu pai, e às minhas famílias, por me ensinarem tanto e me incentivarem, a vida toda.

A Murilo, *továrisch* de todas as horas, minha eterna pedra angular.

A todas as mulheres. A luta continua!

Mulheres protestam em São Petersburgo às vésperas da Revolução de Fevereiro de 1917.

SUMÁRIO

APRESENTAÇÃO – As vozes da revolução das mulheres 11
Graziela Schneider

ANNA ANDRÉIEVNA KALMÁNOVITCH (s.d.) 15
Algumas palavras sobre o feminismo 18
O movimento feminista e a relação dos partidos com ele 21

OLGA ANDRÉIEVNA CHAPÍR (1850-1916) 39
Ideais de futuro 42

MARIA IVÁNOVNA POKRÓVSKAIA (1852-s.d.) 49
Como as mulheres devem lutar contra a prostituição 52
Lei e vida 61

LIUBOV IÁKOVLEVNA GURIÉVITCH (1866-1940) 71
A questão da igualdade de direitos das mulheres
no meio camponês. 75
Sobre a questão do sufrágio feminino na sociedade
russa, nos *ziémstvo* e nas cidades 81

NADIÉJDA KONSTANTÍNOVNA KRÚPSKAIA (1869-1939) 85
Deve-se ensinar "coisas de mulher" aos meninos? 88
União da juventude 92
Guerra e maternidade 94
A trabalhadora e a religião 99
Comunicado às operárias e camponesas sobre a morte de Lênin . . 102
O Partido Comunista e a trabalhadora. 103
A religião e a mulher 105
Sobre o Congresso das Operárias e Camponesas 109
Caminhos para a emancipação da mulher oriental. 114
Prefácio para a coletânea *O legado de Lênin sobre a emancipação
da mulher* 124
Apenas no país dos sovietes a mulher é livre e tem direitos iguais . . 126

EKATERINA DMÍTRIEVNA KUSKOVA (1869-1958). 131
Mulheres e igualdade: a respeito do I Congresso de Mulheres
de Toda a Rússia. 134

ARIADNA VLADÍMIROVNA TIRKÓVA-WILLIAMS (1869-1962) 139
A transformação psicológica da mulher ao longo dos
últimos cem anos 142

ALEKSANDRA MIKHÁILOVNA KOLLONTAI (1872-1952) 147
A mulher trabalhadora na sociedade contemporânea 150
O dia da mulher. 160
Na Rússia também haverá um dia da mulher! 164
O fracasso do lema da "paz civil" 167
V. I. Lênin e o I Congresso de Trabalhadoras 172
Relações entre os sexos e a luta de classes 176
Da história do movimento das trabalhadoras na Rússia 191
I Conferência Internacional de Mulheres Comunistas 202
Os sindicatos e a trabalhadora 207
A III Internacional e a trabalhadora. 210
O que Outubro deu à mulher ocidental 214
As combatentes no dia do Grande Outubro 217

INESSA FIÓDOROVNA ARMAND (1874-1920) 223
A trabalhadora e o Congresso de Mulheres de Toda a Rússia 226
O Partido Comunista e a trabalhadora. 228
A trabalhadora no combate à contrarrevolução 231
A trabalhadora defende a Revolução de Outubro. 233
As trabalhadoras e os sovietes 236
As operárias e as camponesas zelam pelo Exército Vermelho 238
As trabalhadoras na I Internacional 239

ELENA ALEKSÁNDROVNA KUVCHÍNSKAIA (1874-1928) 245
Mulher e política 248

KONKÓRDIA NIKOLÁIEVNA SAMÓILOVA (1876-1921) 253
O que a Grande Revolução de Outubro deu aos operários
e camponeses 256

APRESENTAÇÃO
AS VOZES DA REVOLUÇÃO DAS MULHERES

O tema da *jénski voprós* russa – "questão feminina" ou "das mulheres" – povoa o pensamento e a literatura da Rússia (e, depois, da URSS) pelo menos desde meados do século XIX. As mulheres foram e continuam sendo objeto de representações e análises privilegiadas feitas do ponto de vista do homem. Exemplo disso são os escritores e suas personagens femininas ou os pensadores que se dedicam a elaborar tratados sobre as mulheres, enquanto as vozes femininas reais – de mulheres revolucionárias, jornalistas, escritoras, poetas – escreviam silenciadas. Ainda hoje, quando se trata de discutir a história e as questões das mulheres russas, os referenciais são, em grande parte, textos assinados por homens, apesar de existir uma vasta bibliografia feminina, tanto de fontes primárias como secundárias ou terciárias.

Os primórdios das manifestações de autoras russas a respeito da condição feminina começam a se evidenciar em escritos das décadas de 1830 e 1840, significativos em seu papel na formação de novas ideias. Já os anos 1850 podem ser considerados um marco na primeira onda do feminismo russo. O movimento avançou durante a segunda metade do século XIX, com as organizações e publicações inaugurais de mulheres, e atingiu seu ápice no início do século seguinte, em especial entre 1905 e 1917, com a intensa participação delas em mobilizações, congressos e protestos, até sua consolidação em meados dos anos 1920. Não é que antes disso as mulheres não escrevessem nem que depois suas manifestações tenham cessado, mas é a partir da década de 1850 que a expressão feminina se torna mais manifesta. Nos anos 1930 e 1940, com o stalinismo, a luta das mulheres toma novos rumos, devido à promoção de políticas retrógradas. A seção feminina do partido é dissolvida (em 1929), voltam a ser penalizados a homossexualidade (1934) e o aborto (de 1936 a 1955), a educação é novamente dividida entre mulheres e homens, as condições de obtenção do divórcio se complicam, dando lugar a um retorno da moral e da família tradicionais. Com a Segunda Guerra Mundial e a Grande Guerra Patriótica, graças à ampla participação das mulheres soviéticas, o feminismo russo continua se transformando, o que culmina na reconquista de alguns dos direitos subtraídos.

A expressão das mulheres russas sobre história, política, feminismo e os temas que lhes pertencem – igualdade de direitos, sufrágio, condições das operárias e camponesas, amor livre, casamento, maternidade, divisão das tarefas domésticas, aborto, religião, prostituição etc. – traçaram caminhos subterrâneos com o intuito de conquistar seus próprios espaços. O objetivo deste livro é lançar luz sobre essas manifestações, trazendo-as para o primeiro plano.

Apresentamos vozes femininas da Rússia e da URSS, tanto as mais conhecidas – Nadiéjda Krúpskaia, Aleksandra Kollontai e Inessa Armand – quanto autoras inéditas para o público brasileiro – Anna Kalmánovitch, Maria Pokróvskaia, Ariadna Tirkóva-Williams e Konkórdia Samóilova. A partir de suas reflexões, é possível compreender a luta pela emancipação feminina e os percursos da *jénski voprós* ao longo da história. Em meio ao contexto político, social e cultural da Rússia em ebulição, seus textos retratam momentos revolucionários, destacando as instituições, os eventos e os periódicos femininos mais emblemáticos, principalmente do início do século XX.

Trata-se de autoras de extrema relevância para os estudos feministas, cujo legado perdura até hoje. Elas representam vertentes diversas do feminismo russo: liberais, como Pokróvskaia e Tirkóva-Williams; marxistas, como Krúpskaia, Kollontai e Armand; radicais, como Kalmánovitch; de origem camponesa, como Chapír. Um retrato da época com todas as suas contradições, pelo olhar de mulheres múltiplas. A Rússia e a União Soviética foram precursoras no que se refere à luta das mulheres pela emancipação e às suas conquistas. Desde o século XIX, as russas se organizaram para estabelecer instituições como os cursos superiores para mulheres, fundados a partir de 1872. É notável que, entre 1913 e 1914, 40 mil mulheres estudassem em estabelecimentos de ensino superior no país. Além disso, entre o fim do século XIX e começo do século XX foram criados inúmeros órgãos associativos, como a Sociedade de Filantropia Recíproca, a Sociedade Russa de Defesa das Mulheres, o Partido Progressista das Mulheres, a União das Mulheres e o Jenotdiél[1].

---

[1] De *Jênski Otdiêl* [Departamento de Mulheres] do Secretariado do Comitê Central do Partido Comunista da União Soviética. Criado por Aleksandra Kollontai e Inessa Armand em 1919, manteve suas atividadades até 1930.

A REVOLUÇÃO DAS MULHERES

Entre tais instituições, destaca-se a União pela Igualdade das Mulheres, a maior organização feminista da Rússia. Surgido após a Revolução de 1905, o órgão teve de encerrar suas atividades durante a repressão que se seguiu ao fervor revolucionário. Outra associação de particular importância é a Líga Ravnoprávia Jênschin [Liga da Igualdade de Direitos das Mulheres]. Foi ela a responsável por organizar a histórica marcha das mulheres em 8 de março de 1917 (23 de fevereiro, no calendário juliano). Considera-se que esse protesto tenha sido o estopim das Revoluções Russas de Fevereiro e Outubro, quando milhares de operárias têxteis iniciaram uma greve geral e se manifestaram contra a fome, o tsarismo e o governo provisório, que não havia incluído o sufrágio feminino em sua agenda.

O prenúncio desse Dia da Mulher havia ocorrido quatro anos antes, em 1913, quando foi realizado o I Dia Internacional das Trabalhadoras pelo Sufrágio Feminino. Na ocasião, as trabalhadoras russas se reuniram em Petrogrado e foram reprimidas. Outro marco para a determinação do 8 de Março como Dia Internacional das Mulheres foi em 1921, na Conferência Internacional das Mulheres Comunistas. No evento, remetendo a tal iniciativa das trabalhadoras russas, a data foi proposta como oficial. A partir de 1922, o Dia Internacional da Mulher passa a acontecer em 8 de março.

Ainda no que diz respeito ao pioneirismo das russas e soviéticas, é preciso destacar o trabalho feito por elas em publicações como *Jénskoe Diêlo* (1899-1900), *Jénski Viéstnik* (1904-1916), *Soiúz Jénschin* (s.d.-1909), *Jurnál dliá Jénschin* (1914-1926) e *Rabótnitsa* (1914) e na organização de encontros, como o célebre I Congresso de Mulheres de Toda a Rússia (entre 10 e 16 de dezembro de 1908), o Congresso de Toda a Rússia para a Luta contra o Comércio de Mulheres (1910) e o I Congresso de Toda a Rússia sobre a Educação de Mulheres (de 26 de dezembro de 1912 a 4 de janeiro de 1913).

A questão que se coloca a partir da leitura deste volume é: existiu apenas um "feminismo" russo e soviético? Ou vários? As chamadas ondas do feminismo russo, desde suas raízes no século XIX até as transformações ocorridas ao longo do século XX, são muito peculiares. Elas incluem mulheres da aristocracia, de instituições filantrópicas, da *intelligentsia*, marxistas, das alas liberal, radical etc. – o movimento de mulheres da Rússia se difere das conquistas das mulheres ocidentais dentro do liberalismo, que reivindicavam a igualdade de direitos em relação aos homens, sem propor uma mudança abrupta nos padrões sociais, enquanto na Rússia pré e pós-revolucionária a transmutação do papel e dos costumes impostos à mulher era crucial.

Este livro é parte de um esforço de dialogar com obras sobre a ação fundamental das mulheres em diversos processos revolucionários ao longo da história, como a Revolução Industrial, a Guerra Civil Norte-Americana, a Revolução Francesa, a Revolução Mexicana, a Primeira Guerra Mundial, a Guerra Civil Espanhola e a Segunda Guerra Mundial, além de outros volumes que tratam das particularidades da condição e da luta femininas nas Revoluções Russas. Por meio deste volume, desejamos contribuir para o trabalho de evidenciar, por um lado, o papel desempenhado pelas mulheres e, por outro, o protagonismo de suas ideias e expressões em diferentes movimentos revolucionários. A mulher deixa de ser apenas partícipe da história e passa a ser sua voz e representação.

Ainda que exista uma extensa bibliografia, em especial em língua russa e inglesa, sobre as mulheres russas na história, na literatura e na política, entre outras esferas, há relativamente poucos trabalhos que reúnam seus textos, como faz este volume. Traduzidos pela primeira vez no Brasil diretamente do russo para o português, eles ajudam a preencher esse espaço, formando um recorte de autoras russas e soviéticas sobre questões femininas e traçando um breve panorama da Rússia revolucionária entre a Revolução de 1905, as Revoluções de 1917 e as décadas de 1920, 1930. Temos, assim, um retrato da luta pela emancipação feminina, o início da era das mulheres.

Graziela Schneider
fevereiro de 2017

ANNA ANDRÉIEVNA KALMÁNOVITCH
(s.d.)

Ao lado, pôster de 1965 em comemoração à Revolução de 1917, com os dizeres "Viva Outubro!".

ANNA ANDRÉIEVNA KALMÁNOVITCH (s.d.) • Nascida em Saratov, na Rússia, em data desconhecida, Kalmánovitch foi uma ativista do movimento de mulheres, considerada pela pesquisadora sobre estudos russos Rochelle Ruthchild como "a mais proeminente feminista judia".

Nos anos 1890, dedicou-se à ação filantrópica. Após a Revolução de 1905, tornou-se feminista radical, sendo uma das primeiras mulheres a falar publicamente sobre os direitos políticos femininos e a igualdade de gênero. Ao longo de sua vida, escreveu panfletos sobre o tema e contribuiu para os principais periódicos feministas da época, como *Soiúz Jénschin* e *Jénski Viéstnik*.

Dedicou-se também à realização de palestras e discursos sobre a causa da mulher. Na Rússia, participou dos encontros da União pela Igualdade de Direitos das Mulheres e apresentou-se no I Congresso de Mulheres de Toda a Rússia, em 1908, e no I Congresso de Toda a Rússia pela Luta contra o Comércio de Mulheres, em 1910. Quando se exilou na Alemanha, participou de congressos da Aliança Internacional pelo Sufrágio Feminino e do Conselho Internacional de Mulheres, ambos em Berlim, em 1904. Também falou sobre o movimento de mulheres para grupos russos em Genebra, Lausanne e Zurique.

Seu destino é desconhecido depois da Revolução de Outubro. Apesar de não haver informações precisas sobre o ano de sua morte, seu último trabalho, uma tradução, foi publicado em 1914; no ano seguinte, há registros de sua participação na Liga da Igualdade de Direitos das Mulheres. Em 1927, um panfleto escrito por seu marido refere-se a ela como "falecida".

ALGUMAS PALAVRAS
SOBRE O FEMINISMO[*]

Conscientemente ou por falta de familiaridade com o assunto, os opositores e as opositoras do movimento de libertação das mulheres o imaginam como uma luta direcionada contra os homens, em geral compreendendo o feminismo como algum tipo de motim armado, uma guerra de amazonas. Quanto às suas adeptas – que têm coragem de afirmar que a questão da liberdade da mulher, assim como a de outros cidadãos, é sempre atual e que não se pode privilegiar os direitos de uma parte da população em prejuízo da outra –, os opositores declaram-nas feministas "radicais", achando que entenderam alguma coisa.

Está na hora, finalmente, de compreender que o movimento feminista não tem como objetivo a luta contra o sexo masculino, mas sim está direcionado à organização das mulheres, à mobilização daquela metade da população que está inerte para o combate dos preconceitos, independentemente de quem seja o agente deles: homem ou mulher. O feminismo inicia uma luta contra a unilateralidade da ordem social machista, supondo, com razão, que os tempos de párias, de criaturas-operárias sem voz, já passaram e que qualquer ser humano adulto que trabalhe em prol do bem comum tem o direito de participar nos assuntos do governo e da sociedade.

É por isso que as mulheres batalham tanto em favor dos interesses próprios, assim como em favor dos interesses de seus filhos e irmãos – cuja vida e felicidade consideram sua obrigação defender, como o fazem também os melhores dos homens. E a meta final do movimento feminista não é atingir a igualdade de todos. Esta é necessária como um meio para promover a verdade e a justiça nas relações humanas.

Já os opositores que não se intimidam com as conquistas femininas resolvem o problema de uma forma ainda mais simples. Eles ressaltam as obrigações tradicionais da mulher, esquecendo, no entanto,

---

[*] Tradução de Tatiana Lárkina. (N. E.)

que às obrigações deveriam corresponder os direitos. "Como as gestantes, as mães lactantes e as doentes conseguiriam cumprir seus deveres de cidadãs?"

É curiosa essa preocupação dos adversários da igualdade feminina de que as mulheres possam não conseguir exercer seus direitos! No entanto, suas preocupações são vãs, como podemos constatar do seguinte: recentemente, nos Estados Unidos estava se configurando um novo estado, Oklahoma (janeiro de 1906). Para discutir sua constituição, foi convidado o ministro sr. Alva Adams, governador do Colorado, onde, como é sabido, as mulheres gozam do direito de votar desde 1893. Eis o que disse o sr. Adams:

> Declaradas cidadãs, as mulheres, no início, manifestavam-se de modo muito acanhado. Acreditavam precisar sabe Deus de qual tipo de sabedoria para votar e exercer sua cidadania. Mas depois de um ano elas tinham se adaptado, e – é um fato indiscutível – nossas mulheres compraram e leram neste ano mais livros sobre ética política e direito parlamentar do que em toda a história do Estado. Nossas mulheres estudaram aquelas questões e agora estão mais familiarizadas com assuntos políticos do que nossos homens.
>
> A mulher é instintivamente mais moral do que o homem. Ela é inimiga de tudo que pode macular ou causar má influência sobre seus filhos. E como são as mulheres, assim serão seus filhos, e como serão os filhos, assim será a sociedade.

Nessa fala maravilhosa também está a resposta para aqueles que temem a influência reacionária da mulher por causa de seu atraso e falta de experiência em assuntos sociais. Acabamos de ver quão dedicadas se mostraram as mulheres convocadas a participar nesses temas, estudando-os profundamente. Supomos que no começo até poderia acontecer algo do gênero, mas, ainda assim, não seria sensato privar as mulheres de direitos – seria como imitar o avestruz que esconde a cabeça sob a asa quando se sente ameaçado. O mais sábio é enfrentar o perigo face a face para amenizá-lo.

A influência feminina, direta ou indireta, na vida social e governamental sempre foi grande. E ela se fortaleceu ainda mais atualmente, visto que a consciência da mulher cresceu e as condições econômicas a forçaram a sair do apertado circuito da vida doméstica para se engajar na luta pela sobrevivência. Além disso, sendo mães, esposas e irmãs, as mulheres exercem uma autoridade que não pode ser desconsiderada.

A mulher não pode ser apartada da vida da comunidade: seus interesses, como os do homem e também os da população como um todo, estão diretamente ligados aos interesses da sociedade e do Estado, e um afastamento forçado de qualquer parcela que seja da população da participação em assuntos comuns acabará dando frutos amargos. No lugar de amigável e sensato esforço coletivo dos cidadãos livres, entram as inconscientes forças obscuras. Isso já é compreensível para muitos no que se refere à parte masculina da população, mas não se aplica às mulheres. Uma óbvia e simples verdade ainda não penetrou a consciência social: de que como são as mulheres, assim serão seus filhos, e como serão os filhos, assim será a sociedade!

Fonte: Несколько слов о феминизме [Algumas palavras sobre o feminismo], em *Soiúz Jénschin/* Союз женщин [União das Mulheres], São Petersburgo, n. 5, 1907.

O MOVIMENTO FEMINISTA E A RELAÇÃO DOS PARTIDOS COM ELE*

Uma semana de trabalho de quatro sessões deixou claro que as mulheres não estão indiferentes a todas as desgraças e infortúnios da nossa vida social e que seus esforços serão aplicados nas missões educacional e cultural, na amenização do sofrimento e da dor daqueles que as cercam. Junto com isso, ficou evidente que as mulheres já compreenderam que, se privadas de direitos, elas não podem contar com quaisquer resultados benéficos de seu trabalho. Assim, não é difícil prever que suas principais atenções serão voltadas para o combate pelos direitos políticos e civis. E seria de extrema importância saber em qual direção caminha essa luta. É sobre isso que eu gostaria de conversar com vocês. A história é sempre instrutiva, e torna-se indispensável conformar-se a ela agora, quando as sociedades não se formam mais caoticamente, como nos tempos primordiais, e as pessoas constroem sua vida de modo mais ou menos consciente, ajudando a história a fazer história, por assim dizer. Dessa forma, analisaremos o que representa o movimento feminista – se é um fenômeno da nova era ou se a história já está familiarizada com ele.

A tarefa de determinar o início do movimento feminista revela-se ou muito difícil ou extremamente fácil. Acho que ele começou naquele exato momento em que Adão, após comer a maçã colhida por Eva, tão gentilmente jogou nela toda a culpa pelo ocorrido. Desde então, seus descendentes seguem seu bom exemplo: arrancam os frutos do prazer, mas não aceitam lidar com as inconveniências subsequentes, não querem aquela parte prosaica da vida, considerando-a – com toda a razão – chata e entediante, e a despejam nas mulheres, declarando-as quase uma raça inferior capaz unicamente de tirar estorvos do caminho deles e fazer vista grossa a tudo que eles aprontam. As mulheres, porém, jamais aceitaram essa situação e ao longo do tempo têm lutado fervorosamente pela sua independência.

---

* Tradução de Tatiana Lárkina. (N. E.)

A Bíblia não nos diz como a própria Eva recebeu o ato de Adão. No entanto, sabemos que Jeová, sendo uma divindade do sexo masculino, sentenciou Eva à mais severa pena. E, repare, ela foi punida por aquilo que os deuses castigam até hoje: pela colheita de frutos da árvore do conhecimento, algo que também gera a reação dos homens. Está claro para eles que precisam do saber e do estudo, que as melhores escolas e universidades estão abertas para eles, enquanto as mulheres ainda não são bem-vindas nesse paraíso inalcançável. Mas, seja o que for, elas sempre travaram o combate por seu direito de viver, pela liberdade e pelo conhecimento. Podemos encontrar rastros dessa luta no conceito de amazona. "A *amazoneidade* não é o produto de um país ou de uma raça específica", afirma um grande conhecedor das culturas primitivas, dr. Bachofen[*], em seu tratado *Das Mutterrecht* [Sobre o matriarcado]; ela é o fruto gerado pela humanidade, tal qual o *heterismo*[**]. As mesmas causas provocam as mesmas consequências. Após o heterismo – que era uma profunda humilhação da mulher – veio a guerra das amazonas. "E conforme as mulheres ganhavam ou perdiam essa guerra", diz Bachofen, "a humanidade se elevava ou decaía". Os traços da existência de amazonas estão presentes nos mitos e lendas de todos os povos da Ásia, África, Europa e Novo Mundo. Ele continua:

> A presença de amazonas indica, apesar de toda sua selvageria, uma elevação real do nível da moralidade. Ela sinaliza o progresso, o anseio ao aprimoramento de modos, uma fase não apenas necessária, mas também benéfica. Ela contrapõe o direito de maternidade às exigências sentimentais. Por todos os lugares, as conquistas das amazonas traziam crescimento cultural, construção de cidades, propagação da agricultura etc. A história das posteriormente mais famosas cidades antigas está ligada às proezas das amazonas.

Bachofen explica em seguida:

---

[*] Johann Jakob Bachofen (1815-1887) foi um jurista e antropólogo suíço, professor de direito romano na Universidade de Basileia entre 1841 e 1845, conhecido por sua teoria sobre o matriarcado na pré-história. (N. T.)

[**] Heterismo é o termo aplicado aos agrupamentos sociais primitivos, antes do estabelecimento da instituição do casamento, caracterizados pela promiscuidade sexual, onde a mulher pertencia a todos os irmãos do marido. (N. T.)

A REVOLUÇÃO DAS MULHERES

Em épocas de supremacia feminina, os homens ficavam mais viris e valentes e, pelo contrário, quando adquiriam o poder de suprir e humilhar as mulheres, eles se entregavam à devassidão e à luxúria, provocando a queda da moralidade e de qualquer atitude nobre, o que levava ao declínio do próprio homem, ao qual a mulher começava a virar o rosto com desprezo. Assim, a humilhação da mulher era vingada com a queda de governos inteiros.

Continua o autor:

Até hoje, os historiadores não prestaram a devida atenção a esse lado da vivência dos povos. Os que começam a estudar a Antiguidade sob a influência das ideias vigentes não conseguem perceber que aquele assunto – a inter-relação de gêneros –, que eles não costumam levar muito em conta, considerando-o pertencente ao fechado círculo familiar, poderia ter uma influência tão significativa no destino de diversos governos.

Na guerra de Troia, por exemplo, eles falam do confronto de dois princípios: heterista e familiar.

Mas, enquanto era possível vencer a mulher fisicamente, escravizando-a por meio do processo de compra e venda chamado de casamento, não era tão fácil reprimir seu espírito. Menções a isso podem ser encontradas em mitos e lendas. Acho que é desnecessário dizer que tais narrativas são a própria história oral de cada povo, na qual se refletem seus costumes, crenças e convicções. Então, o que podemos ver ali? Em todas as mitologias, ao lado das divindades do sexo masculino há as do sexo feminino. E não apenas como as esposas dos deuses, mas também como Entidades Supremas autônomas. Por exemplo, havia doze deuses supremos: seis do sexo masculino e seis do feminino, dos quais três – Ártemis, Héstia e Palas Atena – eram virgens. Palas, como é sabido, originou-se da cabeça de Zeus e era considerada a deusa da sabedoria e da arte medicinal. Ela também controlava o destino das guerras. Resumindo, todo o saber do povo estava, por assim dizer, sob o domínio de uma mulher. E mesmo na arte militar, que sempre sobrepôs o homem em relação à mulher, conforme constatamos, atribuía-se primazia a Atena, enquanto Ares ou Marte ficavam em segundo lugar, apenas como possuidores de força física. Consequentemente, a participação da mulher nos assuntos do povo era vista como importante e benéfica para a nação. Isso

23

mesmo durante os governos com total predomínio da força física por excelência. Não seria, então, totalmente injusto e mortal para a cultura humana privar a mulher do engajamento em questões sociais e governamentais no presente momento, quando a força física começa a exercer – graças a Deus – um papel cada vez menos vital? E todas aquelas sacerdotisas e profetisas da Antiguidade, elas não seriam uma prova explícita de que desde sempre os povos reverenciaram o intelecto da mulher e, apesar de dominá-la, não era na condição de triunfar sobre o ser mais fraco – como pudemos ver, a mulher sabia ser forte, e as amazonas com frequência derrotavam as tropas masculinas que as atacavam –, mas sim a força mais bruta contra a mais culta. Venciam justamente em uma época em que a mulher se dedicava ao cuidado do lar, à criação dos filhos e a outras atividades que eu caracterizaria como científicas. Pois de que outra maneira poderíamos nos referir àquelas feiticeiras, curandeiras e coletoras de ervas que conseguiam, com base em suas observações, predizer o futuro, o mau e o bom tempo, curar as pessoas e o gado, cuidar dos doentes e feridos?

"Não teria coração aquele que não derramasse lágrimas por ti", disse Nekrássov* sobre a camponesa russa. O mesmo pode ser dito a respeito da mulher em geral, ao longo de toda a história humana. Até hoje lamentamos Jan Hus**, que foi queimado graças à sua mente ansiosa em busca da verdade. Mas quem se lembra da lei específica em vigor nos tempos medievais que legalizava a perseguição às bruxas? Quem sabe que dez vezes mais mulheres foram levadas à fogueira do que homens por serem curiosas e inquisitivas? Elas eram declaradas bruxas e acusadas de ter relações com espíritos impuros etc. E a explicação para as mulheres, após todo aquele sofrimento, ainda não constarem na lista de heróis está no simples fato de que a história humana, até agora, foi escrita por homens; as mulheres não podiam escrever, pois eram imediatamente perseguidas. Nos primeiros anos do Cristianismo, quando ainda não havia repressão às mulheres por sua ânsia por conhecimento, podemos vê-las envolvidas em estudos das ciências e da arte ao lado dos homens. No século XII, Herrada de

---

* Nikolai Alekseievich Nekrássov (1821-1878) foi um proeminente poeta russo, revolucionário e democrata, editor da revista *Sovremennik* [O contemporâneo]. (N. T.)

** Jan (ou John) Huss (1369-1415) foi um pensador e reformador religioso da Boêmia. Iniciou um movimento religioso baseado nas ideias de John Wycliffe, precursor da Reforma Protestante. Excomungado em 1410 pela Igreja Católica, morreu queimado após ser condenado pelo Concílio de Constança. (N. T.)

A REVOLUÇÃO DAS MULHERES

Landsberg[*] escreveu um livro – algo como um dicionário enciclopédico – tão distinto pela profunda compreensão da música, poesia e arte pictórica que acabou reeditado em 1818, em Stuttgart, e em 1879, em Estrasburgo.

Na Alemanha, durante a dinastia otoniana, os jovens das famílias nobres, antes de receber a ordenação de sacerdotes, passavam um período preparatório em conventos femininos, pois muito se prezava o alto grau da educação das freiras. As profetisas cristãs eram reverenciadas como diretamente ligadas a Deus, tão sábias eram suas previsões, tão justas e cheias de virtude suas falas. (Atualmente, temos medo de confiar a uma mulher o cargo de juiz. "Uma mulher", dizem, "seria uma juíza parcial!".) No entanto, elas não paravam por aí. Algumas se tornaram grandes cientistas, e não poderia ser diferente. Para imperar sobre as mentes e subordinar as pessoas não basta ter autoridade moral; é preciso superá-las em intelecto, conhecimento e índole. O poder daquelas profetisas era colossal, pois elas próprias eram pessoas colossais. A grande profetisa alemã santa Hildegarda de Bingen[**] (1098-1179) escreveu vários livros sobre física, zoologia, botânica e mineralogia. Sua sabedoria era reconhecida em todo o mundo cristão. Os reis, imperadores e papas ansiavam por seus conselhos. E havia outras iguais a ela. *A divina comédia*, de Dante, foi escrita sob a influência da freira Matilda de Magdeburgo[***]. Por quinze anos ela trabalhou na obra poética e religiosa que nomeou *A fluente luz divina*. E não eram só as freiras que se dedicavam a poesia, arte e ciência.

---

[*] Herrada de Landsberg (*c.*1130-1195), abadessa do convento de Hohenburg, na Alemanha, escreveu a enciclopédia ilustrada *Hortus deliciarum* [O jardim das delícias], um manuscrito medieval destinado às jovens noviças como manual didático. Iniciada em 1167 e terminada em 1185, a obra possui mais de 600 páginas e é famosa pelas suas 336 ilustrações. É considerada a primeira enciclopédia escrita por uma mulher e o manuscrito mais célebre do período. (N. T.)

[**] Hildegarda de Bingen (1098-1179), também conhecida como Sibila do Reno (1098-1179), foi uma monja beneditina, escritora e teóloga alemã, mestra do mosteiro de Rupertsberg, em Bingen, na Alemanha. É doutora da Igreja Católica e canonizada como santa. (N. T.)

[***] Matilda de Magdeburgo (1207-1282), monja cisterciense do convento de Helfta e escritora mística, em 1250 começou a compor o livro *Das fließende Licht der Gottheit* [A fluente luz divina]. O trabalho se estendeu por vários anos e contém visões do paraíso, do inferno e da vivência póstuma das almas, além de previsões escatológicas. Acredita-se que a obra tenha influenciado *A divina comédia*, de Dante, onde o nome da escritora é mencionado. (N. T.)

ANNA A. KALMÁNOVITCH

A ânsia tomou conta das mulheres de todas as classes sociais. Mas logo elas foram acusadas de ter relações com o diabo, seu ensinamento foi declarado pagão e centenas delas acabaram na fogueira. Em 1498 foi publicada a lei contra as bruxas, que começava com a assustadora frase: "A negação da feitiçaria é um ato de heresia". É compreensível que existissem poucos destemidos dispostos a se manifestar em defesa das infelizes, cujo estoicismo foi simplesmente espantoso. Isso se refere em especial às mães, que, mesmo submetidas às mais horrendas torturas, resistiam firmemente para salvar os filhos do penoso destino reservado aos rebentos das bruxas (com o diabo, é claro). Os processos sobre feitiçaria na Europa Ocidental cessaram apenas no século XVIII. Imagine-se, então, a assombrosa influência que exerceram na vida das mulheres, em sua psique, crescimento intelectual e espiritual. E ainda há quem se surpreenda com a restrita presença feminina entre as figuras proeminentes da ciência e da arte. Contudo, não é isso que deveria nos surpreender. O verdadeiro espanto está no fato de que, apesar de tudo, elas ainda mostraram seu poder. Leia Ellen Key a respeito de três destinos femininos e veja como era fácil que mesmo a nossa gloriosa Sofia Kovalevskaia* se calasse e murchasse, assim como faziam muitas forças femininas sob o domínio da tal inquisição espiritual a que eram submetidas há tão pouco tempo e da qual, mesmo recentemente, elas ainda não se libertaram por completo. Não parecem bastante medievais as expulsões de mulheres russas das universidades? No entanto, todas as torturas e perseguições da Idade Média, bem como os debochas e proibições nos tempos modernos, são incapazes de abater o espírito feminino. Pois mesmo ocultando-se em pseudônimos masculinos e escondendo-se atrás dos homens, inspirando-os e incentivando-os, as mulheres sempre participaram da vida intelectual e social da humanidade.

Um resumo histórico desse "martirológio" feminino eu já havia descrito em minha brochura *Istória jênskovo dvijênia e ego zadatchi* e não pretendo repeti-lo agora. Nele, observamos que em todos os países

---

* Sofia Kovalevskaia (1850-1891), renomada matemática russa, especialista em teoria das equações diferenciais, foi também escritora e defensora dos direitos das mulheres. Foi a primeira mulher a ser nomeada para a Academia de Ciências da Rússia e a terceira a conseguir um cargo acadêmico como professora na Universidade de Estocolmo. Sua incessante luta pelo acesso das mulheres a uma educação de qualidade contribuiu para a abertura de muitas portas universitárias a elas. (N. T.)

os progressistas, estivessem eles erguendo a bandeira da Declaração da Independência ou lutando pela liberdade-igualdade-fraternidade, referiam-se sempre aos homens. Para que todos esses direitos e bens? Os serviços das mulheres, seu esforço e seus sacrifícios, incluindo as execuções públicas, eram amplamente aceitos; já as suas pretensões de dividir com os homens também os benefícios eram recebidas com ar de surpresa, muita indignação e forte desprezo e tachadas com a insultante alcunha de *feminismo*! Mas o tempo passou. Mudaram as condições de vida. Com o desenvolvimento das indústrias, os bordões de luta também se alteraram. A guerra de classes subiu ao palco. E um dos meios mais poderosos desse combate é a participação de todos os cidadãos nos assuntos sociais e do Estado. Por toda parte há uma luta pelo sufrágio universal. Então, o que exatamente se chama de sufrágio universal na língua dos homens? Evidentemente, é o direito de voto para todos os homens. Já para as mulheres que desejam o mesmo direito de se envolverem na vida da sociedade e do Estado, cujos fardos elas carregam, inventam-se – usando-se dois pesos e duas medidas – as alcunhas ridículas de *suffragist, suffragette* etc. Quero estabelecer de uma vez por todas: sempre houve homens de mente lúcida, com senso de justiça e compreensão dos interesses da sociedade, que defendiam a igualdade das mulheres. Eu já havia esclarecido isso suficientemente na mencionada brochura. Esses homens também existem nos partidos de hoje. Na Europa, atualmente, há três tipos de partidos no poder: liberal, conservador e social-democrata.

Vamos analisar sua postura em relação aos direitos políticos das mulheres. Os liberais, por pura estética, colocaram a igualdade feminina como adorno em seu programa. No entanto, sempre que podem, impedem sua execução, considerando que ainda não chegou a hora para tal, pois, vejam só, as mulheres são todas conservadoras, o que pode jogar a favor do Partido Conservador. Baseando-se nisso, vocês podem achar que os conservadores abririam os braços para nós. Nada disso. Estes apresentam outros motivos: o sagrado lar, filhos, remendo de meias. Mas, para si, eles têm outro pensamento. Não era à toa que seus ancestrais queimavam as bruxas. Eles sabiam quão inquiridora e progressista é a mente feminina e, é óbvio, não serão eles a dar assistência às mulheres para que se intrometam em sua querida e amada ordem social moderna.

O terceiro tipo de partido é o social-democrata. Este se autodefine como sendo aquele que sempre desejou com sinceridade a igualdade da mulher e se declara o único a personificar toda a justiça. Espero provar que aqui também a expressão "igualdade da mulher" serve apenas para adornar o programa político. Anseio convencer as mulheres de que não devem esperar a liberdade dos homens, não importa como eles se nomeiem: liberais, conservadores ou sociais-democratas. Enquanto o homem tiver a oportunidade de oprimir e humilhar a mulher, ele o fará. "O que há para mim em seu nome?" A questão não está no nome, e sim no poder que os homens atribuíram para si e que protegem com tanto fervor. Não pense que eu prego uma cruzada contra os homens. Eu diria o mesmo para todos os desprovidos e oprimidos: "Não esperem generosidade de ninguém, defendam vocês mesmos seus direitos, coloquem as pessoas em uma posição tal que seja impossível prevalecerem sobre vocês, protejam-se com as leis. A história nos ensina que os oprimidos, chegando ao poder, tornam-se opressores. Então, coloquem-nos em uma posição na qual não possam oprimir vocês".

O movimento feminista não é partidário. Ele deseja tirar a mulher da condição oprimida e humilhante de estar sempre em busca de uma alma gêmea empática. Infelizmente, ele não encontra guarida em nenhum partido. Vocês diriam: e a resolução de Stuttgart[*]? Citarei então a *Rússkaia Pravda* [Justiça russa], de Jaroslau, o Sábio[**]. Pois a lei humanista *Rússkaia Pravda* não prova a ausência de vingança sangrenta nos tempos de Jaroslau. Muito pelo contrário, ela a confirma. (Aliás, aqui também: estabelecia-se uma multa menor por mulher morta do que por homem morto.) A resolução de Stuttgart apenas reforça minhas palavras. Caso contrário, seu surgimento seria incompreensível. Pois o Partido Social-Democrata existia ainda antes do congresso em Stuttgart, e seu programa sempre incluiu a igualdade da mulher. Por que, então, a resolução "Os partidos social-democratas de todos os países são forçados a travar uma incessante luta pela instituição do sufrágio universal"? Significa que antes eles

---

[*] Referência ao Congresso Internacional Socialista, organizado pela II Internacional e ocorrido entre 18 e 24 de agosto de 1907, em Stuttgart, em que delegadas de catorze países apresentaram uma moção, escrita por Clara Zetkin, Rosa Luxemburgo e Aleksandra Kollontai, para que os Partidos Socialistas se comprometessem a defender o voto feminino. (N. E.)

[**] Jaroslau I, O Sábio (978-1054), grão-príncipe de Kiev, a quem é atribuída a autoria da *Rússkaia Pravda*, conjunto de leis que regulavam o principado de Kiev e, posteriormente, a Rússia e a Ucrânia medievais. (N. E.)

A REVOLUÇÃO DAS MULHERES

não se consideravam obrigados? Em relação a isso, a revista alemã *Die Gleichheit* [A igualdade] expressou seu contentamento com o fato de o congresso ter ratificado tal decisão de forma incondicional e clara e "declarou-se explicitamente a favor da exigência dos direitos políticos femininos sem qualquer discussão de sua razoabilidade". Em seguida, veremos que isso também já acontecia. A resolução foi aceita sob pressão da Conferência Internacional Social-Democrata Feminista, convocada pela primeira vez ali mesmo, em Stuttgart. Podemos dizer, sem rodeios, que aquela deliberação foi introduzida, por um lado, por causa da influência do assim chamado movimento feminista burguês e, por outro, pelo medo de algum outro partido se antecipar e, assim, atrair uma significante quantidade de membros, mesmo mulheres.

As delegadas alemãs e austríacas causaram muita decepção na conferência. As primeiras, por limitarem-se a assumir a postura do assim chamado movimento feminista burguês, que entende a luta feminista não como um confronto de classes, mas sim como o combate de dois sexos, e as segundas, dominadas pela forte influência de seus companheiros homens, prontas – caso necessário – a sacrificar seus interesses em favor do raciocínio tático.

Atualmente, com frequência surgem discussões sobre quem foi a primeira a falar "chega": uma burguesa ou uma proletária. Faz diferença? Talvez as duas ao mesmo tempo. Mas, sem dúvida, a primeira, sendo a mais letrada e transitada, deveria perceber a posição anormal da mulher na sociedade e nos assuntos do Estado. E, de novo, para não ser repetitiva, eu me refiro à minha brochura. Nela, vemos que em toda a existência do movimento feminista o objetivo sempre foi melhorar a situação da mulher trabalhadora, garantindo o bem comum ao Estado e a toda a humanidade, e não os restritos interesses das classes. Aparentemente, esse objetivo não deveria encontrar resistência por parte dos s.-d. [sociais-democratas]. Mas não: as táticas usadas pelo movimento feminista não seguem seus clichês. Os sociais-democratas precisam – tal como aquele prefeito da obra de Saltykov-Schedrin[*] – que todos os cidadãos andem na mesma direção,

---

[*] Mikhaíl Saltikóv-Schedrín (1826-1889) foi um satírico russo. Após a morte de Nikolai Nekrássov, assumiu a renomada revista *Otechestvenniie Zapíski* [Anais da Pátria]. Sua obra mais famosa, o romance *Gospodá Golovlióvi* [Os senhores Golovliov], foi publicada em 1880 e apresenta o retrato satírico da decadente e culturalmente atrasada aristocracia rural russa. (N. T.)

29

pois "assim é mais fácil para a chefia". Os cidadãos, porém, preferem transitar como bem entendem. De qualquer forma, o movimento libertador de mulheres – de todas as mulheres – começou nos Estados Unidos, junto com a luta pela independência, e na Europa, nos fins dos anos 1840. Na pauta dos s.-d., porém, a questão da igualdade da mulher surgiu apenas do fim dos anos 1860. Quem a despertou foi Julius Motteler[*]. "No entanto", afirma a revista social-democrata no necrológio dele, "os preconceitos contra a mulher entre os proletários daquela época eram os mesmos que entre a burguesia". Esses mesmos preconceitos – permita-me o acréscimo – seguem dominantes. Somente o movimento feminista libertará a mulher. "A tirania do homem sobre a mulher", disse Bebel[**], "é semelhante à tirania da burguesia sobre o proletariado". Bebel enumera duas classes interessadas em mudanças na ordem vigente: as mulheres e o proletariado. "Uma mulher proletária", afirma ele, "está mais próxima de uma burguesa ou de uma aristocrata do que um proletário está dos representantes das mesmas classes". Eu acrescentaria: até mesmo do que uma mulher proletária de um homem proletário. Pois ambos sofrem o mesmo jugo, a mesma privação, chame-o de despotismo instruído ou de violência explícita. Homens de todas as camadas e classes sociais estão vitalmente interessados na escravidão da mulher, pois – e isso é o mais importante – eles a rebaixaram demais para aceitar de imediato que ela seja igualada a eles em direitos. A mulher deve, ela mesma, conquistar seu próprio lugar e obrigar-se a se respeitar.

Eu não falo de modo infundado. Como todos os adeptos fiéis em uma missão, procurei onde existia mais sensibilidade ao assunto e onde eu poderia encontrar algum apoio. Então, fiz uma pequena pesquisa de opinião. Eu tinha plena consciência de como a questão da igualdade era íntima nos outros partidos. Sobre isso, não havia dúvidas. Repito, eu sabia que em todos os partidos tínhamos simpatizantes,

---

[*] Julius Motteler (1838-1907), pioneiro e líder do movimento socialista alemão, foi eleito repetidas vezes como membro do Reichstag, o Parlamento alemão. Durante a Lei Antissocialista (1878-1890), organizou a distribuição da imprensa clandestina do Partido Social-Democrata. Também atuou pelo estabelecimento dos sindicatos na Alemanha. (N. T.)

[**] August Bebel (1840-1913), marxista e social-democrata alemão, ativista do Movimento Internacional dos Trabalhadores, um dos fundadores do SDP e autor do famoso livro *Die Frau und der Sozialismus* [A mulher e o socialismo], de 1879. (N. T.)

A REVOLUÇÃO DAS MULHERES

mas que não podíamos contar com o apoio do partido como um todo. Em relação aos sociais-democratas, confesso, eu tinha certas ilusões.

Em outubro de 1906, eu entrei em contato com as representantes do movimento social-democrata: Dora Montefiore*, na Inglaterra, Madeleine Pelletier**, na França, e Clara Zetkin***, na Alemanha. Coloquei-lhes as seguintes perguntas: 1) quando começou o movimento social-democrata em seu país?; 2) por que criaram organizações femininas separadas, em vez de se tornarem membros das organizações masculinas já existentes?; 3) como seus camaradas homens reagem aos seus objetivos? As respostas foram as seguintes:

Carta da sra. Montefiore

Para responder às suas perguntas de maneira categórica, eu primeiramente tenho de explicar que aqui, na Inglaterra, temos dois partidos sociais: o Partido Social-Democrata (SD) e o Partido Trabalhista Independente (PT). Seus programas são bastante parecidos, divergindo principalmente pelo temperamento. Os sociais-democratas são mais dogmáticos, e os trabalhistas, mais humanistas. O SD não se interessa pelo movimento feminista, repetindo, como fazem na Rússia, que existe apenas um movimento: o dos trabalhadores. Já o PT, pelo contrário, tem uma participação tão ativa que Keir Hardie****, seu presidente, mais que ninguém, atua em nosso favor no Parlamento. Quanto à organização para exigir o direito de voto, isso foi incentivado pelo fato de que recentemente os trabalhadores ingleses – na tentativa de adquirir mais participação no Parlamento – fundaram o Comitê Representativo do Trabalho, composto por organizações socialistas e sindicatos, com o objetivo de cobrir gastos eleitorais e providenciar salários aos deputados trabalhadores (na Inglaterra, os

---

* Dorothy (Dora) Frances Montefiore (1851-1933), ativista do movimento sufragista anglo-australiano, socialista, poetisa e escritora. (N. T.)

** Madeleine Pelletier (1874-1939), psiquiatra e ativista francesa. (N. T.)

*** Clara Josephine Zetkin, nascida Eissner (1857-1933) foi uma professora, jornalista e política marxista alemã. Foi uma das fundadoras e dirigentes da Cruz Vermelha Internacional e é uma figura histórica do feminismo mundial. (N. T.)

**** James Keir Hardie (1856-1915) foi um socialista escocês, fundador do Partido Trabalhista Independente e o primeiro membro trabalhista do Parlamento inglês. (N. T.)

membros do Parlamento não recebem remuneração). Para organizar tal comitê era preciso ir a cada sindicato e solicitar a contribuição de uma quantia especial para os gastos necessários. Acontece que em várias uniões (ex.: sindicato da indústria têxtil) havia mais mulheres trabalhando do que homens. As operárias concordaram de bom grado em ajudar a pagar seu delegado parlamentar. No entanto, elas logo perceberam que este último vinha representando apenas os interesses dos homens, e não os delas. As trabalhadoras já começam a compreender o que eu e outras mulheres que compartilham da minha visão tentamos explicar a elas durante alguns anos: que se as mulheres, neste momento, seguirem privadas da possibilidade de influenciar e alterar as leis, então o futuro do socialismo será o socialismo dos homens e, consequentemente, terá um valor muito pouco diferente para a humanidade do que a ordem social vigente. É por isso que lutamos atualmente com tanta veemência.

Carta da sra. Pelletier

Em quase todos os ofícios em que há homens e mulheres envolvidos, os sindicatos são mistos. Os sindicatos compostos somente por mulheres são exclusivamente das profissões femininas. Na Confederação de Trabalho, as mulheres ocupam as mesmas posições que os homens... A princípio, sociais-democratas mantêm em relação ao feminismo a atitude de uma inércia hostil. Por parte dos líderes, vem o discurso de anexação, enquanto a massa está explicitamente contra.

Ao ingressar no partido, a mulher – se não estiver acompanhada do marido – encontra hostilidade. E se existir algum motivo para não admiti-la, ele não será ignorado. Caso ela, apesar de tudo, consiga entrar, faz-se o possível para que ela perca a vontade de ir às sessões: não se sentam perto dela, não conversam com ela e tudo que lhe é interessante é resolvido sem a sua participação. Finalmente, se ela se destaca de alguma forma, isso provoca ódio e inveja. Quanto às exigências feministas, disso nem se fala. Se alguma mulher levanta a discussão, o assunto é rapidamente abafado: "É claro que somos a favor do direito de voto para a mulher, mas, no fim das contas, esse direito não tem a menor importância. Pois temos de começar pela reeducação da mulher e só depois nos preocuparmos com o direito de voto. Mas a função primeira da mulher é fazer a sopa".

Ao entrar para o partido, eu me coloquei a tarefa de mudar essa situação. Com grande dificuldade, consegui pautar tal questão no congresso em Limoges, onde, após tentarem de tudo para evitar a discussão, concederam ao tema um espaço ridiculamente pequeno. Decidiu-se pela elaboração de um projeto de lei, mas os encarregados da missão deixaram todo o trabalho para mim. Eu deveria me considerar sortuda por eles concordarem em apresentar à Câmara o meu projeto. Na condição de delegada de um grande grupo de mulheres, tentei convencê-las a entrar para o partido. A derrota foi retumbante. Elas acabaram tendo nas sessões a recepção descrita acima e, agora, sua postura em relação aos socialistas tende a ser hostil. Precisei mudar minha estratégia: na medida do possível, organizo mulheres sob a égide do feminismo e, de vez em quando, peço sua ajuda nas reuniões de um ou alguns sociais-democratas. Tenho de admitir, as mulheres são muito inertes. Se elas exigissem um lugar para si de modo mais enérgico, no fim ele seria dado a elas. Além disso, elas são muito tímidas: não vêm para as reuniões partidárias porque ocorrem à noite. Após os encontros, elas se recusam a ir aos cafés, pois seria inapropriado... No entanto, todos os negócios são fechados em cafés.

A meu ver, a principal causa da hostilidade dos partidos em relação ao feminismo está no fato de que o partido é composto por trabalhadores. Somente no meio de homens instruídos uma mulher poderia esperar por alguma justiça; para um operário ela continuará sendo sempre apenas fêmea e empregada doméstica.

Clara Zetkin, em sua gentil carta, recomendou-me olhar o relatório da Conferência Feminista em Mannheim, em que se debate a questão dos direitos políticos da mulher. Nele, encontrei fatos que colocaram em dúvida os sentimentos amigáveis dos sociais-democratas em relação a nós. Por exemplo, na Bélgica, em 1902, os s.-d. recusaram as exigências do direito de votar e ser votadas para as mulheres. Claro que isso ocorreu por causa das delicadas preocupações a respeito da "razoabilidade" de tal direito. Mas será que faz diferença quem lhe tapa a boca: as ponderadas conclusões de sociais-democratas ou a mão bruta de um policial? E, o que é pior, mesmo jogando fora a igualdade feminina como um lastro desnecessário, eles não conquistaram o sufrágio universal para si.

A mesma história com resultados semelhantes se repetiu na Suécia e na Áustria. Enquanto aqui as chamadas "mulheres burguesas" travavam uma luta desesperada, os s.-d. não apenas se opunham à ideia de igualar a mulher em direitos, como convenciam suas colegas partidárias – novamente em razão de diversas preocupações delicadas – a promover uma campanha a favor do sufrágio universal apenas para os homens. Nem foi pautada a exigência do sufrágio para as mulheres, nem houve uma campanha para tal. O tópico foi simplesmente cancelado, sem a menor cerimônia. E, de novo, voltamos ao maravilhoso programa social-democrata para um futuro indefinido. Pois bem, prosseguimos. No ano de 1906, na França, o Partido Conservador sofreu uma derrota nas eleições parlamentares. Para garantir perspectivas melhores para si, eles decidiram buscar o apoio das mulheres, levantando a questão da igualdade feminina. Os liberais, como de costume, imediatamente esqueceram seu liberalismo e começaram a provar que a igualdade de direitos da mulher praticamente ameaça a própria existência da República. E os socialistas? Sua situação era complicada. Eis então que a *Revue Socialiste*[*] decide fazer uma pesquisa de opinião entre todos os líderes socialistas da Europa. Reparem na forma como a pergunta foi colocada: "qual postura deve assumir o partido, cujo programa traz o tópico sobre a igualdade da mulher, caso seus opositores da direita incluam essa questão em seu programa?". As respostas foram bastante curiosas. Em nenhum lugar foi dito que os próprios socialistas deveriam apresentar tal projeto. Todos apenas confirmaram que o perigo não é tão alto quanto pode parecer e que, se o tema for introduzido pela direita, não convém aos socialistas agir contra seu programa. Vandervelde[**], por exemplo, embora se declare adepto da igualdade feminina, confessou que compreende as incertezas do partido.

Eduard Bernstein[***] disse que reconhece a justa causa dessa exigência e que considera a mulher bastante capacitada para o trabalho

---

[*] Revista mensal francesa de viés socialista, fundada em 1885 por Benoît Malon e que perdurou até 1914. (N. T.)

[**] Émile Vandervelde (1866-1938) foi um político socialista belga, tendo exercido os cargos de deputado do Parlamento belga, presidente da II Internacional de 1900 a 1918 e ministro da Justiça de 1918 a 1921. Sob sua liderança, os socialistas belgas conquistaram o sufrágio universal, a liberdade sindical e a jornada de oito horas diárias de trabalho. (N. T.)

[***] Eduard Bernstein (1850-1932) foi um político e teórico alemão. Foi o primeiro grande revisionista da teoria marxista, um dos principais pensadores da social-democracia e fundador do socialismo evolutivo. Integrou o Partido Social-Democrata. (N. T.)

A REVOLUÇÃO DAS MULHERES

legislativo – e acrescentou uma série de complementos –, mas admitiu com toda a sinceridade que, se precisasse sacrificar a igualdade feminina em favor de outras questões mais importantes, faria isso sem muito ponderar. No entanto, recomendou – caso os clericalistas apresentem essa proposta – votar pela sua admissão.

Kautsky[*] disse:

> Parece que não deveria haver nenhuma dúvida quanto à resposta a essa questão, isso se nós não soubéssemos que em alguns países certos colegas partidários costumam ter um leve surto perante a ideia. Eles a tratavam com entusiasmo enquanto não havia previsão para a sua implementação. Seus questionamentos começaram a crescer conforme a sua eventual aproximação.

Para mim, aquela pesquisa de opinião foi o golpe final. Ficou claro que as mulheres não devem depositar esperança em nenhum partido. Elas têm de se organizar entre elas, como o fazem as inglesas, e recrutar amigos em todos os partidos, onde quer que eles se encontrem. As mulheres precisam conquistar seu direito de voz, custe o que custar. Só assim começarão a respeitar sua vontade, e só dessa forma elas conseguirão corrigir aquele mal nas relações humanas, o fruto da ordem social patriarcal.

Também não me consolou a resolução de Stuttgart. Pois, de novo, ali as leis aparentemente são escritas para que não sejam executadas. Em abril deste ano, os sociais-democratas húngaros manifestaram-se contra a exigência da igualdade da mulher, declarando em seu maior veículo, *Nyoszaun*, que não a consideram uma questão atual. O mesmo se repetiu na Boêmia.

No dia 13 de setembro, os sociais-democratas da Holanda, junto com o Partido Trabalhista, organizaram uma manifestação. Havia doze oradores, e apenas uma mulher entre eles. A maioria simplesmente se esqueceu das mulheres; três se dirigiram a elas, pedindo seu apoio sem sequer prometer em troca qualquer ação em prol da igualdade

---

[*] Karl Johann Kautsky (1854-1938) foi um filósofo, jornalista e teórico marxista tcheco-austríaco. Foi um dos fundadores da ideologia social-democrata e uma das mais importantes figuras da história do marxismo, tendo editado o Livro IV d'*O capital*, de Karl Marx, que contém a avaliação crítica de Marx sobre as teorias econômicas de seus predecessores. (N. T.)

feminina. Apenas Troelstra*, líder do Partido Social-Democrata holandês, falou sobre a necessidade da propaganda entre as mulheres para que elas se tornassem uma força ativa da classe trabalhadora, em vez de continuarem a ser um fardo. O objetivo disso foi puramente utilitário e egoísta. Como podemos ver, boas leis ainda não significam bons modos. Uma das acusações feitas pelos s.-d. às mulheres burguesas foi que elas tendem a se afastar e criar um movimento separado, em vez de se unirem aos homens em uma luta conjunta. Em minha brochura, demonstrei com fatos concretos que era justamente isso que as mulheres queriam, pois foram destratadas em todos os lugares e forçadas a se organizarem sozinhas. Em algumas regiões da Alemanha, até pouco tempo os sociais-democratas tinham uma justificativa: a lei que proibia às mulheres participar em reuniões políticas. E quanto às outras partes do país, onde não existia tal obstáculo? Escutem as reclamações da deputada de Württemberg, *Frau* Schrade, presente naquela mesma Conferência Feminista em Mannheim. Lá, um representante do partido falou diretamente que a mulher é boba demais para escutar as discussões. Outra delegada, Radel-Guerra, lamentou:

> Pela primeira vez, três municípios – Ries, Altenburg e Weimar – mandaram mulheres como suas delegadas para a Conferência Feminista. Foi difícil fazer nossos camaradas homens chegarem a esse ponto. Eles disseram: "Se permitirmos que as mulheres participem das campanhas, nossos filhos se cobrirão de piolhos".

A sra. Weimann, de Leipzig, compartilhou: "No início, tivemos a mesma situação. Muitos camaradas homens não entendiam o grande significado do movimento feminista. Mas isso começou a mudar conforme as nossas conquistas e o sucesso do movimento cresciam". E ali mesmo ela falou das necessidades específicas das mulheres que lhes são tão importantes: a educação dos filhos, o problema das creches e escolas. Em todo lugar são as mulheres que estão organizando sua irmã proletária, e não os homens. Estes acabam mais atrapalhando do que ajudando.

Na Itália, dezenas de milhares de camponesas trabalham nas plantações de arroz. Desorganizadas, sofrem uma exploração terrível. Várias

---

* Pieter Jelles Troelstra (1860-1930) foi um político holandês. Fundador do Partido Operário Social-Democrata, destacou-se por sua luta pelo sufrágio universal. (N. T.)

vezes, a sra. Altobelli e outras partidárias se dirigiram ao partido requerendo permissão para criar uma organização trabalhista feminista e toda vez recebiam a resposta de que não há necessidade disso, que as mulheres da Itália gozam de total liberdade para ingressar em organizações masculinas. O quão hospitaleiras são tais organizações nós vimos na carta da sra. Pelletier. De qualquer modo, em 1902, uma dessas petições foi negada. O tempo passou, e apenas em 1906 elas receberam autorização para se organizar. Novamente, quem desenvolve o projeto são as mulheres, e não os homens. São elas que organizam sessões, conferências etc. Na verdade, uma vez feita a concessão, os sociais-democratas defendem que aquilo é apenas uma divisão de trabalho, pois as mulheres possuem assuntos próprios, tais como o direito ao sufrágio (como podem ver, eles o consideram um tema puramente feminino), a proteção da criança, a assistência à parturiente e outros, nos quais as reuniões partidárias não podem se aprofundar (*Die Gleichheit*, 1908, n.18). E nós, as assim chamadas burguesas, o que falamos? Vejam que alvoroço causou entre os s.-d. alemães a lei de 15 de maio.

Na Alemanha, há muito tempo existem clubes educacionais sociais-democratas femininos, fundados pelas mesmas famigeradas mulheres burguesas. Nesses clubes, as mulheres proletárias recebem ensino e instrução. A partir da ratificação da mencionada lei que permite às mulheres participar das reuniões do partido, esse último achou que não havia mais necessidade de manter tais clubes, pois seria um gasto inútil de recursos. Então, escutem o que pensam sobre isso as sociais-democratas. A [revista] *Die Gleichheit* escreve:

> Uma vez que as altas instâncias partidárias não proíbem aos homens se reunirem nos clubes para fumar e jogar boliche, não vendo nisso uma despesa inútil, não há nenhuma razão para proibir que as mulheres se reúnam, momento em que poderiam eventualmente desenvolver atividades benéficas.

E mais adiante: "Algumas organizações femininas são necessárias, pois mulheres, com raras exceções, não se atrevem a promover suas opiniões dentro dos encontros masculinos, especialmente porque, na prática, nossos camaradas – como é sabido – não servem sempre aos interesses da igualdade" (*Die Gleichheit*, n. 19). Não lhes parece que somos nós, meras burguesas, falando? Se isso se chama luta de

ANNA A. KALMÁNOVITCH

classes, então certamente é a luta da classe feminina contra a classe masculina. A vida é mais forte do que qualquer teoria. Pregando o constante trabalho conjunto e atacando mulheres burguesas por se separarem dos homens, os sociais-democratas não perceberam como gradualmente cresceu e fortaleceu-se ao seu lado o movimento feminista, que já ganhou o nome oficial de Movimento Proletário Feminista, com seus clubes, imprensa, sessões e conferências próprios. Presenciamos até o I Congresso Internacional Socialista Feminista, que foi anunciado como conferência apenas por questões de modéstia. Nos últimos tempos, o movimento social-democrata feminista começou a obter sucessos tão rápidos que só podemos nos alegrar. As organizações femininas social-democratas acabam surgindo em países onde nem sequer se discutem os obstáculos externos para trabalhar com os camaradas homens.

Eu termino com o resumo de tudo que disse acima: as mulheres nunca se conformaram com sua posição humilhante. Isso se comprova pelas medidas que ao longo dos tempos foram aplicadas para contê-las. Para preservar seus privilégios, os homens recorreram e continuam recorrendo a todos os meios de segurança: reforçada, extraordinária e até militar, como assistimos agora na Inglaterra. Todas as mansões e haréns, todos aqueles "tabus" impostos à mulher, que trazem prazer ao homem e que ele não deseja compartilhar com ela, só provam o quão grandioso é o espírito de resistência feminina. "Daria para enlouquecer com todas essas proibições", disse [Mikhaíl Lariónovitch] Mikháilov, "se o bom senso não salvasse a mulher". Vou dizer mais: a miserável posição da mulher não comprova sua raça inferior, assim como os opressores de todo tipo não pertencem à melhor parte da humanidade. Eu não anuncio uma cruzada nem contra os homens em geral, nem contra os sociais-democratas em particular. Apenas sou contra a ideia de que nós mulheres devemos esperar deles a liberdade. O passado da humanidade não justifica tais expectativas em relação à mulher nem a qualquer oprimido. Libertaram-se apenas aqueles que, ao se revoltar, escreveram as próprias leis.

Fonte: Женское движение и отношение партий к нему [O movimento feminista e a relação dos partidos com ele], em *Труды Первого всероссийского женского съезда/ Trúdi Pérvogo vssierossískogo jénskogo siézda* [Trabalhos do I Congresso de Mulheres de Toda a Rússia], São Petersburgo, 10-16 dez. 1908.

OLGA ANDRÉIEVNA CHAPÍR

(1850-1916)

Retrato de Olga A.
Chapír em 31 de
dezembro de 1890,
aos quarenta anos.

OLGA ANDRÉIEVNA CHAPÍR (1850-1916) • Uma das poucas feministas de origem camponesa, Chapír nasceu em Oranienbaum, na Rússia. Escritora, teve sua estreia literária em 1879. Seu romance *V búrnye gody* rendeu-lhe elogios de Mikhailóvski e Koroliênko. Ao longo de sua carreira, colaborou com revistas como *Sevêrni Vêstnik*, *Vêstnik Evrôpi* e *Rússkaia Mísl*.

Em 1895, ingressou na Sociedade de Reciprocidade Filantrópica de Mulheres Russas, onde permaneceu até 1917. Em 1905, tornou-se membro da União pela Igualdade de Direitos das Mulheres. Em 1908, fez parte do comitê organizador do I Congresso de Mulheres de Toda a Rússia.

Segundo a professora de estudos russos da Universidade de Bath Rosalind Marsh, ela, "pelo resto de sua vida, participou de campanhas por reformas políticas e legais para mulheres". Já de acordo com a professora de história da cultura russa Catriona Kelly, sua "descoberta do feminismo, no início dos anos 1890, [...] tornou sua ficção mais aguda e concentrada".

IDEAIS DE FUTURO[*]

Hoje, às quatro horas, foram concluídos os trabalhos do I Congresso de Mulheres de Toda a Rússia, cujo principal objetivo era informativo.

Comparecemos aqui estimuladas e como que ofuscadas pelo intenso trabalho desses seis dias... Trouxemos nossas impressões profundas e atuais! É por acaso que falo nesta cátedra hoje: minha conferência constava no programa da primeira reunião geral de 10 de dezembro, mas não pôde ser ouvida por falta de tempo e acabou transferida para a agenda do encontro em curso. Um pequeno incidente, um imprevisto insignificante. Entretanto, durante esses seis dias ocorreu uma imensa transformação no estado de ânimo desta reunião, e por isso precisei me livrar de metade do meu trabalho. Sim, com certeza, tanto agora como naquele momento, quero falar sobre ideais de futuro. Então, porém, eu havia me aproximado desse tema mediante um contorno histórico superficial, um esboço da perpétua escravidão sexual e social, da privação dos direitos de metade da raça humana. No entanto, hoje já não quero, não posso olhar para trás. O pensamento se recusa a deter-se em quadros que, contudo, eu não considero hoje menos instrutivos: ele está preso demais no presente e no futuro.

Podemos ficar satisfeitas com muitos aspectos da realização do congresso, mas certamente estamos longe de nos contentar com tudo. Nesse grande, enorme trabalho, limitado a uma semana, não seria possível representar o espanto das mulheres diante do trabalho coletivo harmonioso e intelectual. A paixão excessiva algumas vezes nos toma tempo demais, muita tensão desnecessária que poderia ser mais bem empregada, mas talvez isso não seja tão essencial! O que eu não sei hoje é aquilo que poderei aprender amanhã. É importante que o I Congresso tenha reunido mil mulheres, e teria reunido consideravelmente mais se as condições das instalações não tivessem nos

---

[*] Tradução de Gabriela Soares. (N. E.)

A REVOLUÇÃO DAS MULHERES

obrigado a suspender as inscrições subsequentes. E todas essas mulheres, como uma, sentiram que não havia mais volta! A emancipação das mulheres pode e deve ser conquistada apenas por meio de suas próprias forças – pela sua investida. De fato, é impossível exigir que o homem aspire a limitar seus próprios monopólios habituais com a mesma paixão com que naturalmente alcançamos todos os direitos humanos. O I Congresso fez muito para a compreensão da consciência feminina.

Um amplo programa informativo deu lugar a uma representação livre da vida: trabalharam no congresso aquelas que contribuíram com ou procuravam por algo; não houve seleção intencional. Verificou-se no interesse demonstrado pelos membros das sessões de trabalho a disposição e a tendência predominantes na sociedade; as sessões jurídica e econômica atraíram maior interesse. Por mais estranho que pareça à primeira vista, toda a área das artes se mostrou pouco retratada, já que, ao que parece, é precisamente aqui que a criatividade feminina nunca foi limitada por obstáculos formais...

Houve apenas algumas conferências sobre literatura e, com grande pesar, em razão dos prolongados debates na sessão de 15 de dezembro, a única conferência sobre pintura e, ainda, sobre obras teatrais feitas por mulheres permaneceu sem ser ouvida. Não houve uma sequer sobre todo o campo da música, ao qual as mulheres se dedicam tanto quanto os homens. É improvável que isso seja explicado como simples coincidência.

Após essa introdução, que de maneira apenas superficial e precipitada poderia prejudicar a impressão geral do congresso, volto-me para a essência da minha conferência na forma como ela deveria ter sido lida no dia da abertura do evento.

Como garantia de que o movimento contemporâneo das mulheres não é um fenômeno de natureza transitória que pode (como já ocorreu mais de uma vez) afogar-se no indiferentismo pretensioso das mulheres das classes abastadas e na resistência passiva da maioria dos homens, temos diante de nós uma convergência de dois poderosos fatores. *A noção de igualdade humana* levanta, aproxima, unifica as mulheres de todos os países e culturas com uma velocidade inerente apenas à ascensão das ideias. O próprio fator da *necessidade econômica* imobiliza a oposição do sexo dominante diante da inflexibilidade da economia.

Já passou o tempo em que, ao privar a mulher de seus direitos, declarando-a sua propriedade, o senhor de tal vida assumia a consequência lógica disso: ele sustentava todas as mulheres, não importa quantas existissem em sua família. Mas hoje a maioria dos homens, inclusive das classes privilegiadas, deve renunciar por completo à família se a esposa não contribuir com sua parte no rendimento. Em suas reivindicações, a mulher contemporânea encontra-se em um terreno firme, mas, infelizmente, com grande frequência seus atributos abalam sua própria mentalidade, ainda completamente adaptada a um sistema moribundo de vida.

A questão feminina se ramifica em uma rede de debates particulares conectados entre si e decididamente entrelaçados em todas as esferas da vida. Não há dúvida de que a mulher compartilha com o homem as obrigações sociais e os direitos delas decorrentes, porém isso ainda está longe de ser suficiente para alcançar o direito à mesma educação. A educação moral das pessoas deve ser libertada dessas tendências perenes que instruíam a criança do sexo feminino como um ser de espécie diferente, adaptado às exigências, aos gostos e aos critérios masculinos. Certamente, isso não é nada mais do que uma questão de tempo. No entanto, à medida que se torna mais e mais evidente o amadurecimento iminente da evolução igualitária entre os sexos, seu profundo significado para o destino de toda a humanidade, amplia-se na alma o imperativo de perscrutar mentalmente esse futuro.

Sem a curiosidade natural, sem o entusiasmo de um espectador que, inflamado por um objetivo próprio, é hipnotizado pela luz que submerge na sombra de tudo o que se alastra ao redor – não! Uma consciência sensata e tranquila não pode deixar de fazer todo o possível para captar ao menos as características básicas desse futuro que não estava destinada a viver. E me parece que o problema que se coloca diante da mulher contemporânea não se esgota com o objetivo mesmo de lograr a igualdade de direitos, não importa quão grande seja esse objetivo... E não é sem razão que em nosso passado exista um caminho tão terrível!

Sem dúvida, não quero dizer com isso que toda a história das mulheres me pareça um sofrimento contínuo: *a acompanhante inscrita no passaporte de outra pessoa* aproveitou muitas de suas vantagens[*]! Mas aquela

---

[*] Provavelmente uma alusão ao fato de que, durante o período tsarista, a maioria das mulheres não possuía passaporte (o documento de identificação na Rússia) próprio. As solteiras eram registradas junto com o pai e as casadas com o marido, salvo autorização deste para o contrário. Apenas em 1914, com a Primeira Guerra Mundial e o consequente envio da população masculina ao *front*, é que foi permitido às mulheres casadas terem seus passaportes individuais. (N. T.)

força da natureza feminina, a força do amor, que permitiu um desenvolvimento excepcional, carrega em si uma fonte maior de felicidade.

Atribuo o terrível caminho histórico das mulheres a duas razões: a primeira, *ele impediu o desenvolvimento natural da força feminina.* Sem dúvida, em certa medida, esse desvio foi contido pela lei da hereditariedade – essa lei misteriosa e inacessível à ciência, essa lei da transmissão cruzada. Na realidade, é impossível imaginar o que teria acontecido a uma mulher sob as mesmas condições externas mas sem essa lei benéfica, ligada à insuperável influência educacional no seu próprio ambiente social, visto que a mulher não foi excluída dele por seu confinamento em haréns e no alto das torres*... Sim! Em que teria degenerado um ser deliberadamente privado de educação, espírito de iniciativa e vontade pessoal, privado de dignidade humana e subordinado à específica *honra feminina,* que não coincide com a honra humana e que se constitui como propriedade do seu senhor? Esse ser estaria predestinado a viver apenas para o amor e para o trabalho vil, e tal amor pode ser adquirido ou regateado em um acordo de negócios. É possível dar a isso uma forma refinada de cordialidade, é possível apoderar-se dele com violência, como o troféu do vencedor. Em todos os lugares e em qualquer tempo, o amor livre é considerado criminoso. A mãe não possui o direito à maternidade livre e é obrigada a uma maternidade coercitiva dentro da indissolubilidade do casamento, algo que está além da sua vontade e escolha. É um ser em que *se cultivam de modo deliberado vícios e fraquezas encantadoras, mas do qual se exigem somente virtudes.*

Apenas a natureza salvou esse ser. Ela convertia toda a força inerente à sua alma em uma elevada capacidade de amor e autossacrifício. O futuro mostrará o que uma mulher espiritualmente livre, ilustrada e igual em direitos oferece à humanidade. O amor materno cria e educa a humanidade e, quando esse amor não existe, resta somente todo o horror de uma infância sofrida. Mas, no futuro, a infância será protegida de imprevistos. O amor materno cruzará os limites determinados pela natureza. Aquela *sensação de hipertrofia* que levou à repressão do poder feminino raramente ocorre em benefício da criança e da sociedade.

---

* No original, "терем" (*tiériem*), palavra que designa uma câmara separada nas antigas casas da elite russa ocupada apenas pelas mulheres. Tal cômodo também poderia localizar-se no alto de uma torre e simboliza o isolamento a que era forçada a mulher, restrita ao convívio familiar e reclusa em relação à sociedade em geral. (N. T.)

Mas, se o poder espiritual da mulher não pôde se desenvolver normalmente em condições violentas, de fato o poder livre do homem conduziu a um caminho unilateral: é nisso que consiste o *segundo resultado da violação do equilíbrio*. Conhecemos apenas a cultura que se desenvolveu na *separação* de duas forças individuais, que estão naturalmente destinadas a atuar juntas. Nunca antes foi utilizada toda a reserva de forças criativas próprias à humanidade.

Teria sido uma brincadeira vã da mente dedicar-se a reconstruir o passado, porém não há como fugir dele. Eis por que eu poderia me aproximar do meu raciocínio apenas por meio de um truísmo enfadonho.

Preparando-se para percorrer um amplo caminho de deveres e direitos iguais, a mulher contemporânea não deve esquecer que a igualdade, na estrita acepção do termo, não está nas funções dos organismos, *criados de maneira distinta*. Isso não é apenas irremediável, como toda lei da natureza, mas nisso se encerra a sua sabedoria, a qual é preciso compreender. A vida não é matemática! *Igualdade na diferença* não só pode satisfazer completamente o senso de justiça, mas é exatamente algo que deve conceder, pela primeira vez, plenitude e harmonia às manifestações de duplicidade da alma humana.

Até agora, nós temos apenas uma *cultura da força*, sem considerar os sacrifícios humanos com os quais se paga a ela cada passo. Para a cultura, a besta no homem não foi domesticada, porque ela foi o tempo todo *cruelmente erigida no heroísmo*. Essa cultura é baseada na *escravidão do sexo e na escravidão do trabalho*.

É imperativo que se coloquem diante de nós as seguintes questões: que caminho percorrerá a força libertadora da outra metade da humanidade e quando terminará sua dependência social e psicológica? Será que esse caminho é apenas a continuidade obrigatória e o progresso de tudo aquilo criado pelo gênio masculino? Uma cidadã que possui plenos direitos deveria somente ampliar quantitativamente a soma de valores materiais e intelectuais? Será que ela emprega a própria sanção racional e pragas seculares que cresceram junto com a humanidade?

Agora, as mulheres devem de fato reconhecer que seguir cegamente os passos do homem exige delas *os mesmos atributos*. Em suma, é possível encontrar em nós tais características? Podemos desenvolvê-las em nós mesmas se quisermos? Esta é a questão: é possível uma mulher livre arcar com um mundo novo de inclinações alheias, de possibilidades ainda desconhecidas, imobilizadas pela sua escravidão histórica? Como primeiro e fundamental impulso, ela tirou de sua

A REVOLUÇÃO DAS MULHERES

escravidão secular *uma sede indestrutível de justiça e um ódio ao sofrimento*, ao pecado e à monstruosidade da dor humana em uma terra maravilhosa! É possível que uma mulher não tome sob sua defesa a vida, a ela encarregada pela própria natureza?

É hora de deixarmos de sentir vergonha de nós mesmas. Isso era compreensível enquanto a luta se realizava por meio de concessões fortuitas e parciais dos monopólios masculinos ainda não abalados, mas esse não deve ser o lugar em questão de direitos individuais, outorgados em nome de uma pessoa. É hora de parar de provar que ela pode ser exatamente da mesma maneira que *ele*, pois não pode! Antes de tudo, ela deve ser ela mesma e deve empregar todos os esforços para desenvolver as próprias oportunidades individuais. E, então, haverá uma confluência de duas mentalidades distintas unidas na construção conjunta da vida, formando pela primeira vez *algo comum, que deveria ser nosso ideal*. Não se submeter nem se inclinar, mas completar e moderar um ao outro em uma síntese criativa de duas forças.

É muito cedo até para tal sonho, mas é preciso agora entender e querer isso.

Assim, um duplo propósito se esboça diante da mulher contemporânea em sua grande luta. É necessária toda força de vontade, inteligência e labor para mover-se em direção a conquistas parciais reais, mas o trabalho exige ainda mais esforços conscientes em prol da emancipação espiritual. São necessárias vitórias íntimas sobre obstáculos internos para libertar a força espiritual da mulher daquela *opressão* com finalidades singulares da natureza física que, ao triunfar outrora, criou a base para a escravidão histórica de metade da humanidade. É iminente ajustar a longa e complicada conta com o trabalho brutal de séculos! Mas não negá-la, não! Ao contrário, estar completamente consciente e buscar o caminho para a autodeterminação independente e diferente, além dos mesmos valores de liberdade e sobriedade.

É preciso acreditar no fato de que a mulher amadureceu o bastante para ambicionar de maneira consciente e persistente a ruptura da estabilidade de suas forças. Essa é a única garantia de vitória absoluta.

Fonte: Идеалы будущего [Ideais de futuro], em *Труды Первого всероссийского женского съезда/ Trúdi Pérvogo vssierossískogo jénskogo siézda* [Trabalhos do I Congresso de Mulheres de Toda a Rússia], São Petersburgo, 10-16 dez. 1908.

MARIA IVÁNOVNA POKRÓVSKAIA
(1852-s.d.)

"A pátria-mãe chama!",
pôster de julho de 1941
feito por Irakli Toidze no
contexto da guerra entre
os nazistas alemães e a
União Soviética.

MARIA IVÁNOVNA POKRÓVSKAIA (1852-s.d.) • Nascida em Níjni Lomov, na Rússia, Pokróvskaia foi médica e autora de artigos populares sobre higiene, além de memorialista.

Feminista radical, fundou em 1905 o Partido Progressista das Mulheres, do qual foi líder. Em 1908, participou do comitê organizador do I Congresso de Mulheres de Toda a Rússia. Em março de 1917, fez parte da delegação que se reuniu com o príncipe Lvov para tratar do direito da mulher de votar e ser votada na eleição para a Assembleia Constituinte, em dezembro de 1917.

Entre 1904 e 1917, editou a revista *Jénski Vêstnik*, que fundou. Depois da Revolução de Outubro, a publicação foi fechada. Apesar de não haver dados precisos sobre a data de sua morte, acredita-se que ela tenha falecido em 1922.

COMO AS MULHERES DEVEM LUTAR CONTRA A PROSTITUIÇÃO*

A aniquilação da prostituição é o tema mais pungente para as mulheres que aspiram à igualdade de direitos. Se tal igualdade se materializar, a prostituição desaparecerá. A questão da luta pela equidade feminina está intimamente ligada à questão da luta contra a prostituição. A diminuição desta é um passo adiante no caminho pela igualdade de direitos, e a redução da carência de direitos das mulheres também deve reduzir a prostituição. Com isso em vista, o I Congresso de Mulheres de toda a Rússia deve dedicar atenção não apenas à questão da igualdade de direitos das mulheres, mas também à luta contra a prostituição.

Na atualidade, quando o assunto é o combate à prostituição, duas opiniões são normalmente proferidas: alguns insistem sobretudo em suas causas morais e na luta contra elas por meio da elevação do nível moral da massa, ao passo que outros reduzem tudo ao terreno econômico. Esses últimos esquecem por completo que a prostituição se diferencia dos problemas puramente econômicos, uma vez que está estreitamente ligada à questão do sexo. Por isso, é preciso resolver não apenas entraves econômicos, mas sexuais. Parece-me que é a solução de questões relativas ao sexo, e não à economia, deve ter o papel principal na luta contra a prostituição. A resolução das questões econômicas, apesar de importante, tem aqui uma significância secundária.

Suponho que os presentes estejam mais ou menos familiarizados com as causas da prostituição normalmente enumeradas por diversos autores. Pobreza, ignorância, abandono na infância, vulnerabilidade e a má educação das moças, eis o que as empurra para a prostituição, dizem eles. Já os homens são estimulados a servir-se da prostituição apenas por causas econômicas. Se seus meios lhes permitissem se casar, eles não recorreriam a tal prática.

---

* Tradução de Natalia Quintero. (N. E.)

Com toda certeza, os presentes sabem que as mulheres jovens são impelidas ao caminho da prostituição não só pela pobreza, ignorância e assim por diante, mas também pelos intermediários. Já no que se refere às causas que estimulam os homens a recorrer a prostitutas, o papel principal é desempenhado não por razões econômicas, e sim morais e fisiológico-patológicas.

Graças ao domínio de um sexo sobre o outro nas sociedades contemporâneas, existe um olhar desigual no que se refere às necessidades sexuais de homens e mulheres. A satisfação do instinto sexual dos primeiros é considerada tão primordial que a eles se concede o direito de saciá-lo como for. Já no caso das mulheres, exige-se que elas saciem seu instinto sexual apenas no casamento. Em consonância com essas opiniões sobre a moral sexual é regida a educação de ambos os sexos.

A educação e a pressão do senso comum ensinaram as mulheres jovens a refrear seu instinto sexual e a satisfazê-lo somente em determinadas condições. Esses mesmos fatores não fazem nada parecido com os homens jovens. Por isso, o desenvolvimento do instinto sexual masculino atingiu proporções monstruosas, e eles não sabem em absoluto como refreá-lo.

O instinto sexual demasiadamente desenvolvido e irrefreável estimula os homens a cometer com grande frequência um crime fisiológico-moral que não é punível por lei – a satisfação da necessidade sexual por meio da prostituição – e um que é castigado pela lei – o estupro de mulheres, moças e até meninas.

O excessivo desenvolvimento do instinto sexual masculino, sua irrefreabilidade, constitui uma das causas mais importantes da prostituição, aumentando a demanda por ela e, com isso, sua oferta. Dessa forma, resolver a questão do refreamento do instinto sexual dos homens tem um enorme significado para a luta contra a prostituição.

A educação e o senso comum reprimiram o instinto sexual das mulheres. Os mesmos meios devem ser empregados para conter o instinto sexual dos homens. Aqui, o papel principal deve ser desempenhado pelas mulheres. Elas devem mudar a concepção dominante em relação à moral sexual de homens e mulheres e exigir que não exista diferença entre uns e outros, para que ambos saibam refrear a paixão sexual e satisfazê-la apenas em determinadas condições. Uma moral sexual idêntica – eis o que devem reivindicar as mulheres que desejam a aniquilação da prostituição.

Se nos dermos ao trabalho de examinar os jornais, encontraremos uma série de casos de estupro cometidos brutalmente contra mulheres, moças e meninas. Disso são culpados não só homens sem formação, para quem é mais característico manifestar seus instintos selvagens, mas também homens formados, cuja educação deveria impedi-los de fazer isso. Esses casos são testemunho da besta que ainda está dentro da pessoa. As mulheres cultas devem examinar cuidadosamente como lutar contra essa besta e vencê-la.

Sem dúvida, a tarefa de dominar a besta que habita a pessoa é, antes de mais nada, uma questão de educação, hereditariedade e aperfeiçoamento do indivíduo com a ajuda de outro.

Ao se casar, a moça culta não tem o direito de ignorar o legado que receberá de seu marido, pois esse legado ruim será transmitido a seus filhos.

A distância, a educação nem sempre consegue lutar contra a hereditariedade e vencê-la. A moça deve eleger não apenas o marido, mas o pai de seus filhos.

Uma das tarefas mais importantes das mães é a formação de traços nobres de caráter nas crianças. Elas devem incutir em seu filho o ensinamento de que não existe justificativa para quem trata o outro como um animal, sem nenhum respeito por sua dignidade humana, e que tal comportamento é um insulto contra a pessoa.

A mãe deve educar os filhos. Mas, infelizmente, ela não só faz pouco nesse sentido, como esse pouco, na maioria dos casos, perde-se nas condições atuais. Contra os esforços da mãe para enobrecer os instintos dos filhos, insurge-se a escola contemporânea, que não se preocupa em absoluto com a formação moral das crianças e tão somente lhes enche a cabeça com todos os tipos de ciências. O menino, em cuja educação a mãe colocou a própria alma, encontra, na escola de professores formalistas, camaradas depravados. Tudo isso influi negativamente, estimula nele a besta e sufoca os impulsos dignos. Por isso, uma reforma escolar radical pode, por um lado, conservar no coração do jovem essas inclinações nobres que a mãe lhe inculca e, por outro, ensinar-lhe a refrear seus instintos sexuais. Mas para que tal reforma aconteça, as mulheres precisam ter direitos legislativos.

Um passo ulterior na vida do jovem é a ação prática. Ele escolhe para si uma especialidade que lhe fornecerá meios de subsistência. E aqui ele encontra uma quantidade de pedras tamanha que ameaça destruir por completo qualquer impulso nobre. Os superiores, camaradas, subalternos, conhecidos, todos estão ocupados na corrida por bens materiais e prazer. Esse turbilhão do dia a dia afunda as inclinações dignas do jovem e estimula nele os instintos selvagens. Se a mãe pode, em casa, inculcar a nobreza na criança, se ela pode escolher a melhor escola para seu filho, o que ela pode fazer por ele na agitação cotidiana? Quais são as chances que ela tem de não vê-lo entregue à besta nos anos de maturidade? Devemos reconhecer que, em essência, ela não pode fazer quase nada, tem de assistir à destruição constante de tudo aquilo que tentou criar em seu filho e reconhecer a infrutuosidade de seus esforços. Mas disso não resulta que as mulheres devam ficar de braços cruzados e submeter-se, sem luta, ao que encontram na vida. Pelo contrário. Elas devem se unir na luta enérgica contra as condições que alimentam a besta no jovem. Aquilo que uma única pessoa não tem forças para mudar as massas destruirão.

O que na vida contemporânea desperta a besta no jovem? Encontramos a resposta a essa pergunta, até certo ponto, na pesquisa sobre sexo entre os estudantes da Universidade de Moscou. A partir dela fica evidente que a pornografia, a prostituição, os camaradas, os serviçais e diferentes tipos de pão e circo contribuem para o despertar precoce das inclinações sexuais do jovem. Por isso, se as mulheres quiserem reeducar os homens no aspecto sexual, elas devem direcionar seus esforços para a luta contra as causas que acabamos de citar.

O combate à pornografia e aos espetáculos é, por excelência, uma questão legislativa. Por isso, enquanto as mulheres estiverem privadas de direitos, não conseguirão grandes resultados nesse aspecto. Alguma coisa elas podem fazer por meio de protestos contra exibições pervertidas, livros e imagens pornográficos. Mas para uma luta verdadeira contra a pornografia, elas precisam de direitos legislativos.

A prostituição é o meio mais comum de satisfação do sentimento sexual precocemente estimulado no jovem. Sua ampla difusão e acessibilidade são um mal enorme. Ela cria inclinações sexuais pervertidas e cultiva a besta no menino. Por isso, a luta contra a prostituição representa uma questão de primeiríssima ordem. E aqui, como em todas as partes, a carência de direitos é um grande obstáculo.

Os autores que se ocupam de pesquisar as causas que conduzem as mulheres para a prostituição apontam a pobreza, a ignorância e a má formação educacional das moças. Não se deve negar que, com frequência, essas razões estimulam as jovens a se entregarem à prostituição.

É por isso que é necessário cuidar da formação das moças, melhorar sua educação, assim como sua condição econômica. Sabemos quão infortunadas são as mulheres em tudo isso. Tanto aqui como no que se refere à herança, cabe-lhes uma parte mínima.

A última história de uma ouvinte na universidade mostra quão precário é, para as pessoas privadas de direitos, tudo aquilo que, ao que parece, elas conseguiram. Aproveitando os dias de liberdade, as mulheres começaram a ingressar nos estabelecimentos masculinos de ensino superior. Mas esses dias acabaram, e o ministro da Instrução Popular declarou: "Vão embora. Aqui não é lugar para vocês". Claro, se as mulheres tivessem direito ao voto, não teria passado pela cabeça do ministro a ideia de tomar tais medidas contra as ouvintes. Infelizmente, esse tipo de experiência afeta a mulher de forma infrutuosa. Em vez de dirigir suas forças para o mais importante – a obtenção do direito de voto na representação popular –, ela dá atenção a diferentes casos particulares. Depois da circular do senhor Schwartz sobre a expulsão das ouvintes da universidade, estas últimas passaram a se preocupar intensamente com sua volta para lá. Tais preocupações são completamente naturais e necessárias, mas, de qualquer maneira, deve-se olhar de modo mais amplo para o assunto e ter sempre em vista o objetivo principal: o direito de voto na instituição legislativa. Infelizmente, as mulheres russas não dão a esse direito a significância que ele tem.

Tal atitude das mulheres em relação à sua falta de direitos dificulta muito sua igualdade. Por causa da ausência de direitos, qualquer pequeno passo para frente custa-lhes esforços enormes. Mais uma vez, exemplo disso é o ensino superior feminino na Rússia. Quantas vezes nós retrocedemos nele. Quanta força, trabalho e luta foram e são necessários às mulheres para a conquista dessa esfera! Nós retrocedíamos quando não tínhamos um representante do povo e retrocedemos agora que o temos. Diante de nossa falta de direitos, ninguém pode garantir que não perderemos tudo que foi alcançado com tanto empenho. Essa situação trava também a melhora da condição econômica das mulheres. Com certeza, não é possível obrigar, pela via legislativa, os empregadores privados a igualar a remuneração do trabalho feminino com o masculino. Mas um representante do povo pode fazer isso, no caso de sujeitos que ocupam cargos superiores no serviço estatal, servidores das autonomias administrativas locais. Agora, temos de nos submeter a essas injustiças exercidas por nosso representante. Nossa Duma Estatal na segunda legislatura não reconheceu a igualdade de direitos das mulheres no serviço na chancelaria. A mesma coisa se repetiu na terceira legislatura. Por via legislativa, seria possível melhorar a situação econômica daquelas mulheres que preenchem as filas da prostituição, mais exatamente, nossas criadas domésticas. Em 1889, foi feito na Rússia um recenseamento das prostitutas controladas. O número total de prostitutas era de 17.603. Dessas, 45% tinham sido criadas domésticas. Também no exterior encontra-se grande quantidade de prostitutas que foram criadas domésticas.

Esse tipo de dado mostra quão anormal é a situação de nossas empregadas domésticas. Tanto o recenseamento como as prostitutas são vivo reflexo da falta de direitos das mulheres. O que é uma criada pessoal? É uma escrava que qualquer um humilha de todas as formas possíveis. Seu dia de trabalho é entregue por completo ao bel-prazer de seus senhores. Ela levanta e deita quando estes querem; acorda antes de todos e dorme depois, pula da cama de madrugada, tantas vezes quanto tocar a campainha. Ela não tem hora fixa para o chá, nem para o almoço, nem para o jantar, e come irregularmente. É raro que tenha um determinado dia em que possa dispor livremente de seu tempo ao longo de algumas horas. É obrigada a fazer tudo o que lhe ordenarem os senhores, comer o que lhe derem, ficar em um canto escuro junto à estufa; ela não tem garantia nenhuma de que, neste mesmo minuto, os senhores não vão demiti-la ou expulsá-la e que ela não vai parar na rua, sem refúgio nem um pedaço de pão. Além disso, ela é perseguida pelo homem com seu instinto sexual aguçado. O senhor e o criado do senhorio olham para ela como sua presa legítima. O zelador, o lacaio, o administrador, o soldado, o inquilino, todos vão à caça dela. A moça jovem e inexperiente da aldeia é vítima dessas condições desfavoráveis e torna-se prostituta.

Para melhorar a situação das criadas são necessárias medidas legislativas. A lei deve protegê-las da exploração excessiva dos patrões, regulamentar seu trabalho, definir sua jornada e seu tempo livre, proporcionar instalações satisfatórias e alimentação. Deve cuidar delas também durante a doença, a maternidade e o desemprego. O estabelecimento de medidas de segurança para as trabalhadoras – incluindo as criadas – em todos os casos que acabamos de citar teria uma significância enorme na proteção das jovens contra a prostituição.

Doença, maternidade, desemprego com frequência empurram as moças no caminho do vício. Nesses casos, o apoio material é extremamente necessário. Mas só uma previdência social estatal amplamente organizada poderia prestar assistência real às trabalhadoras. Para isso, as mulheres precisam de direitos legislativos.

Em todas as partes comprova-se que o desamparo das meninas, sua orfandade, leva-as à prostituição. A partir do já citado recenseamento de prostitutas, sabe-se que 87,4% delas são órfãs de pai e mãe. Apontamos também que entre elas predominam as camponesas. Esse fato esclarece de forma brilhante o sentido da lei que priva as camponesas da terra. Uma moça órfã não só fica ao arbítrio do destino, como, com a morte do pai, perde até os meios de subsistência. Não lhe resta outra coisa além de mendigar, tornar-se operária, jornaleira ou criada. A fome a tira da aldeia. Se tivesse terra, ela poderia viver na aldeia e arranjar-se de outro modo. Uma mudança na lei é indispensável na luta contra a prostituição. Para isso, as mulheres precisam de direitos legislativos.

A pesquisa estudantil sobre sexo mostra que a prostituição atende principalmente às inclinações sexuais despertadas precocemente nos jovens. Sem dúvida, ela contribui para o excessivo desenvolvimento e a perversão do instinto sexual masculino, assim como sua existência alivia significativamente a satisfação dele. Os jovens sucumbem à sua influência nociva e adquirem um instinto sexual com proporções monstruosas. Nesse âmbito, a prostituição controlada tem um significado maior.

Apesar de os regulamentadores afirmarem que a prostituta que deseja largar seu ofício fica facilmente livre de inspeção, isso não é verdade. A inspeção empurra-a para os braços de alcoviteiros e cafetões que, aproveitando-se do desamparo das moças e da colaboração dos agentes policiais, cativam-nas tenazmente e não as deixam seguir até que tenham sugado tudo delas. Violência, embriagamento, intimidação, dívidas entram em cena. Dessa forma, a inspeção contribui para o aumento do número de prostitutas. E com esse aumento entra em cena a concorrência. Isso estimula prostitutas e alcoviteiros a se esmerarem na atração e perversão dos homens ou, em outras palavras, no excessivo desenvolvimento do instinto sexual masculino. Entende-se que sob a influência corruptora da prostituição controlada cai principalmente a juventude masculina imatura.

A prostituição controlada constitui um mal também pelo fato de prometer uma falsa garantia de saúde. Os médicos que participam na inspeção incluem nas carteirinhas das prostitutas a anotação "saudável". Pessoas incompetentes acreditam que isso é verdade, que o exame médico as previne do contágio. Mas agora ficou suficientemente claro que isso não passa de um erro. Na conferência de Bruxelas sobre a luta contra a sífilis (1899), especialistas disseram que os médicos não devem fazer tal anotação nas carteirinhas das prostitutas. Isso foi há quase dez anos, mas aqui os profissionais continuam a fazê-lo, levando a juventude ao erro e diminuindo o temor salvador do contágio. O significado disso é mostrado pela pesquisa estudantil sobre sexo. Dos que se abstiveram da prostituição, 29% explicaram sua decisão pelo temor da contaminação. Essa cifra nos diz de maneira patente que a eliminação da inspeção contribuirá muito para a contenção dos instintos sexuais da juventude masculina, ao aumentar entre ela o pavor da doença. Mas, para o fim da inspeção médico-policial, as mulheres precisam de direitos legislativos.

No desenvolvimento da prostituição, os intermediários têm um papel enorme. Por isso, medidas legislativas contra eles são necessárias. Sabemos também que os homens promulgam leis que castigam intermediários e cafetões, mas os resultados não são vistos. Os homens asseguram que aqui as leis não têm efeito algum, já que a prostituição é um mal inevitável. Mas eu penso que, neste caso, a falta de eficácia da lei explica-se pelo fato de ela não dirigir sua ação diretamente contra os principais culpados pela prostituição: os usuários do corpo feminino, os compradores de prostitutas. Enquanto existir demanda, haverá oferta; enquanto os homens pagarem para os intermediários, haverá especialistas nessa área. Para aniquilar a intermediação, deve ser promulgada uma lei que castigue os homens pela compra de mulheres por meio de intermediários. Eles devem ser reconhecidos como coparticipantes do crime cometido pelos alcoviteiros e punidos por isso. Só então a alcoviteirice será destruída. Mas, é claro, enquanto apenas os homens tiverem poder legislativo, eles não promulgarão tal lei. Ela aparecerá somente quando as mulheres também tiverem esse poder.

De tudo exposto acima, vemos que a falta de direitos constitui para as mulheres um obstáculo enorme no combate à prostituição. Por isso, conquistar para si os direitos legislativos é a tarefa mais importante para aquelas que realmente desejam a aniquilação desse mal. As mulheres devem dirigir seus esforços para a consecução do direito de voto na representação popular.

Que as mulheres deem ouvidos ao lamento que ressoa nos antros, onde suas infelizes irmãs e filhas perecem em meio a sofrimentos indizíveis. Que se lembrem desses antros, onde morrerão a alma e o corpo não só de suas irmãs e filhas, mas também de seus irmãos e filhos. Então ficará claro para elas que não podem nem devem aceitar sua falta de direitos. Elas precisam de poder legislativo para a luta contra a besta que destrói sem clemência a juventude de ambos os sexos, criando horríveis calamidades e aflições.

Fonte: Как женщины должны бороться с проституцией [Como as mulheres devem lutar contra a prostituição], em *Труды Первого всероссийского женского съезда/ Trúdi Pérvogo vssierossískogo jénskogo siézda* [Trabalhos do I Congresso de Mulheres de Toda a Rússia], São Petersburgo, 10-16 dez. 1908.

LEI E VIDA[*]

As leis existentes refletem concepções de parte da população dominante no que se refere ao admissível e ao que deve ser proibido. A vida demonstra com frequência, por meio de fatos revoltantes, que as leis promulgadas pela porção dominante da sociedade menosprezam os interesses da parte subjugada e criam para ela uma situação extremamente penosa. Tomarei alguns fatos como ilustração.

Em janeiro deste ano, no hotel Paris, em São Petersburgo, a esposa do rico comerciante de Arkhángelsk, senhor Arkhípov, envenenou-se. Ela veio à cidade para levar seu divórcio adiante. Seu marido enviou um telegrama, exigindo a volta da esposa, mesmo que para isso fosse necessário valer-se do envio dela para Arkhángelsk em um comboio de presos. A polícia apresentou-se para esclarecer a questão. Temendo a prisão, Arkhípova[**] pegou uma garrafa de creosoto e bebeu todo o seu conteúdo.

Como é evidente, para essa mulher a vida com o marido era pior do que a morte. Pode-se, por acaso, obrigá-la a conviver com ele nessas circunstâncias? O juízo e o senso de humanidade rebelam-se contra tal decisão. Eles nos dizem que isso é cruel em relação ao indivíduo e prejudicial à família. Mas as leis existentes entre nós, promulgadas pela parte dominante da sociedade, permitem tal violência contra a mulher. Nossa lei força a esposa a viver com o marido, e a polícia deve cumprir essa exigência.

---

[*] Tradução de Natalia Quintero. (N. E.)

[**] Forma feminina do sobrenome Arkhípov. Em russo, a maioria dos sobrenomes tem forma masculina e feminina, pois eles devem concordar com o gênero da pessoa. Conforme a tradição, ao se casarem, as mulheres adotam o sobrenome do marido, mas, naturalmente, em sua forma feminina. Em geral, para isso acrescenta-se a desinência "-a" ao sobrenome masculino. (N. T.)

Até agora, tem contribuído para esse tratamento dispensado à esposa inclusive o Estatuto do Passaporte, que estabelece que a mulher casada só pode obter um passaporte próprio com o consentimento do marido. Entre nós, os indivíduos sem passaporte são considerados vagabundos e enviados em comboio de presos para um lugar de moradia[*].

O parágrafo 107 do Código Civil determina: a esposa tem a obrigação de obedecer ao marido enquanto chefe da família, viver com ele em amor, respeito e submissão ilimitados, conceder a ele toda complacência e afeição como dona de casa.

É claro, estipular acatamento e obediência é algo que a lei pode fazer. Mas como ela pode ordenar amar e honrar é um segredo dos legisladores. Semelhante prescrição parece um absurdo para as pessoas contemporâneas, mas até agora ela não foi eliminada. Já tem duzentos anos, mas continua a ser repetida em cada novo Código. É evidente que, até o momento, as concepções da parte dominante da sociedade sobre as esposas pouco mudaram.

Com efeito, citaremos as análises da terceira Duma Estatal, em que foi discutido o direito de a mulher exigir um título de residência permanente de forma individual. Markov II declarou com toda franqueza que o direito das esposas a um passaporte próprio priva os camponeses da força de trabalho e leva a propriedade à ruína. Ele vê na esposa não um indivíduo, não uma pessoa, mas algum tipo de animal doméstico útil.

No dia 4 de fevereiro de 1914, a Duma Estatal, em conformidade com o Conselho de Estado, aprovou a lei que outorga a todas as mulheres o direito de obter o passaporte individual separado, sem a autorização do marido.

Aparentemente, essa lei dá à mulher o direito de se separar do marido quando bem entender, em contradição com a opinião de Markov II. Mas se alegrarão em vão as esposas para quem, tal qual

---

[*] A autora refere-se ao chamado "принудительное место жительства" (*prinudítelnoie mésto jítelstva*), lugar obrigatório de moradia. Na Rússia, há a exigência legal de registrar junto às autoridades competentes o endereço de residência permanente. Na época em que esta palestra foi proferida, estava vigente uma lei segundo a qual se a pessoa não possuía esse registro, por qualquer razão que fosse, ela era considerada legalmente indigente. Nesses casos, as autoridades determinavam um lugar obrigatório de moradia e enviavam tais pessoas para lá em comboios de presos. A lei também estipulava que esses indivíduos não tinham o direito de deixar o local sem autorização. (N. T.)

para Arkhípova, a vida em comum com o marido é pior do que a morte, bem como aquelas que planejam se livrar dele com a ajuda do passaporte. A polícia tem direito, como antes, de apresentar-se diante delas e colocá-las ante o marido, pois continua em vigor o artigo 103, que reza: "Os cônjuges têm a obrigação de morar juntos e, portanto: 1) proíbe-se rigorosamente qualquer ato que conduza à separação não autorizada; 2) em caso de mudança, admissão no trabalho ou qualquer outra alteração no lugar de residência permanente do marido, a esposa deve acompanhá-lo".

Essa lei entrou em vigor em 22 de janeiro de 1669. Agora tem mais de duzentos anos. Os maridos seguram as esposas com força em suas mãos.

Em essência, a lei de 4 de fevereiro está em aberta contradição com o artigo 103. Este proíbe qualquer ato que leve à separação dos cônjuges sem autorização. O passaporte individual próprio constitui--se nesse ato, por dar à mulher, em aparência, o direito de se separar do marido sem autorização. Mas nossas câmaras legislativas sabiam o que estavam fazendo. Ao conceder o passaporte separado, criaram para as mulheres o espectro da liberdade e, com isso, pareceram fazer concessões ao espírito do tempo, que exige a libertação das esposas. Mas, ao mesmo tempo, mantiveram o artigo 103 e todas aquelas normas que prendem a esposa ao marido e, assim, paralisaram a nova lei, manifestando a parte leonina de sua simpatia por meio da antiga concepção escravista sobre a mulher. Ao promulgar a nova lei, também sabiam que a força está do lado dos homens e, por isso, a lei não terá grande aplicação.

Nessa mesma sessão de 4 de fevereiro, a Duma Estatal, também em acordo com o Conselho de Estado, reconheceu que a esposa pode assinar contratos de aluguel, começar a trabalhar ou ingressar em um estabelecimento de ensino superior sem o consentimento do marido apenas quando ela vive de fato separada dele.

Sabemos muito bem que, além da dependência jurídica, a esposa depende economicamente do marido. A última resolução da Duma e do Conselho de Estado utiliza essa questão em proveito dos homens. Uma vez que a esposa vive com o marido, ela, conforme a nova lei – que, em essência, repete a antiga –, pode empregar-se ou ingressar em instituições de ensino superior apenas com a permissão do cônjuge. Não são poucos os casos em que a mulher é a única fonte de sustento de seus filhos, mesmo que more com o marido. Este último, com a intenção de explorar o trabalho dela em seu próprio benefício, concede-lhe autorização desde que a esposa entregue a ele uma parte de seu salário. Sabe-se quão escassa é a remuneração feminina. E, desse exíguo ordenado, a mulher tem de destinar uma parte à bebedeira do marido, tirando um pedaço de pão dos filhos. Então, ela tem diante de si um dilema horrível. Para poder desfrutar de seu salário por completo, ela terá de abandonar seus filhos ou tirar deles o indispensável, jogando-o nas garras do alcoolismo. Na verdade, os promulgadores de tais leis são alunos dotados dos jesuítas! Dão com uma mão aquilo que tiram com a outra. E assim sabem cobrir suas leis com a névoa da modernidade e do humanitarismo.

A promulgação dessas leis serve como prova supérflua de que os homens não são capazes de legislar imparcial e justamente em relação às mulheres, tal como afirmou John Stuart Mill há sessenta anos.

Sem dúvida, a lei de 4 de fevereiro reflete a concepção da mulher que nossos legisladores têm. E a enquete acerca dos direitos eleitorais das mulheres, levada a cabo pelo clube petersburguês do Partido Progressista Feminino, em 1913, mostra qual é essa concepção. Uma folha de pesquisa com o pedido para manifestar-se a respeito do tema foi enviada a 139 deputados da quarta Duma Estatal. Foram recebidas 39 respostas. Essa quantidade irrisória mostra que os direitos eleitorais femininos não interessam aos deputados e que eles os consideram indignos de atenção. Dentre os que responderam, 21 deputados declararam-se a favor dos direitos eleitorais das mulheres, e alguns até mostraram-se partidários de sua indispensabilidade; dez pessoas consideram-nos inoportunos, e oito, indesejáveis.

Os argumentos dos adversários de nossos direitos eleitorais são originais. Na opinião do deputado Chulguin, se eles forem concedidos às mulheres, entrarão na disputa política apenas "histéricas de todas as espécies, gêneros e naipes". Ele pensa que seria preciso privar muitos homens histéricos do direito de voto, e não conferi-lo às mulheres, entre as quais a histeria é ainda mais difundida. Considera também que a atividade política frutífera, e não a estéril, exige a presença de uma mente fria e nervos de aço.

O senhor Chulguin está tão disposto a tolher a concessão de direitos eleitorais às mulheres que pretende instituir uma exigência sem precedentes para os deputados: a ausência de nervosismo e a presença de uma mente fria e nervos de aço. Seria interessante esclarecer de que maneira o senhor Chulguin colocaria em prática tal

A REVOLUÇÃO DAS MULHERES

imposição. É bastante provável que ele proponha que, antes de novas eleições para a Duma Estatal ou para o Conselho, todos os eleitores permaneçam reclusos em um hospital por um tempo determinado, sob a observação de médicos que decidirão, de um lado, quem possui raciocínio frio e nervos de aço e, de outro, quem é propenso ao nervosismo, para então conferir ou negar a eles a certidão que lhes permite ser eleitos.

O senhor Chulguin não tem nada contra a admissão de deputadas mansas e dóceis, que poderiam levar a calma para o agitado mar da Duma Estatal. Mas, em sua opinião, tais pessoas não chegarão lá. Para ele, um parlamento misto é algo como uma família, em que a esposa dócil esforça-se de todas as maneiras para acalmar o marido enfurecido.

Sem dúvida, a concepção do deputado distingue-se pela originalidade, mas talvez, em caso de estabelecimento da exigência do raciocínio frio, seja capaz que nem o senhor Chulguin chegue a parlamentar.

Também pensa de forma singular um deputado anônimo que escondeu seu sobrenome cuidadosamente. Ele afirma que a mulher é o templo da moral e, por isso, o parlamento não é lugar para ela, já que os motivos morais são alheios aos políticos contemporâneos. Pareceria que, nessa situação, seria especialmente desejável a participação da mulher na representação popular, para elevar seu nível moral. Mas, pelo jeito, o deputado desconhecido está antes disposto a conformar-se com tal baixo nível do que a conceder às mulheres o direito ao voto.

Muito mais sincero é outro deputado anônimo. Ele declara que os direitos eleitorais das mulheres são prejudiciais para o Estado e a família, já que "a mulher tem o firme destino de ser fêmea". Isso há muito foi compreendido pelo povo, que olha para a mulher como um ser da mais baixa categoria e manifesta isso em ditados populares: "a galinha não é pássaro, e a mulher não é pessoa"; "as mulheres têm o cabelo comprido e as ideias curtas". O povo também considera que não se deve dar uma especial liberdade às mulheres: "bata na mulher com o martelo, e ela será ouro".

Não fala mesmo com sinceridade o senhor deputado? Pelo menos é alentador que, ao proferir tais opiniões escravistas e desumanas, ele próprio se envergonhe e, por isso, esconda seu sobrenome.

O deputado Belogúrov aconselha as mulheres a não perder a fé e a esperança nos homens. Os homens também podem se arranjar

65

perfeitamente sem as mulheres, diz. Os direitos eleitorais tirarão a mulher daquele caminho pelo qual, para o homem probo, é desejável vê-la seguir.

A lei de 4 de fevereiro mostra às mulheres de forma suficientemente clara qual caminho os homens desejam que elas trilhem e quais esperanças elas podem depositar no sexo forte. Os homens querem manter as mulheres na escravidão a qualquer preço. Eis o que essa lei diz. Ela convoca de modo enérgico as mulheres a lutar pelo direito de voto na representação popular.

É verdade que, com a aprovação da lei de 4 de fevereiro, a Duma Estatal acolheu a proposta feita por I. V. Gódnev: "Considerando a falta de cumprimento de nossas leis vigentes sobre o divórcio e reconhecendo a necessidade inadiável da análise imediata dessa questão e da inclusão na Duma Estatal de um projeto de lei correspondente, a Duma Estatal passa para o seguinte assunto".

Assim, as mulheres podem aplaudir a Duma Estatal, pois esta decidiu pensar direitinho nelas e melhorar radicalmente sua situação. O que é o direito ao trabalho livre? Será que pode ser comparado com o divórcio, capaz de libertar de fato a esposa de um marido insuportável? O direito ao trabalho representa apenas uma partícula desses direitos que a mulher divorciada possuirá. Pois é sabido que os homens preocupam-se em garantir que as mulheres desfrutem dos mais perfeitos direitos. Quando elas exigem os direitos eleitorais com base nas leis que outorgam os mesmos direitos aos homens, com as conhecidas limitações, a elas é dito: "Por que dar a vocês esses direitos incompletos? Quando existir o direito ao sufrágio universal, então será outra coisa". Hoje as mulheres morrem sufocadas na atmosfera que cria na família sua dependência econômica em relação ao marido e almejam livrar-se de sua ignorância, mas os legisladores dizem: "Tenham paciência, nós daremos a vocês o direito ao divórcio e, então, vocês terão tudo".

Se lembrarmos os obstáculos que a ampliação de causas para o divórcio encontra no santo sínodo, ficará claro quão rápido as mulheres podem esperar por novas leis que as libertem da tirania dos maridos. Além disso, o divórcio não concederá o direito ao trabalho livre àquelas esposas que não desejam se separar. Por isso, parece-me que, ao aprovarem o pedido de divórcio, os deputados pensaram mais, sem dúvida, na sua libertação de suas esposas indesejadas do que em melhorar a sorte das mulheres casadas.

Na Rússia existem leis revoltantes em relação às mulheres. Tais normas entregam as esposas à escravidão do marido, e as meninas jovens, à perversão dos erotômanos.

Nos últimos tempos, houve um grande escândalo relativo à história do abrigo para prostitutas menores de idade na região de Porokhovíe. Lá, como medida corretiva, aplica-se a prisão em um galpão frio. É uma ação bárbara contra a qual se deve protestar. Ela provocou o repúdio da Sociedade de Defesa das Crianças contra o tratamento cruel e a intervenção das autoridades.

Essa história chamou bastante atenção, e muitos se interessaram pelo destino das prostitutas menores de idade e por sua salvação. Mas me surpreendeu o fato de a sociedade, preocupada com o resgate dessas infelizes, ignorar por completo a questão de evitar seu aparecimento, como se a essência estivesse na salvação, e não na prevenção.

Além das causas sociais, morais e econômicas, a impunidade dos corruptores de meninas também cria prostitutas menores de idade, que enchem os abrigos. As leis russas a esse respeito são surpreendentes. Elas dão ao erotômano plena liberdade. A lei castiga a corrupção, a alcoviteirice, mas deixa impune o usuário da prostituição infantil. E então acontece o que se segue.

No dia 21 de janeiro deste ano, foi discutido no Senado o caso de dois garçons, Kuváev e Piskariov. Ambos trabalhavam no hotel Vladímirski, que era o centro da corrupção infantil em São Petersburgo. O hotel foi fechado, e tais garçons, que ganhavam dinheiro com a venda de crianças, foram processados por administração do antro. O magistrado e o tribunal de apelações condenaram cada um deles a seis meses de prisão. O Senado os considerou culpados não pela administração do antro, mas por alcoviteirice, e confirmou a pena.

Esses garçons receberam o devido castigo. Mas por que não foram processados os erotômanos que utilizaram o corpo das crianças a eles vendidas? Aqui, tropeçamos em um defeito incrível das leis russas: não temos uma legislação que puna o uso da prostituição infantil! A lei russa castiga rigorosamente apenas a corrupção de menores. Mas, uma vez que isso acontece, a lei dá ao erotômano o direito de exercer a exploração com impunidade. Como se, aos olhos do legislador, essa profunda queda moral que mata a prostituta menor de idade não merecesse atenção.

Como é sabido, a lei russa determina que a idade mínima para o casamento das meninas é dezesseis anos. Em consonância com essa lei, existe outra que estipula que a idade mínima para o ato sexual conscientemente consentido pelas meninas é catorze anos. Dessa maneira, entre o casamento e o consentimento do ato sexual há um intervalo de dois anos, ao longo dos quais a menina pode estabelecer relações extraconjugais e entregar-se à prostituição, enquanto aos homens é permitido aproveitar-se dela impunemente.

O seguinte caso mostra o que resulta disso tudo.

Em dezembro de 1913, na aldeia Spasskoe, localizada no extremo oriente da Rússia, a menina Zinaída Ivánova, de catorze anos, suicidou-se com um tiro. Sua família era muito pobre, e a menina, duas semanas antes de sua morte, fora parar na casa do tenente--coronel Makárov, homem rico e solteiro. Depois, na casa dele instalou-se outra moça. Logo em seguida, Ivánova suicidou-se. Na autópsia, o médico encontrou que a menina havia suportado aberrações sexuais.

É difícil entender o que norteou os legisladores a deixar as meninas, ao longo de dois anos antes do casamento, sem defesa contra os sedutores. Será que eles estavam com medo de que, sem essa lei, a prostituição acabasse na Rússia? Sem dúvida, tal norma contribui para o desenvolvimento da prostituição. Muitas prostitutas começaram sua atividade sexual nessa idade. Em todo caso, uma coisa é, para mim, indubitável: se as mulheres participassem da legislatura, leis como essas não existiriam na Rússia. Que isso é fato é demonstrado pelos Estados Unidos da América do Norte.

Com o intuito de esclarecer a significância que os direitos eleitorais têm para a defesa das mulheres e crianças, Nora De Forest[*] comparou as leis existentes em diversos estados dos Estados Unidos da América do Norte. Ela investigou aqueles em que as mulheres possuem direitos legislativos e aqueles onde elas não os têm. Determinou--se que, no primeiro grupo, a idade de defesa das moças é, em média, aos dezessete anos e meio. A idade mínima é aos dezesseis anos e a máxima, aos dezoito anos. No segundo grupo, a idade média de defesa é aos quinze anos, sendo a mínima doze ou até mesmo dez anos.

Apresentarei ainda as seguintes cifras: no primeiro grupo de estados, a idade média das crianças admitidas no trabalho fabril é de 14,3 anos e, no segundo grupo, de 19,3 anos. A duração máxima do

---

[*] Nascida Nora Stanton Blatch Barney (1883-1971), foi uma engenheira civil, arquiteta e sufragista inglesa. (N. T.)

dia de trabalho no primeiro grupo é de 8,6 horas para as crianças e de 9,2 horas para as mulheres. No segundo grupo, são 9,5 horas para as crianças e 10,1 horas para as mulheres.

Esses números evidenciam a importância do direito feminino ao voto para melhorar a situação das mulheres e crianças.

As mulheres em situação de igualdade de direitos começam também a manifestar-se na luta contra calamidades populares, tais como o alcoolismo e a prostituição. E, nesse âmbito, sua participação se expressa notavelmente.

Para as mulheres é indispensável conseguir o direito ao voto nas instituições legislativas. Eis a conclusão proveniente dos exemplos da lei e da vida sobre os quais falei aqui. A justeza dessa constatação comprova-se nos casos de outros países.

Fonte: Закон и Жизнь [Lei e vida] – palestra proferida na reunião pública do clube do Partido Progressista Feminino –, em *Jénski Viéstnik/ Женский вестник* [O Mensageiro das Mulheres], São Petersburgo, n. 3, 1914.

LIUBOV IÁKOVLEVNA GURIÉVITCH
(1866-1940)

Retrato de Liubov
I. Guriévitch,
provavelmente
do ano de 1890.

LIUBOV IÁKOVLEVNA GURIÉVITCH (1866-1940) • Nascida em São Petersburgo, Guriévitch se destacou como jornalista, escritora, editora, tradutora, crítica literária e teatral. Vinda de uma família de intelectuais – seu pai, o célebre pedagogo e historiador Iakov Grigorievitch Guriévitch, foi diretor de um colégio próprio em Petersburgo e editor da revista *Rússkaia chkola*, enquanto sua tia, E. I. Jukóvskaia (Iliná), foi tradutora e memorialista –, estudou no curso superior para mulheres Bestújev de 1884 a 1888.

Sua estreia na imprensa aconteceu em 1887. Além de colaborar com diversos periódicos, foi editora das revistas *Seviêrni Viêstnik*, entre 1891 e 1898 – na qual publicou nomes como Górki, Guíppius e Sologúb –, e *Rússkaia Mísl*, entre 1913 e 1915. Presente no Domingo Sangrento de São Petersburgo, em 9 de janeiro de 1905, escreveu boletins sobre os eventos daquele dia que foram distribuídos ilegalmente pelo país, e seus artigos sobre o tema se tornaram referência. Ao longo da carreira, assinou com os pseudônimos L. Gorev, Elgur e El Gur.

Guriévitch foi considerada pela professora de estudos russos da Universidade de Bath Rosalind Marsh como "a jornalista mais proeminente" que "desempenhou um importante papel, inspirando críticas e jornalistas russas da geração mais jovem". Já o estudioso da cultura russa Stanley Rabinowitz definiu-a como "a jornalista literária mais importante da Rússia" e uma das "mulheres mais fascinantes de sua época". Foi prolífica também na área da literatura. Seu romance *Ploskogórie* – cujo prólogo havia saído no *Seviérni Viéstnik*, em 1895, com o título *Razlúka*, e cuja continuação só sairia em 1897 – teve grande repercussão, assim como seus retratos memorialísticos de Leskov, Tolstói e Blok e sua vasta correspondência. No teatro, traduziu autores como Baudelaire, Maupassant e Stendhal, foi consultora literária do Teatro de Arte de Moscou e braço direito de Stanislávski.

Envolvida em atividades sociais desde o início do século XX, incentivava mulheres a escrever e a publicar. Depois da Revolução de 1905, aproximou-se cada vez mais da questão feminina e de outros temas políticos. Tornou-se uma das mais comprometidas ativistas da União pela Igualdade de Direitos das Mulheres de Toda a Rússia, a primeira organização política feminista russa e, posteriormente, da Liga da Igualdade de Direitos das Mulheres. Também foi membro da União da Libertação e da Assembleia de Trabalhadores Fabris de São Petersburgo.

Após 1917, trabalhou em instituições teatrais de Petrogrado e Moscou, para onde se mudou em 1920.

A QUESTÃO DA IGUALDADE DE DIREITOS DAS MULHERES NO MEIO CAMPONÊS[*]

Entre os líderes dos movimentos sociais, que se manifestam sobre os direitos eleitorais das mulheres com particular reserva, há muitos que associam sua hesitação a respeito do tema com a dúvida de como o campesinato russo reagirá à igualdade de direitos políticos das mulheres. Por algum motivo, eles esperam dos camponeses uma resistência maior nesse assunto. No entanto, dados apontam que os camponeses não ficam atrás da *intelligentsia* nesse ponto particular. Se tal questão, como muitas outras, exige certa evolução da consciência política e não se levanta por si própria, de todo modo uma colocação precisa a seu respeito encontra vivaz repercussão junto a muitos deles.

No Congresso de Formação da União Camponesa, em julho de 1905, ao qual compareceram representantes de 28 províncias, alguns dos deputados assinalaram:

quando nós camponeses conquistarmos o mundo, não impediremos as mulheres de também gozarem dele. Seria contraditório privá-las de direitos políticos. Isso é especialmente importante neste cenário em que a população masculina se encarrega de trabalhos temporários longe de suas casas e a mulher permanece no lar.

Apoiando essa ideia, um dos camponeses disse que a extensão dos direitos políticos às mulheres aumenta a força do partido camponês, criando um "segundo exército" para este. Durante a votação a respeito do tema, destacaram-se duas questões: 1) conceder às mulheres o direito de voto; 2) garantir-lhes também o direito de serem eleitas. Sobre a primeira questão, todos se manifestaram a favor de maneira consensual. À segunda decisão, a maioria contra três votos seguiu com a resposta afirmativa, sendo que um da minoria declarou que

---

[*] Tradução de Sofia Osthoff. (N. E.)

estaria pronto para votar pela garantia desses direitos eleitorais às mulheres solteiras.

No que diz respeito ao fato de a questão não estar morta entre os camponeses, é possível considerar também os fundamentos das decisões que foram tomadas em assembleias camponesas. Algumas delas (nas províncias de Penza, Khárkov, Kóvno e Poltáva) foram publicadas no artigo de K. Lukanov ("Tchegó khotiát krestiánie", no panfleto de Serguéi Elpátievski, *Zemliá i svobóda*).

Sabemos em primeira mão sobre algumas decisões dos encontros camponeses no município de Vorónej. No segundo Congresso da União pela Igualdade de Direitos das Mulheres, em outubro, estiveram presentes três representantes de aldeias interessadas no assunto: duas camponesas e uma idosa. Lá também compareceu e pronunciou-se uma jovem camponesa da província de Túla que representava os idosos da aldeia no lugar de seu avô analfabeto.

A resolução afirmativa à questão dos direitos políticos das mulheres também disparou a toda velocidade entre algumas conferências particulares que contavam com a participação de camponeses, como nas províncias de Tikhvin, Kostroma e na comissão do *ziémstvo*[*] provincial de Iaroslavl.

O que menos se esperava era qualquer tipo de declaração a respeito desse tema por parte dos camponeses, camada da população especialmente pouco instruída e humilde. No entanto, tais suposições céticas revelaram-se inconsistentes. Em diversas áreas da Rússia, emergem rumores entre camponesas sobre "direitos" em geral, e a partir disso a conversa atravessa também a ausência de direitos das mulheres. Às vezes esse tipo de efervescência é cortado por representantes do poder local – qualquer sargento que ouve um boato a respeito de uma "rebelião da mulherada". Assim aconteceu, por exemplo, no verão de 1905, em uma aldeia do município de Podolski, na província moscovita. Hoje em dia, as circunstâncias para o desenvolvimento da consciência de direitos entre camponeses em um momento assombrado pela opressão das autoridades locais são, é claro, extremamente desfavoráveis. Ainda assim, certas representantes da União pela Igualdade de Direitos das Mulheres, severamente perseguidas pelo poder provinciano, estimularam de modo natural nos

---

[*] Órgão de administração local introduzido pelo Império russo e eleito pelas classes dominantes. (N. T.)

meios camponeses não apenas conversas sobre os direitos das mulheres, mas também a mais calorosa aspiração por conquistá-los. A título de documento, reproduzimos um trecho de uma carta privada de uma das militantes da dita União, a sra. AAP do município de Krapivinski, na província de Túla:

> Estou enviando aos senhores as assinaturas das nossas camponesas (em forma de uma Declaração das Mulheres da Rússia à Duma Estatal). A ideia de igualdade de direitos, para dizer o mínimo, agradou-lhes. Para elas, tal ideia representa o há muito desejado pão de cada dia, usando a expressão de uma mulher casada. Se os senhores tivessem ouvido as conversas surgidas sob o efeito animado da petição a respeito do pesar das mulheres, de sua torturante falta de direitos, conversas estas que escutei enquanto escrevia os nomes de analfabetas sob seus pedidos veementes, os senhores sentiriam a mais calorosa alegria por terem assumido participação ativa nesse trabalho genuinamente grandioso que é a libertação das mulheres, ao qual só podemos igualar a abolição da servidão e a alforria dos negros. Eu nunca ouvi falar de tanto sofrimento como o que agora se extravasou diante de mim. É como se tudo tivesse acumulado e então jorrado com força, derramando a tal ponto que, se a questão da igualdade de direitos não se difundir pelo campo, será possível, com a estratégia certa, conduzir uma greve grandiosa de mulheres contra aqueles que não reconhecem seus direitos. No entanto, todos nós camponeses concordamos com esses direitos. Eu li primeiramente a petição para as jornaleiras (nós trabalhamos juntas na horta), expliquei-lhes como e o que entender. No almoço, elas voltaram para casa e, de lá, vieram agitadas a meu encontro, moças, mulheres e idosas. A entrada apinhou-se de gente, todos os rostos inflamaram-se, lamentavam-se: "O Senhor prestou atenção em nós, é evidente... As nossas lágrimas chegaram ao caro Rei dos Céus". Uma velha que se arrastou com dificuldade do distante fim da aldeia repetia: "Netinha, netinha, não esqueça de escrever. Ainda haverá de extenuar-se bastante, mas haverá direitos – todos comentam". "Agora nós estamos trabalhando como cavalos", disse outra mulher. "Enquanto tiverem forças, trabalhem, comam pão, caso passem a amar sua família, deixem disso – trabalhem sob o bastão, com fome, sem sair para lugar nenhum, não se atrevam, pois nós somos como gado, sem direitos, sem coisa alguma. Quem quiser nos aterrorize também." As assinaturas poderiam ter sido recolhidas para sempre de mulheres e moças se não fosse a maldita interrupção de algumas figuras na nossa chegada. Primeiramente, ergueu-se um sacerdote e, depois,

sua filha capitalista. Tanto o primeiro quanto a segunda têm uma relação respeitável com a nação, e essas pessoas dignas falam de tudo, que eu estou obrigando as mulheres a assinar "a respeito de rebeliões". Revoltaram-se ainda dois mujiques, apanharam estacas e queriam ensinar suas mulheres como "entrar em greve". Bêbados, ameaçaram não me deixar viva. Suas mulheres vieram correndo falar comigo, tremendo, coitadas. "Retire nossas assinaturas", diziam, mas depois uma delas, em segredo, sussurrou para mim: "Diga aos nossos homens que você nos retirou, mas, pelo amor de Deus, não retire. Não somos idiotas de renunciar à nossa felicidade". Depois disso, convidei os homens e os constrangi.

Um relatório extremamente minucioso, com anotações detalhadas dos camponeses, em particular das mulheres, e também debates sobre a questão dos direitos etc., trouxe ao último Congresso da União pela Igualdade de Direitos das Mulheres, assim como ao grupo de trabalho da Duma, a sra. S., que trabalhou algum tempo atrás na província de Vorónej. Esse relatório foi citado em um grande artigo satírico na revista *Izviéstiakh krestiánskikh deputátov* (n. 8, de 28 de maio).

Com a repercussão das atividades da sra. S., que propagaram pelas aldeias do município de Vorónej a ideia de sufrágio universal de acordo com a fórmula dos sete elementos[*], foi escrita uma carta famosa dos camponeses locais para os membros da Duma Estatal. O documento foi elaborado de maneira completamente independente, depois do congresso da sra. S. O mesmo aconteceu, com total credibilidade, com uma carta de autoria dos camponeses de Tver.

Igual ocorre com o conteúdo de uma carta escrita pelos professores do município de Ostrogojski ao deputado Kruglikov:

Nós soubemos pelos jornais que no debate na Duma sobre a questão do sufrágio universal o senhor declarou que a mulher é necessária apenas para a família e afirmou que mesmo as mulheres camponesas não desejam direitos políticos. Nós camponeses conscientes estamos revoltados com tais declarações e afirmações. Elas não têm nenhum fundamento. O senhor não é autêntico. Por causa do sistema indireto de votos, trabalha como representante de todos os camponeses da província de Vorónej e, não conhecendo diretamente os eleitores

---

[*] Fórmula segundo a qual o sufrágio seria constituído por sete elementos: universal, direto, igual, secreto, sem distinção de gênero, nacionalidade ou religião. (N. T.)

A REVOLUÇÃO DAS MULHERES

camponeses e suas demandas, mistura de maneira criminosa sua opinião pessoal com as opiniões e demandas de todos os camponeses, que estão isolados do senhor, mais uma vez, pelos votos indiretos. As mulheres camponesas conscientes exigem direitos políticos para sua libertação. Como professores de camponeses vindos de toda parte, em meios onde a questão dos direitos das mulheres nem sequer é posta, coube assinalar que as camponesas, assim como os homens, incomodavam-se com toda desordem pública e declararam: uma vez que elas carregam com dificuldade todas as obrigações sociais ao lado dos homens, devem ter influência na gestão pública. Como prova das nossas palavras serve o fato de que, no dia 6 de novembro de 1905, no Congresso Russo de Camponeses, que ocorreu em Moscou, compareceram duas delegadas camponesas da Assembleia de Mulheres do Município de Vorónej, da região de Orlovski, com decisões sobre a demanda de direitos políticos para mulheres, bem como sobre terra e liberdade. Entenda, os camponeses observam vigilantemente cada uma de suas palavras e votos. Entregue nossa declaração a outro deputado dos camponeses da província de Vorónej. Permaneça junto ao grupo de trabalho da Duma. Ele expressa os interesses dos camponeses e trabalhadores de modo mais claro que outros.

Em geral, a vida apresenta muitas surpresas no que se refere a essa questão. Entre elas, podemos nomear a declaração feita no último inverno a respeito dos direitos políticos das mulheres pela assembleia rural de Guriski (na província de Kutaisskaia) ao representante do governador-geral do Cáucaso, o Sultão-Krym-Guireem. De forma unânime, essas assembleias exigiram direitos políticos para as mulheres equivalentes aos dos homens. Na conferência urbana e rural que ocorreu na província de Tíflis, no que se refere à introdução do *ziémstvo* no além-Cáucaso, estiveram inclusos alguns georgianos.

Ficaram ainda por dizer algumas palavras sobre a posição da classe trabalhadora em relação aos direitos políticos das mulheres. Se os posicionamentos organizados, ou seja, do partido dos trabalhadores, não podem levar em consideração a vontade espontânea e as tendências da massa trabalhadora, então, em todo caso, são muito peculiares as opiniões dos trabalhadores sem partido, que planejaram juntos o poderoso movimento de [Georgi] Gapon em 9 de janeiro. Os organizadores das onze divisões de trabalho de São Petersburgo aprovaram todas as medidas para atrair as mulheres para esse movimento e com tal objetivo estabeleceram entre suas seções uma reunião suplementar especial para elas. "Se as mulheres não nos ajudarem, então nos atrapalharão" – disseram os trabalhadores organizadores. E, de fato, elas se engajaram no movimento. Muitas ocuparam as primeiras fileiras da marcha dos trabalhadores ao palácio, conscientes do perigo iminente e da morte a tiros. Os trabalhadores sem partido apresentaram esse fato em seus discursos no encontro petersburguês de mulheres em maio de 1905 como um argumento a mais a favor da indispensável igualdade de direitos políticos das mulheres.

Fonte: Вопрос о равноправии женщины в крестьянской среде [A questão da igualdade de direitos das mulheres no meio camponês], em *Soiúz Jénschin/ Союз женщин* [União das Mulheres], São Petersburgo, n. 1, 1907.

SOBRE A QUESTÃO DO SUFRÁGIO FEMININO NA SOCIEDADE RUSSA, NOS *ZIÉMSTVO* E NAS CIDADES*

A questão do sufrágio universal demorou para ganhar forma na consciência da sociedade russa. Dois anos atrás, quando o movimento da oposição começou com uma série de banquetes, a fórmula do sufrágio universal ainda não estava completamente desenvolvida. Constituída por sete partes – sufrágio universal, direto, igual e secreto, sem distinção de gênero, nacionalidade e religião –, naquela época tal fórmula fazia parte apenas dos programas dos partidos socialistas. No entanto, no fim do ano de 1904, já começou a aparecer nas resoluções de alguns banquetes e aos poucos se tornou popular. O crescente movimento emancipatório rapidamente ganhava força e em todas as partes fortalecia e destacava a ideia de uma democracia consistente. Cá e lá ecoavam as vozes que exigiam de modo consciente o sufrágio para mulheres, surgiam debates efervescentes sobre a questão. No fim de março de 1905, com esforço a demanda da igualdade política das mulheres entrou no programa da União da Libertação. Em abril daquele mesmo ano, o tema suscitou debates fervorosos na Assembleia Constituinte da União dos Escritores e Jornalistas Russos e foi aprovado no programa da União com um número esmagador de votos.

Uma após a outra, surgiam uniões profissionais de *intelligentsia*, e algumas delas desde o início admitiram o sufrágio para as mulheres em seu programa (a União dos Médicos, a União da Escola Primária). No fim de abril, surgiu a União pela Igualdade de Direitos das Mulheres. Ao integrar a estrutura da União das Uniões, que estava sendo organizada naquela época, ela começou a promover vigorosamente a questão do sufrágio feminino. Apenas duas uniões – a dos Constitucionalistas dos *ziémstvo* e a Acadêmica – não quiseram aceitá-lo.

---

* Tradução de Melissa Teixeira Siqueira Barbosa e Ekaterina Vólkova Américo. (N. E.)

De modo geral, a União das Uniões, da qual no verão de 1905 faziam parte dezesseis organizações com dezenas de milhares de membros, aceitou a fórmula completa do sufrágio, isto é, aquela composta de sete partes. No outono de 1905, o Comitê Central da União das Uniões começou a desenvolver um projeto de lei sobre a criação da Assembleia Constituinte com base nessa fórmula, e o trabalho foi por ele finalizado.

Na primeira metade do ano de 1905, a ideia de extensão do sufrágio às mulheres foi expressa nas declarações de algumas câmaras municipais, como nas petições para o Conselho dos Ministros da Câmara Municipal da cidade de Stávropol (Cáucaso), na Comissão da Câmara Municipal de Tiflis e na Câmara Municipal de Erevan. Na Assembleia Geral, que aconteceu entre 15 e 16 de junho em Moscou e na qual estiveram presentes 117 representantes de 86 cidades, a resolução que exigia o sufrágio universal sem distinção de gênero foi aceita com a maioria dos votos e assinada por todos os presentes. Da mesma forma expressaram-se mais tarde as câmaras de outras cidades, como Kaunas e Libava.

Inicialmente, a questão do sufrágio feminino não era levantada nas assembleias gerais dos *ziémstvo*. Todavia, as declarações de vários departamentos da União pela Igualdade de Direitos das Mulheres e de outras associações femininas impulsionavam o tema tanto nas reuniões dos *ziémstvo* quanto em suas assembleias gerais. De maio até outubro de 1905 foram feitas mais de cinquenta[1] declarações coletivas femininas dirigidas às assembleias gerais dos representantes dos *ziémstvo*. No entanto, antes do outono de 1905, tais representantes temiam abordar a extensão imediata dos direitos eleitorais às mulheres, e mesmo na assembleia de setembro, com 78 votos a 63, decidiu-se adiar a consideração da questão. Naquele momento, 63 membros da assembleia (a minoria restante) publicaram seu parecer sobre o tema[2]. Ao mesmo tempo, o *Bureau* das Assembleias, encarregado de

---

[1] Nesse sentido, foi de inestimável importância o questionário dos participantes das assembleias dos *ziémstvo*, enviado pela União pela Igualdade de Direitos das Mulheres com as seguintes questões: "Você considera que as mulheres devem ter direitos iguais aos dos homens: 1) nas eleições de representantes do povo; 2) nos órgãos do governo local?"; "Você considera que seria oportuno levantar a questão sobre a concessão desses direitos para as mulheres durante a convocação da reunião da Assembleia Constituinte?".

[2] *Russkoe slovo*, n. 262, 1905.

A REVOLUÇÃO DAS MULHERES

rever o projeto da lei básica do Estado, com a maioria dos votos (18 contra 11), decidiu incluir o sufrágio para as mulheres. Não obstante, isso aconteceu já depois da última assembleia.

Concomitantemente a esse projeto, um dos membros do *Bureau* preparou um relatório detalhado sobre o sufrágio feminino, do qual citaremos as seguintes linhas, muito características: "O congresso dos líderes dos *ziémstvo* e das cidades repetidamente reconheceu que as eleições baseadas no sufrágio universal, igualitário, direto e secreto representam a única forma capaz de dar verdadeira representatividade ao povo.

Com isso, a Assembleia predeterminou a questão sobre os direitos políticos das mulheres, pois uma decisão negativa estaria em completa contradição com a resolução sobre o sufrágio universal. De fato, nessa situação, privar as mulheres dos direitos políticos seria um ato de injustiça, no cerne do qual jazeriam um antigo preconceito e um bruto desejo de dominação sobre a mulher. No dado momento, quando a mínima violação do direito e qualquer injustiça ecoam dolorosamente na alma dos cidadãos, quando para a pátria dilacerada se fazem necessários uma reconciliação geral e um trabalho construtivo coletivo e amistoso, não deve nem pode haver ninguém infortunado e injustamente ofendido. Se em julho desse ano muitos reconheciam a exigência de prover direitos políticos para as mulheres como algo capaz de complicar o momento de constituição da assembleia, hoje, pelo contrário, a privação das mulheres desses direitos pode resultar em uma considerável complicação".

Além da decisão em favor das mulheres tomada na última assembleia dos *ziémstvo* e das cidades, é necessário destacar as resoluções igualmente favoráveis de duas assembleias regionais dos *ziémstvo*, das quais o "terceiro elemento"* também participou. Desse modo, a extensão do sufrágio para as mulheres foi aceita na Assembleia Regional do *ziémstvo* em Tver, em que a questão foi aprovada com a maioria de 39 votos contra 6, e na Assembleia Regional do *ziémstvo* em Kostromá, onde estiveram presentes representantes de cinco províncias: Kostromá, Vólogda, Iaroslavl, Olonets e Arkhángelsk. As decisões tomadas nas reuniões individuais dos *ziémstvo* – como os de Viatka e de Ufá – foram as mesmas.

---

* *Intelligentsia* russa formada por indivíduos de diferentes classes sociais que trabalhavam nas instituições dos *ziémstvo* por contrato. (N. T.)

LIUBOV I. GURIÉVITCH

Em outubro de 1905, a questão do sufrágio para mulheres foi debatida fervorosamente na Assembleia Constitutiva do Partido Constitucional Democrata; a decisão a favor foi votada pela maioria contra cinco, sendo que um dos poucos oponentes no fim do evento se juntou abertamente aos apoiadores do projeto. Em respeito aos distintos membros que compuseram a minoria, porém, a assembleia emitiu um adendo ao programa do partido que declarava desnecessária a cláusula sobre a extensão dos direitos políticos às mulheres. No entanto, como se sabe, a segunda assembleia dos delegados exigiu a exclusão dessa nota.

Ao longo dos últimos anos, a questão sobre os direitos políticos das mulheres foi fortemente propagandeada pela União de Direitos Igualitários das Mulheres e obteve reações vivas por parte da sociedade.

Fonte: Отношение к вопросу о женском избирательном праве русского общества, земств и городок [Sobre a questão do sufrágio feminino na sociedade russa, nos ziémstvo e nas cidades], em *Soiúz Jénschin/ Союз женщин* [União das Mulheres], São Petersburgo, n. 2, ago.-set. 1907.

NADIÉJDA KONSTANTÍNOVNA KRÚPSKAIA

(1869-1939)

Retrato de Nadiéjda
K. Krúpskaia em
1895, aos 26 anos.

NADIÉJDA KONSTANTÍNOVNA KRÚPSKAIA (1869-1939) • Nascida em São Petersburgo, em uma família aristocrática, foi pedagoga, crítica literária, memorialista e revolucionária. Iniciou sua atividade revolucionária nos anos 1890 frequentando círculos de estudantes marxistas e operários e logo entrou para a União da Luta pela Libertação da Classe Operária, do qual também faziam parte Vladímir Lênin e Julius Martov. Em 1896, foi presa e, em 1898, no exílio, casou-se com Lênin.

A partir de 1903, passou a atuar no Partido Operário Social-Democrata Russo como secretária da redação do *Iskra* [Faísca], jornal do partido, e, em 1905, do Comitê Central. Retornou à Rússia por um breve período, mas, após a Revolução de 1905, mudou-se para a França, onde passou vários anos.

Depois da Revolução de Outubro, tornou-se deputada do Comissariado para a Educação, mais especificamente da Divisão de Educação para Adultos. Em 1920, assumiu o Comitê de Educação; em 1924, ingressou no Comitê Central do Partido Comunista e, em 1927, na Comissão de Controle. Entre 1929 e 1939, trabalhou como Comissária da Educação e, em 1931, entrou para o Soviete Supremo e recebeu o título de cidadã honorária. Colaborou também para a fundação do Komsomol e do movimento dos escoteiros.

Além de escrever sobre temas políticos, tratou de literatura e questões do ensino de literatura para crianças e jovens. Foi publicada no *Pravda*, participou da criação da primeira revista mensal soviética, *Krásnaia Nov* (1921), e é autora dos livros *Jénschina-rabótnitsa* e *Naródnoie obrazovánie i demokrátia*, tendo escrito também sob os pseudônimos K. Sablika e N. Sablina.

DEVE-SE ENSINAR
"COISAS DE MULHER" AOS MENINOS?[*]

No relatório da Comissão para a Educação Popular de São Petersburgo no ano de 1908, um dos especialistas, ao emitir um parecer sobre o ensino de bordado, diz:

> Acerca dos bordados, devo atestar com a mais profunda alegria que em quase todas as escolas mistas eles eram apreciados não apenas por meninas, mas por meninos, e os últimos desempenhavam essa tarefa com tanto gosto que em algumas escolas seus resultados superavam o das meninas, por exemplo, na costura e no trançado.

Esse trecho do relatório supracitado foi inserido na edição de dezembro do ano passado do boletim de educação, na seção de crônicas; o autor da crônica expressa certa dúvida quanto à utilidade de se ensinar meninos a costurar.

Gostaria de dizer algumas palavras sobre esse tema.

Antes de tudo, colocarei a questão de forma mais geral: deve-se ensinar aos meninos aqueles trabalhos que até então eram considerados exclusivamente femininos, como costurar, cozinhar, lavar, cuidar de crianças etc.?

Na sociedade contemporânea, a vida familiar está ligada – e isso provavelmente continuará assim por muito tempo – a uma série de pequenos cuidados que se relacionam com a concretização de afazeres domésticos isolados. A futura reformulação da produção e a alteração das condições da vida em sociedade introduzirão significativas mudanças nesse âmbito, mas enquanto a vida familiar estiver ligada a tarefas como cozinhar o almoço, limpar a casa, remendar o uniforme, educar os filhos etc., todo esse trabalho recairá integralmente sobre a mulher.

Nas famílias que possuem meios, esse trabalho cabe a uma empregada contratada: cozinheira, faxineira, babá. A mulher de posses

---

[*] Tradução de Priscila Marques. (N. E.)

A REVOLUÇÃO DAS MULHERES

liberta-se de tais tarefas, encarregando outra mulher que não tem, ela mesma, chance de se libertar. De uma forma ou de outra, todo o trabalho doméstico recai exclusivamente sobre a mulher. No meio operário, o marido às vezes ajuda a esposa nos afazeres. A necessidade o obriga. Ao retornar do trabalho, nos feriados, nos dias de folga, o trabalhador por vezes vai até a mercearia, varre o chão e cuida das crianças. É claro, nem sempre e nem todos fazem isso; além do mais, muitos nem sequer sabem fazê-lo (costurar, lavar), e a esposa, que às vezes também passa o dia trabalhando fora de casa, quando volta, põe-se a lavar roupa, a limpar o chão e fica até tarde da noite costurando, quando o marido há muito está dormindo. Mas se entre os trabalhadores às vezes ocorre de o marido ajudar a esposa com o trabalho doméstico, nas assim chamadas famílias da *intelligentsia*, por mais desprovidas que sejam, o homem nunca participa desse serviço, deixando que a esposa faça suas "coisas de mulher" da maneira como ela sabe. Um membro da *intelligentsia* limpando o chão ou remendando a roupa branca seria alvo de gozação de todos à sua volta.

Na imprensa burguesa (em especial do Ocidente), fala-se muito que o trabalho doméstico é um campo no qual a mulher pode empregar suas forças de maneira mais produtiva. A pessoa só cria algo verdadeiramente grandioso atuando na esfera que melhor corresponde à sua individualidade, e os pequenos cuidados domésticos são os mais apropriados à individualidade da mulher. Ela deve se preocupar em ser uma dona de casa exemplar, e não se esforçar para deixar a vida familiar nem concorrer com o homem no campo do trabalho intelectual. Não se trata de desprezar a função de tirar o pó e remendar meias-calças; são tarefas que merecem todo respeito e de forma alguma desprezo.

A hipocrisia desse discurso é evidente, uma vez que os homens que saem por aí anunciando seu grande respeito pelo trabalho doméstico jamais se rebaixam a efetivamente realizá-lo. Por quê? Pois, no fundo de sua alma, desprezam essa tarefa, consideram-na coisa de seres menos evoluídos, possuidores de necessidades mais simplórias.

Todas essas conversas sobre a mulher ser "naturalmente predestinada" à execução dos afazeres domésticos são bobagens semelhantes ao discurso que, na época, os donos de escravos faziam sobre estes serem "naturalmente predestinados" à condição de escravos.

Em essência, não há nada no trabalho doméstico que faça com que ele seja uma ocupação mais adequada para a individualidade da mulher do que para a do homem. Certos trabalhos que exigem grande força física estão acima da capacidade das mulheres, mas por que o homem não pode realizar afazeres domésticos junto com a esposa? A questão não é que esse trabalho seja inerente à esfera das mulheres, mas sim que o marido precisa trabalhar durante a maior parte do tempo fora de casa para garantir o sustento. Enquanto isso acontecer, haverá algum fundamento para que as tarefas de casa sejam realizadas exclusivamente pelas forças femininas. Mas, à medida que a mulher é cada vez mais forçada a também se dedicar a assegurar seu ganha-pão, os afazeres domésticos tomam um tempo adicional, e não é justo que os homens não contribuam para a sua realização. Da mesma forma, se a profissão do marido permite que ele tenha muito tempo livre, não é justo que ele considere indigno se dedicar ao trabalho doméstico em pé de igualdade com a esposa.

A escola livre luta contra todos os preconceitos que arruínam a vida das pessoas. O preconceito de que a tarefa doméstica é digna apenas de seres com necessidades menores abala a relação entre homens e mulheres, introduzindo nela um princípio de desigualdade. Tal preconceito não martirizou apenas uma mulher, não gerou alienação e discórdia em apenas uma família. A escola livre é uma ardente defensora da educação coletiva, uma vez que considera que o trabalho coletivo e as condições iguais de desenvolvimento favorecem a compreensão mútua e a aproximação espiritual dos jovens de ambos os sexos e, assim, servem de garantia para relações saudáveis entre homens e mulheres. A partir desse ponto de vista, a escola livre, ao ensinar trabalhos manuais, não deve diferenciar crianças de sexos distintos. É preciso que meninos e meninas aprendam da mesma forma a fazer todo o necessário no trabalho doméstico e não se considerem indignos de realizá-lo.

Quem já observou crianças sabe que na primeira infância os meninos se dispõem com tanto gosto quanto as meninas a ajudar a mãe a cozinhar, a lavar a louça e a realizar quaisquer tarefas domésticas. Isso parece tão interessante! Mas, em geral, desde os primeiros anos começa a haver uma diferenciação no interior da família. As meninas recebem a incumbência de lavar as xícaras, de arrumar a mesa, enquanto para os meninos dizem: "O que você está fazendo aqui na cozinha? Por acaso isso é coisa de homem?". As meninas são presenteadas com bonecas e louças; os meninos, com trens e soldadinhos. Na idade escolar, eles já aprenderam em suficiente medida a desprezar "as meninas" e suas tarefas. É verdade que esse desprezo ainda é muito superficial e, se a escola seguir outra abordagem, essa depreciação por "coisas de mulher" rapidamente desaparecerá. Com tais objetivos, é preciso ensinar aos meninos, juntamente com as meninas, a costurar, a fazer crochê, a remendar a roupa branca, ou seja, tudo aquilo sem o qual não se pode viver e cujo desconhecimento torna a pessoa impotente e dependente de outros. Se essa aprendizagem ocorrer como se deve, há razões para pensar que os meninos a realizem com prazer, como se pode observar no exemplo das escolas de São Petersburgo (é característico que esse experimento tenha sido realizado em escolas mistas). Sendo assim, é preciso encarregar alternadamente as próprias crianças (sem separação do trabalho entre meninos e meninas) da tarefa de preparar o café da manhã coletivo, de lavar a louça, de arrumar as salas, de limpá-las etc. O desejo de ser útil, de realizar bem a função que lhe foi atribuída, o entusiasmo pelo trabalho farão com que o menino logo se esqueça do seu desdém pelas "coisas de mulher".

É claro que seria ridículo esperar grandes consequências de se ensinar "coisas de mulher" aos meninos, mas trata-se de um daqueles detalhes que compõem o espírito geral da escola e aos quais é preciso atentar.

Fonte: Следует ли обучать мальчиков "бабьему делу"? [Deve-se ensinar "coisas de mulher" aos meninos?], em *Svobódnoie Vozpitánie/ Свободное воспитание* [Educação Livre], n. 10, 1909-1910.

UNIÃO DA JUVENTUDE*

Os pedagogos burgueses falam e escrevem muito a respeito da necessidade da "educação civil" da juventude e, por educação civil, entendem o ensino do respeito à propriedade privada e à ordem política existente, do chauvinismo (ou, como eles dizem, do patriotismo), do desprezo pelas outras nações etc. Para fortalecer esses sentimentos nas crianças, buscam organizar todo tipo de associação de jovens, como os "escoteiros", em que jovens de pouca idade podem praticar tais noções. As crianças ficam felizes por ter a oportunidade de empregar sua energia em algo, de manifestar sua atividade, destreza, perspicácia, e não percebem nem entendem o veneno que estão inculcando em sua alma por meio dessas associações. Trata-se do veneno da visão de mundo e da moral burguesas. É o veneno que faz com que os jovens sejam incapazes de tomar parte no grande movimento de libertação do proletariado, que liberta todo o mundo do jugo da exploração, aniquila a divisão de classes e dá à humanidade a possibilidade de uma existência feliz. O resultado dessa educação civil pôde ser observado aqui na Rússia, em São Petersburgo, quando estudantes de nível médio se envolveram em manifestações em defesa do governo provisório e, cercados por uma multidão da classe trabalhadora inimiga, seguiram ao lado dos homens de chapéu-coco e das damas bem-vestidas e se juntaram àqueles que diziam que Lênin havia comprado os trabalhadores com dinheiro alemão, que xingavam os socialistas de canalhas, que espancaram os oradores por terem a coragem de expressar abertamente suas opiniões no meio de uma massa hostil. Disseram à juventude que ela estava cumprindo seu dever civil ao protestar contra essa multidão da classe trabalhadora inimiga.

Nem todas as associações de jovens são boas: há aquelas que podem trazer muita satisfação para as crianças, mas que as corrompem.

Existe outra "educação civil". Aquela que dá vida à juventude trabalhadora. Ela desenvolve nos jovens o elevado sentimento de solidariedade

---

* Tradução de Priscila Marques. (N. E.)

A REVOLUÇÃO DAS MULHERES

da classe proletária, faz com que o lema "Proletários de todos os países, uni-vos!" se torne próximo, caro e pleno de sentido, faz com que se tornem lutadores pelo "mundo fraterno, pela sagrada liberdade!". A juventude trabalhadora de todos os países está formando suas próprias uniões proletárias. Elas estão reunidas em uma única "Internacional da Juventude", que segue de mãos dadas com a classe trabalhadora e tem os mesmos objetivos. A "Internacional da Juventude" não se dissolveu na época da guerra. No meio do massacre sangrento, convocou a juventude trabalhadora de todos os países, chamou-a para a luta. Durante muito tempo, a seção alemã da "Internacional da Juventude" foi dirigida por Karl Liebknecht, que se opôs com coragem à atual guerra destrutiva e predatória, reprovou abertamente o governo de seu próprio país e, por isso, foi condenado à galé.

Quando em 1915, depois da conferência internacional das mulheres, foi convocada a conferência internacional da juventude trabalhadora, não houve um representante legal da seção russa da "Internacional da Juventude". Isso aconteceu porque na época da autocracia os operários e trabalhadores adolescentes não podiam fundar uma organização formalmente legalizada, e também porque a guerra dificultou de tal forma as relações entre os países que não foi possível a comunicação com a Rússia. Mas o comitê central do Rossískaia Sotsiál-Demokratítcheskaia Rabótchaia Pártia [Partido Operário Social-Democrata Russo] enviou seu delegado ao encontro para anunciar em nome da juventude trabalhadora da Rússia que ela estava de todo coração unida à juventude trabalhadora de todos os países, que elas caminham juntas sob a bandeira comum da Internacional. E o comitê central não se enganou; foi o que provaram as moças e os rapazes aprendizes das fábricas de Petrogrado, que eram mais de 50 mil. Eles iniciaram a seção russa da "Internacional da Juventude", convocaram a reunião de toda a juventude trabalhadora, não apenas a que estava nas fábricas e usinas, mas as moças e os rapazes aprendizes de artesãos, os jovens do comércio, dos pequenos jornais, enfim, todos que eram obrigados a vender sua força de trabalho ainda jovens. Eles reuniram a juventude trabalhadora de Moscou e arredores, de Ekaterinoslav, Kharkov – em uma palavra, de toda a Rússia. Convocaram todos para a luta por um futuro melhor, para a luta pelo socialismo.

Vida longa à seção russa da "Internacional da Juventude"!

Fonte: Союз Молодежи [União da Juventude], em *Pravda/ Правда* [Verdade], São Petersburgo, n. 57, 14 maio 1917.

93

GUERRA E MATERNIDADE*

A guerra, mais do que qualquer outra coisa, abalou as bases que sustentavam as antigas relações familiares.

Maridos e irmãos – "arrimos de família", "provedores da casa" – afastavam-se milhares de quilômetros, viviam uma existência própria, incomum, morriam aos milhões. A mulher precisou cuidar sozinha dos filhos e de si mesma. Durante a guerra, ela cresceu, tornou-se mais independente, mais consciente. Ela já não era a antiga "mulher do homem", "filha do pai".

Inevitavelmente, a mudança na psique feminina e a maior independência e autonomia da mulher refletiram nas relações conjugais que conservaram o modelo de família do passado.

Centenas de milhares de famílias perderam a figura masculina. As mulheres se lastimaram, sofreram, mas a vida sempre vence. Pouco a pouco, começaram a se formar novas relações matrimoniais, muitas vezes já em termos completamente diferentes. As contínuas evacuações, a instabilidade das condições sociais característica de épocas transitórias, os bivaques das tropas: tudo isso favoreceu relações baseadas não em considerações econômicas, mas sim na simpatia mútua. Na maioria dos casos, essas relações possuíam e possuem um caráter temporário, consentido pelas duas partes. As ideias de "desencalhar" e de achar uma dona de casa já não são em nada decisivas, o que torna as relações muito mais normais e sinceras.

Há, no entanto, um lado obscuro terrível nos matrimônios atuais. A guerra levou o país ao extremo da miséria e da ruína. E, em regra, a miséria é a sepultura das relações humanas. Vemos como a mulher se torna disposta a tudo e entrega a si mesma pelo pão, pela permissão de atravessar a tropa de barreira com um saco de farinha. Ainda há um número significante de canalhas propensos a abusar de mulheres indefesas, e elas engravidam de homens que nunca tinham

---

* Tradução de Kristina Balykova. (N. E.)

A REVOLUÇÃO DAS MULHERES

visto antes. Não podemos nos calar sobre isso. A miséria força a mulher a se vender, e quem se vende não são prostitutas, que fazem disso a sua profissão, mas mães de família, muitas vezes pelos filhos ou pela mãe idosa. O sacrifício de Sônia Marmeládova* tornou-se um fato cotidiano, só que ele agora é visto como um simples episódio no caminho atrás do pão.

As relações do primeiro tipo (temporárias, baseadas na simpatia mútua) e do segundo tipo (por causa de um pedaço de pão) fazem igualmente da mãe a única pessoa que arca com todas as dificuldades de nutrir e de educar o filho. Antes, havia o marido que zelava pela esposa durante a gravidez e que podia assumir parte dos cuidados da criança. Agora, tudo é responsabilidade exclusiva da mãe.

Como ajudar a mãe que se curva sob o peso de procriar, nutrir e educar? A resposta é clara: é preciso que o governo não só proteja a maternidade e os recém-nascidos, não só cuide da mulher durante a gravidez, o parto e o puerpério, mas crie dezenas de milhares de creches, jardins de infância, colônias e alojamentos infantis, em que as crianças possam receber cuidados e alimentação, possam viver, desenvolver-se, estudar em condições dez vezes melhores do que as que a mãe carinhosa poderia lhes proporcionar com seu esforço individual.

Isso aliviaria drasticamente a situação da mulher e a colocaria, de fato, em condições de igualdade com o homem.

O poder soviético se esforça ao máximo para tirar da mulher o peso de cuidar dos filhos.

Ele abre maternidades para mulheres desfavorecidas, creches, jardins de infância, colônias. Mas, a bem da verdade, temos de admitir que isso é uma gota no oceano. Agora que a guerra civil está terminando, que a atenção se volta cada vez mais para o *front* interno, onde não se derrama sangue, é possível fazer muito mais na área da educação infantil pública. Mas isso ocorrerá no futuro.

Atualmente, no geral, as condições de nascimento e de educação das crianças são mais graves do que antes. E é compreensível que muitas mulheres percam a vontade de ter filhos. Em várias delas, o instinto materno é forte. A mulher ficaria feliz em se entregar à alegria de ser mãe, mas sabe que não daria conta de um filho, que, ao pari-lo, ela o condenaria à fome, ao frio e à vida na rua: "Eu mesma mal consigo me virar".

---

* Personagem do romance *Crime e castigo*, de Fiódor Dostoiévski. (N. T.)

Sempre que penso no grave impacto das condições sociais anormais sobre a mulher, uma lembrança de infância me vem à mente. Morávamos perto de Úglitch, em uma fábrica. Lá havia uma cozinheira, Pelagueia Tolstáia. Alegre, ela me impressionava com seu bom humor. Pelagueia morava com sua sobrinha, a órfã Lizutka, minha amiguinha, a quem alimentava e vestia. Ela tratava a nós, crianças, com muito carinho, e lembro que no inverno descia a colina de trenó com entusiasmo igual ao nosso e esquecia que no seu fogão estavam fritando *kotliêti**.

Passados alguns anos, quando eu já era adolescente, contaram na minha presença que Pelagueia tivera um filho ilegítimo, jogara-o na latrina e fora condenada a trabalhos forçados. Naquela época, eu não compreendi plenamente esse fato, mas nunca o esqueci. E quando depois, já moça, tive total consciência do meu ódio ao regime dos proprietários de terra e dos burgueses, quando os fatos abomináveis gerados por esse sistema passavam pelos meus pensamentos em uma fila infinita, prendendo-se uns aos outros, o infanticídio cometido por Pelagueia revelou-se para mim em toda a sua tragicidade aterradora. As condições sociais que obrigam um ser amabilíssimo a recorrer ao crime são de fato terríveis. Embora a entrega dos filhos aos orfanatos, à dona de uma "fábrica de anjos"**, não fosse punida com trabalhos forçados, tratava-se de um infanticídio mascarado.

Sem dúvida, o infanticídio é a maneira mais primitiva, mais bárbara de se livrar de um filho.

Já o aborto é um procedimento mais artificial e tardio, que possui a mesma finalidade.

A mãe que provoca a interrupção da gravidez não é chamada de infanticida. A "sociedade" está disposta a compreendê-la e a justifica com base na sua situação financeira precária. Talvez isso ocorra porque, até os últimos tempos, só as mulheres das camadas abastadas lançavam mão do aborto.

O aborto era punido por lei. E, justamente por precisar ser encoberto, custava caro. Os médicos e obstetras especulavam com os abortos. Um procedimento barato, ao qual recorriam as costureiras, as

---

* Espécie de almôndega russa. (N. T.)

** Referência ao caso judicial de 1912 sobre a "fábrica de anjos", um orfanato situado na cidade de Arkhanguelsk. A dona do estabelecimento, Anna Kuznetsova, maltratava as crianças, causando a morte de várias delas. De modo geral, tratava-se de filhos ilegítimos das empregadas que trabalhavam nas casas nobres da cidade. Kuznetsova foi julgada, mas absolvida pelo júri. (N. T.)

empregadas e as demais, geralmente era realizado por pessoas incompetentes e acarretava um grande risco para a mulher.

Acabar com a especulação nessa área só é possível com a legalização do aborto provocado por condições sociais gerais desfavoráveis.

A luta contra o aborto não deve consistir na perseguição das mulheres, que muitas vezes arriscam a própria vida ao abortar. Tal esforço deve ser direcionado para a eliminação das causas sociais que colocam a mãe em uma situação em que, para ela, só resta abortar ou afogar-se. Enquanto essas circunstâncias gerais não forem extintas, as mulheres continuarão abortando, não importa quão cruéis sejam os castigos sofridos por elas.

Não se pode considerar criminosa a destruição de um feto que ainda não se tornou um ser vivo, que ainda constitui uma parte do organismo da mãe.

Sem dúvida, a legalização do aborto não eliminará o sentimento pesaroso que ele provoca na mãe. Todo o seu organismo entrou, por assim dizer, nos trilhos da maternidade, começou a se adaptar para nutrir o feto, e a interrupção desse processo geralmente é vivenciada pela mulher como um crime contra o filho e contra si mesma. Basta observar o olhar inquieto e tristonho da mulher que recorreu ao aborto para entender o preço com que se compra a liberdade.

A experiência e os médicos dizem que quanto mais cedo o aborto for feito, mais bem tolerado pelo organismo ele é.

Pela lógica, deparamos com uma ideia: se a mulher não deseja ter filhos, o melhor para ela seria prevenir de alguma maneira o aparecimento do feto.

Os contraceptivos existem e, em alguns países, como a França, são amplamente utilizados por todas as camadas da população. Os médicos dizem que nenhum método é totalmente seguro. Mas, em regra, eles funcionam. Dizem também que a maioria traz consequências nocivas para a saúde da mulher. A tarefa dos médicos é discutir qual contraceptivo é o menos prejudicial para a saúde. Sem dúvida, porém, tanto em relação à saúde quanto em relação à tranquilidade espiritual, para a mulher é mais vantajoso prevenir o surgimento do feto do que extirpá-lo.

Antigamente, no nosso país, era proibido falar dos contraceptivos na imprensa. Por toda parte, os veículos burgueses se calavam sobre essa questão: "Isso se faz, mas não se fala sobre o assunto".

Discutir a questão é discutir o fracasso da sociedade capitalista, é discutir uma ampla categoria de mulheres que precisam controlar a procriação, é discutir a pobreza, a desigualdade social etc.

Para distrair a atenção desses temas desagradáveis, a burguesia começa a gritar que, "liberando a mulher dos resultados da sua decadência, escancararemos a porta para todo tipo de depravação". O burguês julga os outros como iguais a si próprio, entende que todos são propensos à depravação, que isso é algo natural e que apenas o medo das consequências pode impedir alguém de depravar-se. Apenas esse temor pode pôr rédeas na mulher, caso contrário será impossível confiar até mesmo em sua própria esposa. Felizmente, as massas trabalhadoras não são como os burgueses as representam. De modo geral, somente uma necessidade dolorosa faz com que uma trabalhadora abra mão da maternidade.

Enquanto não for garantido à mulher parir, amamentar e educar o filho em circunstâncias bastante favoráveis, enquanto isso não fizer parte da realidade, enquanto o governo não organizar essa condição, será preciso proporcionar a ela a possibilidade de abrir mão da maternidade com o menor prejuízo possível para a sua saúde e para as forças da sua alma.

Os nossos intelectuais, que têm a mente bastante livre quanto às questões da moral sexual, são contaminados em um grau muito alto pela abordagem burguesa do tema dos anticoncepcionais: "Isso leva à depravação...". Feito um burguês genuíno, o nosso intelectual fecha os olhos para a depravação já existente, criada pelas condições sociais revoltantes; considera as amplas massas propensas à depravação e, como um avestruz, esconde a cabeça embaixo de frases vulgares.

É preciso falar diretamente sobre esses assuntos, sem nenhum sorrisinho cínico. É claro que o controle de natalidade é um fenômeno apenas temporário. A melhoria das condições de vida gerais e, em particular, da proteção à maternidade e à infância e da educação pública das crianças eliminará a causa principal que, hoje, leva a mulher a violar seus instintos naturais, abrindo mão da maternidade, essa alegria, a maior de todas. Aqueles que realmente desejam que essas questões terríveis de infanticídios, abortos e contraceptivos saiam da agenda atual devem trabalhar incansavelmente pela construção de uma nova vida, em que a maternidade ocupe um lugar apropriado.

Fonte: Война и Деторождение [Guerra e maternidade], em *Kommunístka/ Коммунистка* [A Comunista], n. 1-2, 1920.

A TRABALHADORA E A RELIGIÃO[*]

Se visitarem uma igreja, verão que lá as mulheres estão em número muito maior do que os homens. Dentre estes, a maioria é de idosos, enquanto entre as mulheres há muitas jovens e idosas. A procissão religiosa segue – novamente, a multidão é composta quase só de mulheres. Até as de melhor formação são fortemente apegadas ao ritual religioso. Acontece inclusive de estarem carregando ícones comunistas. Por que isso ocorre? Por que para as mulheres é mais difícil romper com a fé?

O principal motivo é que, em geral, o trabalhador sabe mais do que a trabalhadora. Entre os homens há mais pessoas alfabetizadas, mais indivíduos que frequentaram a escola; eles estão mais acostumados aos livros. Além disso, a mulher está mais ligada aos afazeres domésticos, aos filhos etc. Os trabalhadores são mais numerosos entre os camaradas, ouvem mais conversas de trabalho, viajam mais para cidades diferentes, veem pessoas e sistemas diversos. Sua cabeça está mais livre de pequenas preocupações, que tomam inteiramente a mulher trabalhadora.

Eu estudei em uma escola noturna cristã. Certa vez, uma aluna, esposa de um trabalhador, contou que dois dias antes havia assistido a uma aula: "Como falava bem, tão bem", dizia ela sobre o professor. "Sobre o que ele falava?", perguntei. "Não deu tempo, mãezinha; eu tinha roupa para lavar." A falta de tempo atrapalha enormemente a aquisição de conhecimento da mulher trabalhadora. Por isso, é mais fácil acreditar em Deus e no Diabo, nas palavras do paizinho, nos contos da carochinha, nos sonhos, em quaisquer sinais...[**]

Além disso, para ela é difícil apartar-se do mundo fantástico em que vive. Uma jovem enfermeira, moça do campo, perguntou-me: "É verdade

---

[*] Tradução de Priscila Marques. (N. E.)

[**] Em russo "mãezinha" e "paizinho" são formas de tratamento empregadas por pessoas simples, geralmente em relação àquelas de nível superior. (N. T.)

que a senhora não acredita em Deus?". "Não acredito", disse. "Não mesmo?"; "Não mesmo."; "Não acredita nem nos santos?"; "Se não acredito em Deus, como vou acreditar nos santos?". Ela se calou. Em seguida, disse: "Acho que deve ser chato!". Pensei sobre as palavras dela. Dia após dia, o mesmo trabalho monótono, sempre igual, as mesmas coisinhas, as mesmas preocupações. Não se pode viver assim se não houver uma mudança de impressões, alguma distração das inquietações comuns, alguma beleza: a vida sem graça é um tormento. E para a mulher, que é muito apegada ao lar, a beleza da igreja, o cântico eclesiástico, a multidão de pessoas têm um forte impacto: a vida cotidiana é muito pobre e tediosa, nela há poucas emoções vívidas.

É verdade também que o trabalho doméstico gruda feito massa nas mãos, ela não consegue se livrar dele, mas precisa ir à igreja, faz isso por Deus, então ninguém a condena. Eis o motivo pelo qual as mulheres, inclusive as trabalhadoras, são tão apegadas aos rituais religiosos, eis por que é composta majoritariamente de mulheres aquela multidão que não permite o confisco dos bens da Igreja para alimentar os famintos. Elas têm uma imaginação pobre, têm dificuldade de conceber como as pessoas morrem de fome, mas temem que haja menos beleza; o brilho desempenha um enorme papel em suas vidas. A Igreja católica considera de maneira excelente a influência das formas da ação divina sobre o sentimento: todos os paroquianos cantam; a igreja é decorada com flores e estátuas; há uma penumbra misteriosa, entre outras coisas: tudo isso age sobre os sentidos.

Há ainda um aspecto geralmente esquecido quando se fala sobre religião. A ação divina da Igreja satisfaz a necessidade de uma vida em comum, oferece uma série de experiências coletivas. Entre as mulheres, essa necessidade costuma ser mais forte. O homem, quando sai para ganhar o pão, servir o Exército etc., relaciona-se com as pessoas em outras bases. A mulher está mais ligada ao lar, vive uma vida mais enclausurada. Certa vez, uma camponesa me disse: "Só se vê gente na igreja".

Enfim, o mais importante: a vida dura. Trabalho pesado, escassez, preocupações, doenças, morte de pessoas próximas. E com frequência não há ajuda de parte alguma, não há nada adiante. Nesses momentos, a pessoa busca apoio, esperança, e, como não encontra, acaba voltando-se para Deus; quanto maior a dificuldade, mais fervorosa é a oração. A mulher, pela força de sua natureza emocional, de seu isolamento em relação à vida social, de seu grande desamparo e dependência, se apega de maneira especial a Deus. O precursor da revolução burguesa francesa, Voltaire, desferiu contra a Igreja e os padres as mais venenosas zombarias, desdenhou das representações que a Igreja fazia de Deus, de Cristo, da mãe de Deus... Naquela época, Voltaire escreveu: "Se não houvesse Deus, seria preciso inventá-lo" e, em seu nome, em Ferney, próximo de Genebra, construiu uma igreja para os camponeses locais.

Os comunistas veem de outra maneira. Eles consideram que tanto os operários quanto os camponeses devem conhecer toda a verdade, não importa quão pesada e amarga ela seja. Os trabalhadores não são crianças que precisam ser entretidas com contos de fadas. Eles precisam construir seu mundo, a sociedade socialista. Para tanto, precisam ter uma nova visão sobre as coisas, olhar a verdade nos olhos e não ser escravos nem de humanos nem de deuses.

Os comunistas revelam as mentiras dos popes, contam como surgiu a noção de Deus entre as pessoas. Eles abrem os olhos dos trabalhadores para a verdadeira situação das coisas.

Para que as operárias e camponesas rompessem de uma vez com a Igreja, seria preciso, em primeiro lugar, que toda nossa vida fosse bem organizada, que não houvesse miséria. Aqueles que se preocupam com a configuração da produção e da economia popular estão, dessa maneira, lutando contra a religiosidade das mulheres.

É preciso aliviar as mulheres, especialmente as trabalhadoras, dos afazeres domésticos. Aquele que trabalha pela construção de creches e escolas infantis, lavanderias comunitárias, oficinas de reparos etc. luta contra a religiosidade das mulheres.

É preciso que as operárias e camponesas vivam a vida em sociedade. É preciso introduzi-las no grande movimento do proletariado, engajá-las no trabalho público soviético.

Enfim, é preciso que as operárias e camponesas tenham amplo acesso à arte. É preciso que frequentem livremente bons teatros e cinemas. É preciso que participem das grandes festividades nacionais, como o 1º de Maio ou o 7 de Novembro.

É preciso agir sobre a razão, mas criar ao mesmo tempo condições que tornem a Igreja e seus rituais desnecessários para a mulher trabalhadora.

Fonte: Работница и религия [A trabalhadora e a religião], em *Kommunístka/ Коммунистка* [A Comunista], n. 3-b, 1922.

COMUNICADO ÀS OPERÁRIAS
E CAMPONESAS SOBRE A MORTE DE LÊNIN[*]

Camaradas operárias e trabalhadoras, camponeses e camponesas!

Tenho um grande pedido a lhes fazer: não deixem que o luto por Ilítch se transforme em veneração exterior à sua pessoa. Não construam monumentos para ele, palácios em seu nome, festividades luxuosas em sua memória etc. – ele dava muito pouca importância para tudo isso em vida, sentia-se bastante oprimido por esse tipo de coisa. Lembrem-se de quanta miséria e desordem ainda há em nosso país. Se desejam honrar o nome de Vladímir Ilítch, ergam creches, jardins de infância, prédios, escolas, bibliotecas, ambulatórios, hospitais, casas para deficientes etc., e o mais importante: vamos tornar o seu legado realidade.

Fonte: Обращение к работницам и крестьянкам в связи со смертью Ленина [Comunicado às operárias e camponesas com respeito à morte de Lênin], em *Pravda/ Правда* [Verdade], São Petersburgo, n. 23, 30 jan. 1924.

---

[*] Tradução de Priscila Marques. (N. E.)

O PARTIDO COMUNISTA
E A TRABALHADORA *

Quando queremos saber o que o partido tem a dizer sobre determinada questão, devemos antes de tudo verificar se há algo a respeito da referida questão no programa e, se sim, exatamente o quê. Isso é importante, pois os comunistas encaram esse documento com a maior seriedade. Eles consideram que aquilo que está escrito no programa do Partido Comunista Russo (PCR) não são apenas palavras bonitas, mas a orientação para o caminho correto da luta e da atividade tanto da organização como um todo quanto de cada um de seus membros.

O que o programa do PCR diz a respeito das mulheres trabalhadoras? Esse tema é tratado no parágrafo 4 da seção de política geral. Ele diz que o PCR cuidou, em primeiro lugar, para que o poder soviético elaborasse leis que libertassem as operárias e camponesas do jugo do marido. Nos países feudais e burgueses, a lei subordina a mulher ao homem e a torna dentro da família, de forma aberta ou escamoteada, uma escrava do marido. Bem, isso não existe na Rússia soviética. Hoje, marido e mulher são iguais diante da lei.

Mas a lei é uma coisa, enquanto na vida muito ainda continua como antes; os vestígios da antiga desigualdade, dos antigos preconceitos, ainda são profundos, e é preciso trabalhar incansavelmente para eliminá-los da vida cotidiana, familiar e social. Por isso, o programa do partido diz que homens e mulheres comunistas não podem esquecer sequer por um instante que a libertação das mulheres ainda está longe de sua conclusão – ela apenas começou, e agora é preciso um grande esforço ideológico e educativo.

Contudo, ainda há muitas dificuldades no caminho da libertação feminina em relação à opressão familiar. A maior delas é o fato de que as mulheres estão soterradas até o pescoço pelo trabalho em casa, pelos afazeres domésticos, pelo cuidado com as crianças; a mulher está fortemente amarrada ao lar por infinitas tarefas e cuidados

---

* Tradução de Priscila Marques. (N. E.)

que não lhe permitem nem em pensamento deixar o fogão, a pia, os filhos. É por isso que o programa do Partido Comunista trata da necessidade da abertura de creches e jardins de infância, lavanderias e refeitórios comunitários, locais que façam reparos etc., tudo que alivie o trabalho da mulher e que dê a ela a possibilidade de participar da vida social. É disso que o programa do PCR fala.

"Ah, mas isso não é nenhuma novidade!", dizem muitos. "Há muito tempo sabemos disso!"

Mas o programa não busca dizer necessariamente algo de novo; seu objetivo é indicar a direção em que se deve trabalhar, quais metas se deve atingir. Ainda há pela frente muito trabalho cotidiano, sujo, não reconhecido, mas fundamental para que as mulheres conquistem uma igualdade real e efetiva, não apelas teórica.

E não somente o que está no parágrafo 4 da seção de política geral do programa diz respeito às mulheres trabalhadoras. Não apenas esse trecho está diretamente ligado à questão, mas o documento como um todo. Ele trata da classe operária, da sua vida, da sua luta, dos caminhos para a vitória. A mulher trabalhadora é membro da classe operária, seus filhos e todos aqueles que são próximos a ela pertencem a essa classe, assim, tudo que se refere à classe operária diz respeito a ela de forma direta e imediata.

Não analisarei no presente artigo o programa do PCR como um todo, direi apenas que Vladímir Ilítch participou de sua elaboração. Ele dava grande valor ao programa, por isso engajou-se ativamente em sua concepção e desenvolvimento e buscou que o documento mostrasse da forma mais exata possível o caminho que é preciso tomar.

Quem quiser saber a direção indicada por Ilítch, para onde e como ele liderou os trabalhadores e aqueles que caminharam com ele, deve observar o programa do partido. O programa é a melhor forma de obter esse conhecimento.

É verdade que tal documento foi escrito em uma linguagem bastante difícil, mas todos os comunistas o conhecem, pautam sua conduta por ele e, assim, devem saber explicá-lo a qualquer um que deseje conhecê-lo.

Toda mulher trabalhadora deveria familiarizar-se com o programa do PCR, que expressa as visões de Ilítch.

Fonte: Коммунистическая партия и работница [O Partido comunista e a trabalhadora], em *Rabótnitsa/ Работница* [A Trabalhadora], Moscou, n. 7. 1924.

A RELIGIÃO E A MULHER[*]

Não se pode fechar os olhos para o fato de que o sentimento religioso ainda é forte e o movimento das seitas está crescendo. Infelizmente, nós nem sempre prestamos a devida atenção a esse fenômeno. Os popes aprenderam a agir de forma mais sutil. Não dizem uma palavra contra o poder soviético, seguem sua abordagem de maneira cautelosa. Dizem que no distrito de Velikolutski, na província de Pskov, as freiras estabeleceram um círculo agrícola, e não falta trabalho: ganharam o primeiro lugar na exposição rural. Abriram um espaço vermelho e realizam o trabalho lá. Tudo com orações. Os poloneses (que vivem em regiões fronteiriças) se surpreenderam com o padre: ele organizou um círculo agronômico com quarenta camponeses chefiados por um pequeno produtor. No distrito de Sergatchski, na província de Níjni Nóvgorod, onde há muitos tártaros, o mulá anunciou: "Somos pelo poder soviético. Este proclamou a igualdade entre homens e mulheres, é preciso fazer uma correção ao Corão e abrir a porta das mesquitas não apenas para os muçulmanos, mas também para as muçulmanas". Assim foi feito, as mulheres tártaras encheram as mesquitas. Nosso clero, desacostumado com métodos sutis de influência sobre seu rebanho, está conseguindo se adaptar a algo tão simples. No vilarejo Bogoródsk, na região de Pávlovski, na província de Níjni Nóvgorod, onde vivem peleiros que amam os cânticos religiosos, o clero quebrou a cabeça: "O que fazer? Os cidadãos estão pouco assíduos na igreja". Enfim, tiveram uma ideia: convidaram um cantor de ópera de Moscou para se apresentar na igreja e atraíram quase toda a população local.

Certa vez, a floresta de Kiérjenets, que hoje é parte da província de Níjni Nóvgorod, serviu de abrigo para velhos crentes, e suas celas eram ricas (não foi pouco o dinheiro que os comerciantes do Volga doaram para eles). A classe em que se apoiavam os velhos crentes se desintegrou, está morta, e eles desapareceram, mas seus restos ainda

---

[*] Tradução de Priscila Marques. (N. E.)

se espalham por Níjni Nóvgorod. No vilarejo Tchernukha, na região de Arzamas, na mesma província, além do pope, há sete seitas. No décimo ano da revolução, elas dormem em caixões! Também em outras regiões ocorre o renascimento das seitas: evangélicos, batistas. Mas não precisamos ir longe em busca de exemplos: em Moscou, os tecelões da "Rosa Vermelha"* frequentam seitas evangélicas. É preciso que estudemos a sério todas as formas do sectarismo contemporâneo. Já se foi o tempo em que a simples proibição surtia efeito, expulsava as congregações sectárias. Agora todos têm consciência de que é preciso seguir por um caminho que talvez seja mais difícil, mas muito mais eficaz.

Antes de tudo é preciso estudar com cuidado a necessidade que faz surgir o sentimento religioso, avaliar as raízes da religiosidade contemporânea.

Especialmente aguda para muitas pessoas é a necessidade de compreender a vida circundante, de interligar entre si os diferentes fenômenos, de elaborar para si alguma visão de mundo integral, que sirva de guia para a ação. Vladímir Ilítch escreveu sobre a importância de educar constantemente a massa sobre a visão de mundo revolucionária e, assim, prepará-la para a ação revolucionária. Uma coisa está ligada à outra de modo indissolúvel, uma alimenta a outra. E o momento que estamos vivendo é exatamente o mais significativo do ponto de vista da propaganda da visão de mundo revolucionária. De fato, apenas o comunismo pode dar uma resposta mais completa e científica para os anseios que agora surgem em muitas e muitas pessoas. O solo para a propaganda é rico. Mas com frequência ocorre de propagandistas inexperientes reduzirem a divulgação do comunismo à agitação, à enumeração de eventos, a determinações; tentam não deixar escapar nada e se esquecem do mais importante: revelar a conexão entre os fenômenos, mostrar, como se diz, "o que é o quê". A propaganda não basta – ela torna indiferente aquilo que é divulgado. É preciso que os propagandistas ouçam com extrema atenção as demandas da população e realizem a propaganda marxista da visão de mundo revolucionária da forma mais plena e concreta possível.

Em relação às mulheres operárias e camponesas, a questão é ainda mais pungente. É preciso apresentar-lhes a visão de mundo marxista da forma mais simples e compreensível.

---

* Grupo industrial moscovita de produção de seda, nomeado em homenagem à revolucionária Rosa Luxemburgo. (N. T.)

Aqui a arte tem um papel especial. Disso, mais uma vez observo, a Igreja católica, por exemplo, sabe perfeitamente: belos cânticos, estátuas, flores, encenações, tudo isso encanta os católicos e, em particular, as católicas. No que se refere à influência sobre a massa com o auxílio da arte, os padres são grandes mestres. A arte religiosa é uma arte de massa, frequentemente a única a que o povo tem acesso. Não é preciso pagar para entrar na Igreja católica. A nossa igreja copiou muito do catolicismo. As igrejas são enfeitadas com ícones, os cânticos atraem de maneira especial. A camponesa, que de manhã até a noite tem seu pensamento acorrentado à vida doméstica, aos infinitos afazeres de casa, fica feliz por poder, ao menos no domingo, ter a oportunidade de ouvir um cântico, ver imagens adornadas. A igreja oferece a ela algo que, depois dos enfadonhos dias de trabalho, a cativa fortemente.

Agora sabemos bem o que leva a arte à igreja.

Eis que no distrito de Velikolutski, na província de Pskov, no Sábado de Aleluia, trouxeram um cinema itinerante ao vilarejo. O povo foi em massa assistir ao filme, a igreja ficou deserta. Quando a sessão acabou, a mesma multidão, em toda sua composição, seguiu para a igreja para acompanhar a bênção do bolo de Páscoa. O que fez com que fossem para a igreja? O sentimento religioso? Não, a necessidade do espetáculo.

Nossa arte ainda não se tornou popular, não se tornou acessível para as massas, como é a arte religiosa. E o Komsomol* está correto quando dá atenção especial a esse assunto. Está absolutamente certo quando organiza concursos de acordeonistas, quando consegue que toquem no acordeão – um instrumento próximo do campo – belas canções, canções da revolução. A massa precisa da música, ela precisa da arte. Nossa arte ainda não chegou aqui embaixo, ela ainda voa pelos céus. E apenas isso poderá suplantar a arte religiosa.

Mas ainda é preciso prestar atenção em um aspecto. A arte encanta principalmente quando a pessoa é mais do que um simples espectador ou ouvinte, ou seja, quando ela mesma participa da ação de massa. Na Igreja católica, os fiéis cantam em coro; na nossa, fazem o sinal da cruz, reverenciam, caem de joelhos, arrastam-se para baixo dos ícones, participam de processões – em uma palavra, unem-se em uma ação de massa. Em essência, o ímpeto para a atividade de massa é saudável. E é preciso ir ao seu encontro. É preciso organizar coros,

---

* Abreviação de "*kommnistítcheski soiuz molodiôji*", que designa a União da Juventude Comunista. (N. T.)

fazer com que todo o campo cante belas e excelentes canções. É preciso promover passeatas, fazê-las de tal forma que não sejam apenas marchas, mas ações de massa. Os carnavais, os passeios da *máslenitsa*[*] não seriam outra coisa senão ações de massa. É preciso organizar carnavais comunistas e trazer para eles todas as mulheres operárias e camponesas. A arte tem um enorme papel organizador.

E justamente agora, quando o ímpeto em direção ao contato, ao coletivismo, está crescendo, é especialmente importante dar às massas a possibilidade de satisfazer essa ânsia de forma racional.

Antes de tudo, é preciso aprender a associar com inteligência trabalho prático e propaganda das próprias ideias.

Ao organizarem círculos agrícolas, as freiras e os padres associaram o trabalho à propaganda religiosa e à agitação. É preciso que nós também associemos nosso trabalho prático (círculos agrícolas, cooperativas, círculos técnicos etc.) à nossa visão de mundo, que impregnemos todo o trabalho de espírito comunista. Será que sabemos fazer isso? Muito mal. Precisamos estudar esse assunto com afinco.

No entanto, alguma coisa já aprendemos. Escrevi sobre um círculo agronômico chefiado por um pequeno produtor que foi organizado por um padre. Os educadores políticos desse vilarejo conseguiram que o pequeno produtor fosse escolhido no conselho local e, depois, que as sessões do conselho fossem marcadas para o domingo, no horário da missa. Uma vez que o grupo decidia sobre questões como a do imposto agrícola do vilarejo, que interessavam ao pequeno produtor, ele passou a frequentar assiduamente a reunião e deixou de ir à igreja. O padre o excluiu do círculo, e com ele saíram outros seis pequenos produtores que organizaram sua própria iniciativa no liceu-isbá[**]. Eles conseguiram que a direção do grupo coubesse a um agrônomo. O círculo do liceu-isbá começou a crescer, enquanto o do padre foi se desfazendo e, aos poucos, desapareceu.

A luta pela influência sobre a juventude e sobre as mulheres começou a ganhar novas formas. É preciso que nos organizemos para esse embate, que nos armemos de nossa visão de mundo revolucionária e marxista-leninista.

E isso será feito!

Fonte: Религия и женщина [A religião e a mulher], em *Antireliguióznik/ Антирелигиозник* [Antirreligioso], Moscou, n. 2, 1927.

---

[*] Celebração que anuncia o fim do inverno e o início da primavera. (N. E.)

[**] Centro educacional rural da URSS. Surgiu ainda no Império, mas foi significativamente ampliado nos anos 1920 durante o projeto de erradicação do analfabetismo. (N. T.)

SOBRE O CONGRESSO DAS
OPERÁRIAS E CAMPONESAS*

No dia 10 de outubro, por determinação da presidência do Comitê Executivo Central (CEC) da URSS, foi convocado o Congresso Nacional das Mulheres Operárias e Camponesas – os membros dos sovietes dos vilarejos, das cidades e dos comitês executivos capilares (regionais).

A convocação para esse congresso, na véspera do décimo aniversário da Revolução, tem um significado especial.

A comemoração dessa data se converteu em um balanço nacional daquilo que fizemos nos últimos dez anos para a concretização dos lemas de Outubro. Estes elucidam com precisão incomum os objetivos que a República Soviética deve buscar. Há muitos anos tais lemas esclarecem o caminho da luta e infundem as massas trabalhadoras com entusiasmo. Passaram-se dez anos. A República Soviética avança dia após dia para concretizá-los e já fez muito nesse sentido. Para nós é extremamente importante considerar nossas conquistas de forma sensata, sem exagero, para que fique claro no que ainda é preciso trabalhar assídua e incansavelmente.

O próximo Congresso das Mulheres Operárias e Camponesas deve mostrar o que foi feito para, juntamente com o estabelecimento do princípio jurídico de igualdade entre mulheres e homens, garantir de fato o costume das mulheres.

É preciso mostrar quais medidas foram efetivamente tomadas para arrancar a mulher da escravidão doméstica, para que ela seja alfabetizada, educada e consciente; para envolvê-la na vida pública, na condução do governo; para que as mulheres que pertencem a minorias nacionais se libertem da escravidão secular.

É possível que nada revele tão explicitamente o quanto avançamos do que a situação das mulheres. Mas, quanto mais longe chegamos, mais evidente se torna a insuficiência do que foi feito.

---

* Tradução de Priscila Marques. (N. E.)

O crescimento do movimento de trabalhadoras está, por si só, intimamente ligado a todo nosso avanço e construção.

Nove anos atrás, de 16 a 21 de novembro de 1918, ocorreu o I Congresso Nacional das Mulheres Trabalhadoras. Os materiais desse evento lançam luz sobre o caminho percorrido.

O congresso de 1918 foi composto exclusivamente por trabalhadoras. Não havia representantes camponesas. Além disso, não havia representantes de operárias e camponesas oriundas de minorias nacionais.

Como foi convocado o congresso? Nos primeiros dias de outubro foi criada em Moscou uma Divisão de Mulheres Trabalhadoras, formada por quinze delegadas de Moscou e seis das províncias e de Petrogrado. Sua responsabilidade era a difícil tarefa de, em um prazo de cinco semanas, organizar e convocar o Congresso Nacional das Mulheres Trabalhadoras. Soube que a Divisão também espalhou agitadoras pela Rússia para "despertar" a província. Elas se enfiaram entre as trabalhadoras das fábricas de tabaco nas províncias de Tambóv e Orlóvski, onde sob as mais anti-higiênicas condições trabalham dezenas de milhares de mulheres; apareceram nos centros têxteis da província vermelha de Ivánovo-Voznessiênski, na cidade dos primeiros motins (Oriékhovo-Zúevo); chegaram às províncias férteis, ricas e hoje cerealistas do sul (Simbírski, Sarátov até Tsarítsino). E que perigos aguardavam as agitadoras pelo caminho, especialmente ao longo do [rio] Volga, onde ainda havia um *front* de guarda dos brancos e os bandos de Krasnóv ameaçavam o sul soviético?

Na época foi preciso agitar ainda mais o congresso, persuadir; as fábricas e usinas não tinham nem vestígio de organizações de mulheres trabalhadoras; arriscando a vida, as agitadoras "se meteram" no sul, "apareceram" em Ivánovo-Voznessiênski, exploraram a província como a um país desconhecido.

Naquele tempo, um congresso de mulheres trabalhadoras e delegadas – membros dos sovietes dos vilarejos, das cidades e dos comitês executivos capilares – era impensável.

Agora, em 1927, 21.221 mulheres trabalham nos sovietes das cidades; 146.251, nos dos vilarejos; 31.575, nos órgãos soviéticos capilares (regionais); 4.166, nos comitês executivos capilares (regionais).

Essas são nossas mulheres soviéticas militantes. Não é toda a militância feminina: há ainda as do partido, do Komsomol, dos sindicatos. Cerca de 20 mil camponesas trabalham nos comitês camponeses de assistência mútua; em 1926, 102.146 mulheres foram eleitas assessoras

A REVOLUÇÃO DAS MULHERES

populares nas 52 províncias. O número de mulheres trabalhadoras organizadas que participam da vida pública (delegadas) é de 620 mil. Tudo isso significa que o próximo congresso nem de longe contará com toda a militância feminina. Mas a ele foi dado um caráter que considera precisamente o aspecto do trabalho público feminino que compõe a particularidade da nossa atividade soviética: participação de mulheres operárias e camponesas no comando do governo, nos conselhos. Esse congresso mostra que o legado de Lênin – levar ao comando do governo as camadas mais atrasadas das mulheres – não foi esquecido. Cerca de 20% dos membros dos conselhos das cidades e apenas cerca de 10% dos membros dos conselhos dos vilarejos são mulheres, e elas são as integrantes mais ativas. Isso já é uma conquista, e não é pequena.

O I Congresso Nacional das Mulheres Trabalhadoras discutiu também uma série de questões ligadas à emancipação das mulheres. Ele abordou temas como a proteção da maternidade e da infância, a proteção do trabalho da mulher, a educação social das crianças garantida pelo Estado, a construção de novas formas de educação pública, a erradicação das antigas formas da economia. "A economia coletiva", segundo a resolução do congresso, "deve substituir o trabalho doméstico e emancipar a mulher trabalhadora como proprietária"[1]. "Em vez de panelas e tinas feitas em casa, devem ser criados tanto no campo quanto na cidade cozinhas e refeitórios comunitários, lavanderias centrais, oficinas para remendar vestidos, cooperativas para lavar a roupa branca, para limpar apartamentos etc."[2]

A partir da fala de A. Kalinina, foi criada uma resolução que define a necessidade de:

1) organizar para todos uma educação única, igualitária e concentrada nas mãos do governo socialista; 2) iniciar essa educação na primeira infância; e 3) introduzir uma educação pública e igualitária para o trabalho com os objetivos de reforçar a disciplina dos trabalhadores, alterar a compreensão sobre o ser humano e destruir de uma vez por todas o egoísmo, que incita a discórdia entre os trabalhadores e atrapalha o desenvolvimento do socialismo; para tanto, o I Congresso de Toda a Rússia exige que a educação para o trabalho esteja na fundação

---

[1] I Congresso de Mulheres de Toda a Rússia (Kharkov, Vseukrainska, 1920), p. 12.

[2] Ibidem, p. 17.

da construção socialista, sem a qual não será possível estabelecer definitivamente a sociedade socialista.[3]

Todas as resoluções do I Congresso são inteiramente imbuídas da compreensão de que a emancipação das mulheres trabalhadoras está inseparavelmente ligada ao desenvolvimento do movimento trabalhista, ao fortalecimento do poder soviético, ao sucesso geral da construção do socialismo.

O congresso ocorreu em 1918, no ápice da guerra civil e do comunismo militar, e esses fatos deixaram uma marca em sua resolução. Na época, parecia que toda a questão se resumia à conscientização de que era muito simples realizar as tarefas existentes no campo da emancipação feminina. Ainda havia uma consciência muito vaga sobre a posição de Ilítch de que "o cerne da construção do socialismo é a organização".

Aprendemos muito desde novembro de 1918. Aprendemos que só alcançaremos nossos objetivos mediante um enorme trabalho organizado, assentando de maneira firme uma pedra depois da outra para criar a fundação do edifício do socialismo, experimentando constantemente a solidez das rochas colocadas.

O primeiro Congresso das Mulheres Trabalhadoras esboçou o plano geral de trabalho. Esse foi seu maior mérito. Agora, no próximo encontro, será levado em conta o que desse plano conseguimos realizar ao longo dos anos. As palestras dos Comissariados Populares para a Saúde e para a Educação revelarão o que foi feito no campo da proteção da maternidade e da infância, da educação pública das crianças. A conferência sobre a situação das mulheres operárias e camponesas da URSS no décimo aniversário certamente tratará do seguro social, das casas de repouso, da segurança do trabalho, dos refeitórios comunitários etc. Tudo isso são apenas as primeiras pedras da fundação.

As principais organizadoras do I Congresso das Mulheres Trabalhadoras foram as camaradas Inessa Armand, Samóilova, Stal e A. Kalinina[*]. Inessa e Samóilova já não estão entre nós, mas o trabalho iniciado por esse grupo relativamente pequeno de camaradas – o

---

[3] Ibidem, p. 19-20.

[*] Liudmila Nikoláevna Stal (1872-1939) foi ativista da Revolução Russa e do movimento internacional de mulheres. (N. T.)

esforço pela emancipação efetiva das mulheres operárias e camponesas – não diminuiu, e sim cresce e se amplia a cada ano.

O I Congresso das Mulheres Trabalhadoras quase não lançou luz sobre a questão da emancipação das mulheres de nacionalidades orientais. Um pouco mais tarde, esse tema foi levantado pela vida com muita urgência. No próximo congresso, ele ocupará o espaço que lhe cabe.

O peso específico da próxima reunião é muito grande, pois ela ajudará a chegar aos grandes lemas de Outubro sobre a emancipação das mulheres trabalhadoras até os redutos mais fundos e remotos.

Desejamos sucesso ao congresso em seu trabalho.

Fonte: К съезду работниц и крестьянок [Sobre o Congresso das Operárias e Camponesas], em *Pravda/ Правда* [Verdade], São Petersburgo, n. 217, 23 set. 1927.

CAMINHOS PARA A EMANCIPAÇÃO DA MULHER ORIENTAL*

Camaradas, permitam-me começar com uma calorosa saudação. Em seguida, gostaria de expressar algumas ideias, pois não sei quão extensivamente elas foram discutidas aqui. Conheço o trabalho realizado por nossa conferência acerca dos documentos que foram trazidos pela imprensa e também estou ciente das questões que foram debatidas na comissão para a melhoria da vida cotidiana e da situação econômica das mulheres.

Temo que não prestamos atenção suficiente a diversos pontos. Em minha opinião, muito é feito para elucidar a questão da emancipação das mulheres por elas mesmas. Mas receio que não tenhamos esclarecido esse assunto de modo pleno na imprensa geral. Aqui não me refiro às páginas do *Pravda* ou do *Izvestia*, mas dos jornais locais. Quando começamos o trabalho na República Socialista Federativa Soviética da Rússia, reservamos uma página especial na imprensa geral, tendo em vista que era preciso agitar não apenas as mulheres, mas ainda em maior medida a parcela masculina da população. Por isso, se tomarmos o ano de 1918, veremos que praticamente em cada jornal essa questão atraía atenção geral. Não sei se o mesmo foi feito nas repúblicas nacionais. Pode ser que a camarada Niurina** trate do tema no encerramento. É preciso tornar essa propaganda a mais abrangente possível.

Será que os senhores, quando falam das relações entre homens e mulheres no Oriente, fazem uso de zombaria nos objetivos de seus trabalhos? Será que essas relações antigas são colocadas sob fogo cruzado no sentido de serem ridicularizadas? De fato, às vezes uma caricatura ou uma breve observação sarcástica podem ter um efeito muito maior do que um extenso artigo da agitação. Por isso, parece-me ser necessário cuidar bem da imprensa geral, para que nela as questões do cotidiano sejam elucidadas em um grau satisfatório.

---

* Tradução de Priscila Marques (N. E.)

** Faina Efímova Niurina (Niurenberg) (1885-1938), procuradora. (N. T.)

Está acontecendo o Congresso dos Correspondentes Camponeses. Perguntei aos correspondentes camponeses das repúblicas orientais como a imprensa trata a questão das relações entre homens e mulheres, mas não obtive uma resposta geral. Contudo, me parece que essa é uma questão muito importante.

Além disso, há o tema da agitação artística. Um camarada de Kazan contou certa vez que as leis religiosas proibiam a ida ao teatro (pela lei muçulmana), mas eles eram fascinados pelos espetáculos, então um muçulmano decidiu ir e ainda levar sua esposa. Depois disso, ficaram em uma posição tal que foram obrigados a sair da organização religiosa, uma vez que ela os impedia de frequentar o teatro, mas eles ainda assim o faziam – marido e mulher sentavam juntos, assistiam à peça e ficavam tão fascinados com o que viam que, naquele momento, nem sequer pensavam na interdição religiosa. Esse exemplo ressalta de maneira especial o significado da agitação artística.

Não sei se temos uma quantidade razoável de clubes de cinema dedicados à questão da emancipação das mulheres. Acredito que eles existam. Mas será que encantam o bastante, será que são suficientemente fortes e claros?

A questão seguinte diz respeito às encenações. É claro que é importante que se montem grandes peças dedicadas a revelar de forma mais abrangente a relação entre homens e mulheres. Mas talvez também sejam necessárias peças menores que possam ser encenadas por duas ou três pessoas e que tenham significado relevante para a agitação.

É possível que os senhores já tenham ouvido falar a respeito da organização no presente momento de uma sociedade anônima estatal de turistas que, no verão, realiza grandes excursões para lugares distantes, em particular para o Oriente. Mas como eles passam esse período? Em geral, eles vão, olham e só. Seria bom um planejamento tal que o grupo de jovens não apenas observasse o Oriente, mas levasse alguma forma de apresentação, de agitação.

Na região de Níjni Nóvgorod há dois distritos onde há muitos tártaros e a religião muçulmana é bastante forte. Os mulás concluíram que não era vantajoso que as mulheres muçulmanas não frequentassem a mesquita e, por isso, proclamaram o seguinte: "Já que o poder soviético igualou homens e mulheres, nós abriremos as portas das mesquitas também para as mulheres; do contrário, elas fugirão para o

Jenotdiél". É preciso pegar a mulher muçulmana de Níjni Nóvgorod e levá-la em uma excursão para longe, para algum lugar no norte do Cáucaso, para que ela conte como a religião muçulmana se adaptou aos tempos atuais, como os mulás concederam posições fundamentais nesse sentido.

É disso que precisamos na agitação. Parece-me que ela não deve se limitar ao 8 de Março, mas ser constante. Além disso, não deve ser direcionada apenas às mulheres, e sim em maior medida e com mais força à população masculina. Considero necessário que nas *sovpartchkola*[*], nas escolas regulares, nos cursos de ciências sociais correspondentes haja uma seção dedicada à emancipação das mulheres, aos caminhos para sua concretização, à necessidade de que qualquer trabalhador consciente, qualquer cidadão consciente lute por ela. Parece-me que *precisamos ponderar seriamente cada propaganda, cada agitação e como difundi-las não apenas entre as mulheres, mas entre a população como um todo.*

Agora gostaria de me deter em uma importante questão. No sexto número da [revista] *Kommunistka*, levantou-se o assunto da organização de diferentes tipos de sociedade na luta contra o *kalym*[**], pela retirada do véu etc. Parece-me que não devemos defender tais sociedades. Eis os motivos: não podemos abordar o tema da emancipação das mulheres como se fosse algo puramente jurídico. Devemos abordá-lo de um ponto de vista de classe. É preciso *organizar os ativistas entre os pobres.* No Uzbequistão, por exemplo, até onde sei, existe a agitação contra a poligamia. A poligamia é uma forma mascarada de exploração. Por isso é muito importante revelar suas raízes econômicas. Aqui não se trata apenas de que a mulher apareça como objeto de desejo, de que o homem queira intensificar esse prazer; para um camponês pobre, para um sujeito qualquer de classe média, a questão não é essa, mas o fato de que a mulher é uma força de trabalho que pode ser explorada sem limites, de uma forma que não se pode fazer com um assalariado ou assalariada agrícola contratado. Se tomarmos nossas famílias camponesas, veremos que não apenas os *kulak*[***] exploram, mas também os artesãos e os de classe média que tenham parentes mais jovens. Sei pelo trabalho nas escolas que meninos

---

[*] Escola preparatória para a formação de quadros políticos soviéticos. (N. T.)

[**] Palavra tártara que designa o dinheiro pago pelo noivo à família da noiva. (N. T.)

[***] Camada mais abastada do campesinato. (N. T.)

A REVOLUÇÃO DAS MULHERES

e meninas adolescentes com frequência se lamentam por, morando com tios, tias ou irmãos mais velhos, viverem nessas circunstâncias, serem submetidos a uma exploração extrema, à qual nem sequer assalariados ou assalariadas agrícolas estão sujeitos. Para estes existe certa segurança do trabalho; já para membros da família, não. Por esse motivo, não raro observa-se que os de classe média exploram seus parentes mais pobres até não poder mais. Laços de parentesco são frequentemente uma barreira que impede o estabelecimento de uma adequada segurança do trabalho. Penso que a questão da poligamia, do véu e do paranja* está intimamente ligada à da ilimitada exploração das mulheres, que ocorre de maneira tranquila por meio de sua total despersonalização.

O poder soviético luta contra todo tipo de exploração, qualquer que seja a sua forma. E, é claro, devemos lutar até o fim contra a exploração da mulher, ainda que ela se manifeste de maneiras disfarçadas e um tanto incomuns para nós. Nesse embate, é extremamente importante criar uma militância interessada na questão de classe. Os camponeses pobres têm menos esposas do que os ricos, pois não têm condições de manter tantas mulheres, de comprar tantas escravas. Por isso, eles não defendem a escravidão das mulheres, como fazem os ricos. Parece-me que, se nos apoiarmos nos pobres, nos assalariados agrícolas, será possível formar um quadro não apenas de mulheres, mas também de homens que lutarão ativamente pela emancipação feminina. O caráter de classe dessa luta nunca, nem por um minuto, pode ser perdido de vista. Os sovietes devem ser os organizadores das amplas massas de trabalhadores. Em torno deles organizam-se as massas. Dessa forma, é muito importante que nas linhas dos sovietes essa questão seja elaborada, assim como na época em que o poder foi tomado, contra os proprietários de terras e contra os capitalistas; agora também é preciso que os sovietes lutem contra toda forma dissimulada de exploração. Parece-me necessário que eles tenham instruções claras nesse sentido, que eles saibam o que deve ser feito para que seus quadros fundamentais lutem pela emancipação das mulheres, sejam elas camponesas mais pobres ou assalariadas agrícolas contratadas. Somente então poderemos expandir de modo suficientemente abrangente esse trabalho. Tais

---

* Vestimenta feminina tradicional da Ásia Central que cobre todo o corpo, inclusive o rosto. (N. T.)

sociedades em favor da libertação feminina, como se autodenominam algumas, não podem sê-lo em razão de sua composição de classe; do ponto de vista organizacional, elas serão impotentes; do ponto de vista ideológico, seu papel, na minha opinião, pode degenerar para algo nem um pouco desejável. É claro que aqui é preciso conhecer muito bem todas as circunstâncias concretas. Penso que, nas diferentes repúblicas nacionais, devemos organizar o trabalho de formas distintas: não se deve nivelar tudo. Não se deve medir a todos pelo mesmo metro. Apenas por meio do estudo do cotidiano, do trabalho da mulher em cada república nacional, em cada região e mesmo em cada parte dessas repúblicas será possível encontrar formas concretas mais razoáveis da luta de classes, o que ajudará na emancipação da mulher. Vladímir Ilítch, pouco depois da tomada do poder soviético, disse que o cerne da construção do socialismo reside na *organização*. Parece-me que o cerne da emancipação da mulher – e essa questão se insere na linha geral da construção da nova vida – é também uma questão de organização, e aqui não podemos escapar do ponto de vista da classe. Devemos considerar muito bem qual é a melhor maneira de organizar a militância em torno dos sovietes e como ampliar o seu trabalho. Claro que algo nesse sentido já foi feito, e não foi pouco, mas penso que é preciso aprofundar o esforço, fortalecê-lo ainda mais.

Dizem, com razão, que a escravidão das mulheres é um fenômeno cotidiano, mas trata-se de um fato diário intimamente ligado a questões religiosas. Ao examinar os livros publicados para a agitação e propaganda entre as mulheres, não encontrei – talvez tenha sido um acaso, simplesmente não havia em minha biblioteca – obras que mostrassem por que as religiões defendem tanto a servidão feminina. Agora tenho de trabalhar muito, por outra abordagem, sobre a questão da propaganda antirreligiosa. Nós com frequência revelamos o quadro de que a religião se mantém firme, de que as sociedades religiosas atendem a certas exigências do povo. Aconteceu-me de viver na Cracóvia, onde a população é católica. A Igreja exerce uma influência colossal. Certa vez, conversei com uma moça camponesa. Aos meus argumentos, ela respondia: "Houve um incêndio, não fosse o padre, os olhos do papai teriam queimado, quem ajudaria, se não o padre?". Dessa maneira, a Igreja católica desempenha um papel de assistência social. Agora, tomemos nossas condições do dia a dia russo, a Igreja ortodoxa. No começo, conversamos com camponeses sobre

A REVOLUÇÃO DAS MULHERES

a quantidade de feriados: São Nicolau, São Floro, Santa Praskóvia-
-Piátnitsa etc. – uma imensidão de santos. Eles disseram:

Veja nosso trabalho: se não houvesse santos, morreríamos de tanto
labutar. A mulher, por exemplo, passa a noite a fiar; então, Praskóvia-
-Piátnitsa ordena que não se fie na sexta-feira. Assim, ela tem um descanso. Ou no verão – colheita, trabalho na terra, é quase de cair morto –,
nessas horas, só um santo para nos salvar. Celebramos sua memória e
descansamos um pouco.

Pelo menos um dia agradável, que não seja dedicado a colher o
trigo, mas a repousar. Trata-se de uma proteção cotidiana do trabalho. Tomemos os velhos crentes – por que a fé deles é forte? Ela proíbe que se beba da mesma xícara, e isso justamente naquelas regiões
onde a sífilis é endêmica. O resultado é que não existe sífilis entre os
velhos crentes, ao passo que em outras populações que costumam
compartilhar a xícara ela é extremamente comum. Assim, a *obschina**
religiosa aparece aqui como uma espécie de comissariado para a saúde, e é graças à existência de muitos desses comissariados religiosos
para a saúde, para a segurança do trabalho etc., dedicados a atender
a certas necessidades do dia a dia, que a religião é tão viva entre as
massas. Tomemos a satisfação da demanda por formalização artística
da experiência. É preciso que se diga diretamente que, com frequência, a arte nas igrejas desempenha um importante papel. Vá a uma
igreja católica: lá é possível aprender de que modo apresentar a arte,
como o fato de que os fiéis não apenas escutam, mas cantam, participam ativamente do coro – isso os organiza de determinada forma.
Depois, há o cântico cerimonial etc. Nossa Igreja ortodoxa tem imita-
do a católica nesse aspecto: convidam cantores de ópera para o culto,
agora isso está virando moda. Organizam encenações. Se tomarmos
quaisquer cerimônias, reuniões, cânticos, orações diversas, veremos
que a igreja e as seitas suprem a necessidade de formalização artística
da experiência. Para se contrapor a tudo isso, é preciso desenvolver
nosso trabalho em escala muito maior, mas como fazê-lo? Será que
conduziremos esse trabalho artístico de forma a atrair também a mulher
e o homem orientais? Será que temos, digamos, um cinema, lanter-
nas mágicas? Como funcionam nossos clubes? Temos o 8 de Março,

---

* Comunidade rural caracterizada pelo trabalho coletivo. Tipo de organização
russa tradicional que data do período imperial. (N. T.)

em que se comemora o feriado; há ainda os dias de outubro, além de outras datas festivas, mas é preciso atrair as massas com frequência e abrangência muito maiores. E o mais importante: é necessário ampliar ao máximo as ações sobre segurança do trabalho, da maternidade, pela linha do comissariado para a saúde etc. Apenas com o desenvolvimento profundo e irrestrito desse esforço haverá a possibilidade de cortar a religião pela raiz. Agora estamos falando do ressurgimento das seitas, mas para destruí-las é preciso examinar suas origens, onde estão elas? Por exemplo, na província de Tambóv, no vilarejo de Rasskázovo, de repente se formou uma seita peculiar, a IV Internacional; seu chefe é o senhor Deus, e ele organiza todas as artesãs, é o veículo da cooperação. Qual a base disso? O fato de que há pouca linha e a *Vsekompromsoiuz*[*] não pode fornecer material para as artesãs que desejam recebê-la; por isso, elas precisam se prostituir e assim por diante. Não resta nada além de acreditar em um Deus cooperador, que contribui com todos, que ajuda a se unir ao caminho da cooperação. A IV Internacional é um ensinamento único. Compreender as bases econômicas das diferentes seitas pode levar às suas raízes. É claro que se a *Vsekompromsoiuz* distribuísse linhas em quantidade suficiente, se organizasse todas as artesãs, não haveria a IV Internacional. Se o comissariado para a saúde desenvolvesse seu excelente trabalho nas províncias assoladas pela sífilis, a fonte dos velhos sectários crentes perderia considerável força. As raízes econômicas são sempre especialmente visíveis na religião.

Exatamente da mesma forma, é preciso elaborar a discussão sobre a emancipação das mulheres, traçar as origens econômicas da poligamia, do paranja e do véu, identificar a razão de sua vitalidade. Não podemos tomar a questão sem compreender as raízes econômicas, abordando-a apenas de um ponto de vista abstrato, moral. Aqui é preciso examinar o que atrapalha a libertação feminina, quais suas raízes econômicas. Na literatura, esse tema está bastante esclarecido. Talvez a Universidade Comunista dos Trabalhadores do Oriente pudesse até iniciar o aprofundamento da investigação das fontes de diferentes condições cotidianas.

Comecei de longe para chegar à lei sobre a retirada do véu. É claro que as leis soviéticas de certa forma nos ajudam a nos livrar de

---

[*] Abreviação de "*Vserossíski soiuz promislovoi kooperatsii*", que designa a União de Cooperação Comercial Russa. (N. T.)

vestígios do passado. Todos os decretos e leis são publicados para contribuir com a emancipação. Se o paranja e o véu escravizam – e é claro que escravizam –, então a lei, do ponto de vista de colaborar para a libertação, seria boa na minha opinião. Mas o fato é que em uma série de lugares essa norma pode ficar apenas no papel se não for associada a uma ampla agitação, a uma série de medidas econômicas. Tomem, por exemplo, a distribuição da terra. Se não me engano, no Uzbequistão as mulheres também receberam lotes. Mas quais mulheres: as que tiraram o paranja ou não? Se a terra for dada a uma mulher que não deixou de usar a vestimenta, ela passará ao comando do marido, e para ele será vantajoso ter o maior número de esposas que não tenham abandonado o paranja. Se apenas as mulheres de rosto exposto receberem terra, a história será outra. A mulher adquirirá um direito.

Temo falar a respeito desse assunto, sobre o qual apenas ouvi dizer, mas penso ser possível tomar medidas econômicas para contribuir com a emancipação da mulher. Tal qual o exemplo da distribuição de terras, tomemos a regulamentação da exploração da terra: ela poderia ser feita de tal forma a colaborar para a retirada do paranja e do véu. A cooperativa pode atuar para o mesmo fim. Embora ela seja uma organização econômica, pode cooperar intensamente com a emancipação feminina. É claro que tudo isso precisa ser pensado de forma extremamente detalhada. Ações que despertem a atenção dos homens para a retirada do paranja parecem ser necessárias. Se for possível encontrar medidas que tornem os homens economicamente interessados na exposição do rosto da mulher, que tragam privilégios e vantagens, ainda que não muito grandes, mas que de todo modo incitem nessa direção, isso já seria muito bom. Quanto a uma lei geral, não se deve adotar uma regra única para todas as repúblicas. Naquelas onde houve suficiente agitação, onde a situação já entrou nos trilhos, a lei evidentemente ajudará a encerrar o caso. Nos locais onde não há nenhuma agitação, existe o risco de a lei ficar apenas no papel. Essa questão exige um estudo bastante cuidadoso. É claro que não podemos esperar com nossas leis que o solo esteja de fato preparado. Aqui há a possibilidade de atrasar a questão, de não se utilizar oportunamente de um meio como a legislação. Imaginem como estaríamos se a Revolução de Outubro primeiro esperasse as mulheres se libertarem e apenas então incluísse a igualdade na legislação. Isso não serviria de nada. Na ordem revolucionária, nós aprovamos uma lei sobre a igualdade que até aquele momento não existia integralmente no cotidiano, mas que possuía um significado que incitava e estimulava. Em nossos decretos, aprovamos uma série de leis que favoreciam todo tipo de emancipação. E é claro que uma norma sobre o paranja também pode beneficiar a emancipação. Mas nesse caso é preciso conhecer as condições cotidianas. Quanto à religião, nós não aprovamos leis que proíbem, por exemplo, o batizado de crianças ou o casamento. Tais determinações seriam bastante estranhas, e como elas seriam assimiladas? Elas apenas fortaleceriam a fantasia. É preciso conhecer em detalhes as características do dia a dia para que nos seja claro se é possível ou não aprovar certa lei neste ou naquele país em um dado momento. É preciso pensar com que fim e em qual momento se deve aprová-la.

Penso que é possível agir da seguinte forma: iniciar a elaboração dessa questão de modo mais fundamental, compreendendo todas as condições cotidianas. Provavelmente ninguém imagina que se possa aprovar uma lei do dia para a noite em toda parte, mas, se é assim, trata-se de como preparar, como construir a possibilidade de aprová-la. No processo de elaboração, essa importante questão será esclarecida, isto é, o que se pode e o que não se deve fazer imediatamente. De fato, se aprovássemos pelos meios legais uma lei que proíbe o batizado de crianças e o casamento, isso despertaria apenas fanatismo; uma lei dessas não pode ser aprovada, pois não produz resultados positivos. É preciso pensar a forma a ser dada ao decreto, de modo que ele carregue um caráter não tanto antirreligioso, mas econômico, ligado à defesa dos direitos jurídicos. Aqui muita coisa depende do formato do decreto, da elaboração de sua aprovação etc. Acredito que essa discussão se encontra em uma etapa bastante primitiva, e é preciso elaborá-la de modo ainda mais profundo. É possível que eu simplesmente não esteja bem informada. Mas, nesse sentido, parece-me que cada república deve analisar separadamente o quanto ela está ligada à religião, o quanto esse é um fenômeno puramente econômico, onde estão as raízes econômicas e como cortá-las. O tema, evidentemente, é complexo. É claro que eu gostaria de mandar o paranja e o véu para o diabo, mas nem sempre podemos alcançar por decreto aquilo que queremos. Se tomarmos a questão da guerra, observarmos os métodos e a tática usados antigamente e compararmos com os de hoje em dia, veremos que o papel principal, quase decisivo, era desempenhado pelo ataque, pela ofensiva, pelo assalto.

A REVOLUÇÃO DAS MULHERES

Ontem mesmo tive de analisar um artigo acerca de outra questão, e lá se dizia que hoje o ataque isolado tem um significado secundário e que a pressão sistemática sobre o inimigo ganhou importância. É preciso conhecer o posicionamento do inimigo, seu posicionamento profundo, e chegar um passo depois do outro à vitória. Talvez nesse tópico – da emancipação das mulheres – seja preciso aplicar uma tática de guerra, não tanto manter a linha do ataque, mas, juntamente com ele, uma ofensiva sistemática, sucessiva, abrangente e profunda contra o inimigo, contra o cotidiano velho, contra todo tipo de servidão da mulher. Camaradas, desejo que consigam elaborar essa discussão mais extensamente. Desejo-lhes a vitória nesse *front*.

Fonte: Пути раскрепощения женщины Востока [Caminhos para a emancipação da mulher oriental] – discurso proferido na Conferência Nacional das Mulheres Orientais [Всесоюзное совещание женщин Востока/ Vssiessoiúznoie svieschánie jénschin] –, em *Kommunístka/ Коммунистка* [A Comunista], n. 12, 10 dez. 1928.

PREFÁCIO PARA A COLETÂNEA
*O LEGADO DE LÊNIN SOBRE A EMANCIPAÇÃO DA MULHER**

Desde o começo de sua atividade, Lênin esteve bastante atento à questão da emancipação da mulher. Com grande alegria, exaltou cada vitória no *front* da libertação da mulher operária e camponesa. Dedicou atenção especial à emancipação das mulheres de minorias nacionais. Sob a direção dele, nosso partido se encarregou da total igualdade de direitos políticos entre mulheres e homens, da criação de condições que produzam uma equidade de direitos verdadeira, isto é, a proteção da maternidade e da juventude, a construção de creches e refeitórios públicos etc. O poder soviético efetivamente emancipou as operárias e camponesas. Lênin disse que para libertar a mulher trabalhadora não apenas em termos jurídicos, mas de fato, é preciso reconstruir todas as bases da nossa economia. Em vez das pequenas propriedades privadas como meios de produção, deve surgir uma nova forma de propriedade: a coletivização da agricultura. Somente a mudança para uma agricultura de larga escala, planificada e nacionalizada, permitiria transformar a situação da mulher em sua raiz. E vemos que, quando a coletivização da agricultura avançou a passos largos, a consciência das operárias e camponesas cresceu rapidamente. É claro que ainda se faz necessário um enorme trabalho cultural e cotidiano para extirpar as últimas fontes da escravidão feminina. O congresso dos *udárniki*** (homens e mulheres dos *kolkhozes*) que ocorreu no começo de 1933 mostrou o crescimento colossal das mulheres *kolkhozes* nos últimos anos. "A mulher é uma grande força no *kolkhoz*", declarou o camarada Stálin naquele evento, ressaltando de todas as formas a necessidade de nomear as mulheres mais capazes e conscientes para cargos de responsabilidade. Vemos como são justificadas as palavras de Lênin de que as mulheres operárias e

---

*   Tradução de Priscila Marques. (N. E.)

**   Trabalhador que apresenta elevada produtividade. (N. T.)

camponesas desempenham um papel extremamente importante na reconstrução de toda sociedade sob os princípios socialistas. Contudo, seria um grande erro se fechássemos os olhos para o fato de que é preciso realizar um enorme esforço para provê-las de conhecimento, para envolvê-las no trabalho político, para o atendimento cultural de massa das camadas mais amplas de trabalhadoras, *kolkhozes*, em especial as de minorias nacionais. É preciso apenas que as próprias mulheres tomem essa tarefa para si com mais ardor. Diante delas há um amplo campo de trabalho. O partido liderado pelo camarada Stálin as ajudará de todas as maneiras. O legado de Lênin para a emancipação das mulheres se transformará em realidade.

Fonte: Предисловие к сборнику "Заветы Ленина о раскрепощении женщины" [Prefácio para a coletânea *O legado de Lênin sobre a emancipação da mulher*], publicado pela primeira vez na coletânea *В. И. Ленин, О раскрепощении женщины* [V. I. Lênin, Sobre a emancipação das mulheres], com o título de "Ленин о положении трудящейся женщины и ее раскрепощении" ["Lênin sobre a situação das mulheres trabalhadoras e sua emancipação"], Moscou, Partizdat/ Партиздат, 1933.

APENAS NO PAÍS DOS SOVIETES
A MULHER É LIVRE E TEM DIREITOS IGUAIS*

Homens e mulheres dos *kolkhozes* que lutam pelo *kolkhoz* bolchevique! Recebam minha saudação bolchevique.

Camaradas, neste ano completam-se 25 anos desde que, na Conferência Internacional das Mulheres, ocorrida em 1910, em Copenhague, a comunista alemã Clara Zetkin propôs que o 8 de Março se tornasse o dia do exame das conquistas no *front* internacional de luta pela emancipação das mulheres.

Vocês sabem que o camarada Lênin sempre atribuiu um grande significado a essa luta; ressaltava tanto em seus artigos quanto em seus discursos a importância do empenho pela emancipação da mulher. Desde os primeiros passos, o poder soviético igualou os direitos de mulheres e homens. Mas Vladímir Ilítch disse mais de uma vez que a plena libertação feminina só será possível com o socialismo.

E então, camaradas, vocês veem que, no 25º aniversário do Dia Internacional da Mulher, podemos dizer: em nosso país dos sovietes, liderado pelo partido, nós conquistamos a vitória também no *front* da emancipação das mulheres.

Camaradas, quando Vladímir Ilítch morreu, ele tinha certeza, certeza absoluta, não duvidou nem por um minuto de que o sistema *kolkhoz* venceria em nosso país dos sovietes. Mas ele também previu obstáculos nesse caminho. As dificuldades foram grandes. Todos vocês passaram por elas, passaram e souberam o quanto foi preciso lutar a cada passo. Sem luta, sem a liderança do partido, o sistema *kolkhoz* nunca teria sido alcançado. Desde a morte de Ilítch, o partido seguiu passo a passo o caminho leninista e, assim, conquistou a vitória socialista em nosso país...

Todos recordam e conhecem o discurso do camarada Stálin no primeiro congresso dos *kolkhozes-udárnikis*. As mulheres que haviam discursado foram mencionadas naquela fala... Nos dois anos que se

---

* Tradução de Priscila Marques. (N. E.)

A REVOLUÇÃO DAS MULHERES

passaram, a vida no campo mudou completamente. Aquilo que se faz nos vilarejos tem reflexo também naquilo que se faz na cidade. À medida que o sistema *kolkhoz* se fortalece, todo o sistema socialista se fortalece, o socialismo no país dos sovietes cresce.

Sem dúvida, essa conquista tem um significado internacional. No XVII Congresso do Partido, o camarada Stálin disse:

> Os trabalhadores do Ocidente dizem que a classe trabalhadora da URSS é a brigada de choque do proletariado mundial... Isso significa que o proletariado mundial está pronto para apoiar o avanço da classe trabalhadora da URSS na medida de suas forças e possibilidades. Mas isso nos coloca uma séria responsabilidade. Isso significa que devemos justificar por meio de nosso trabalho o honroso epíteto de brigada de choque dos proletários de todos os países.[1]

Então, camaradas, no Dia Internacional das Mulheres Trabalhadoras deste ano, podemos dizer que tivemos enormes conquistas no campo da emancipação das mulheres. Nossa vitória no *front* do sistema *kolkhoz* contribuiu para isso.

No entanto, camaradas, não podemos nem devemos fechar os olhos para as tarefas que se colocam diante de nós. Ainda há muito a fazer. Em seus últimos artigos, Lênin ressaltou a importância do trabalho no *front* da cultura e seu valor especial no campo. Ele disse que a massa deve tomar para si a construção cultural. Por isso, camaradas, gostaria de dar atenção particular a esse aspecto.

Hoje, com base em nossas conquistas e no crescimento da consciência e das nossas habilidades organizacionais, nós devemos dedicar especial cuidado a essa questão. Os delegados que discursaram falaram muito sobre a construção de chalés e isbás de leitura, clubes, casas de cultura. Isso, evidentemente, é importante.

Mas também é fundamental olhar para a maneira como eles funcionam, pois é possível que um excelente prédio seja construído, mas o trabalho realizado nele seja inútil. Uma ótima biblioteca pode ser erguida, mas o trabalho realizado nela pode não servir de nada.

Acredito ser imprescindível que a questão da construção cultural seja discutida com mais frequência nas reuniões dos *kolkhozes*; é preciso trabalhar com afinco para que as necessidades culturais sejam levadas em conta.

---

[1] J. V. Stalin, *Сочинения* [Obras], v. 13 (Moscou, Gozpolitizdat, 1951), p. 379.

Hoje, neste congresso, quase não é necessário falar sobre as vantagens da alfabetização, do conhecimento. Não há um sujeito, jovem ou velho, que não queira com todas as forças adquirir mais saberes. As mulheres, em especial, sentem isso. A falta de conhecimento com frequência prejudica seu progresso.

Surge a seguinte questão: nem todos podem se desligar do *kolkhoz*. Cursos para as mulheres *kolkhozes* são organizados. Eis que a presidente de um *kolkhoz*, uma jovem moça, contou: ela havia recebido autorização para fazer um curso, decidiu fazê-lo, ficou radiante. Então, os *kolkhozes* foram até ela e perguntaram: "Macha[*], como você vai embora quando ainda não terminamos isto e aquilo, quando precisamos fazer tal e tal no *kolkhoz*?". E ela relatou: "Passei duas noites chorando, não conseguia decidir se ia ou não. Resolvi ficar e trabalhar no *kolkhoz*, terminar todas as tarefas, fazer com que ele seja um *kolkhoz* exemplar".

Afastar-se do trabalho que está sendo realizado é difícil. É preciso criar a possibilidade de estudar no local, mas para tanto o trabalho cultural no *kolkhoz* deve ser muito mais amplo e profundo do que aquele que é feito hoje.

A *intelligentsia kolkhoz* tem crescido entre nós. Ontem ouvimos o discurso de um camarada agrônomo que falou da vida das plantas e de seu cultivo. No campo há muitos desses profissionais, técnicos e professores que podem repassar seu conhecimento para as massas de *kolkhozes*. A *intelligentsia kolkhoz* ajudará os *kolkhozes* a adquirir novos saberes, ela merece ser cercada de atenção. Considerar as necessidades culturais é de fundamental importância. O que acontece conosco é o seguinte: você vai ao clube, mas lá não se diz nada que interesse ao *kolkhoz*, nada do que ele precisa naquele momento. Existem as isbás de leitura, mas elas frequentemente ficam fechadas. É preciso que o trabalho cultural seja organizado de modo que amplie o horizonte da mulher *kolkhoz*, que envolva a todas, sem exceção, que ofereça as informações de que elas precisam.

Irei me deter em um ponto, camaradas. Vocês souberam pelo relatório do camarada [Viatcheslav] Mólotov no VII Congresso dos Sovietes a respeito das mudanças que serão feitas na nossa Constituição. Sabem que Vladímir Ilítch disse, quando limitações foram introduzidas no documento, que isso se devia à guerra civil, ao baixo nível cultural da população. Agora, quando vemos o fortalecimento do

---

[*] Diminutivo de Maria. (N. T.)

A REVOLUÇÃO DAS MULHERES

sistema *kolkhoz*, quando testemunhamos o crescimento da consciência da população, essas limitações já não são necessárias. Daqui, desta tribuna, uma série de delegados falou sobre o sentido de tais alterações. Elas significam que a iniciativa independente da população crescerá, que o poder local será muito mais organizado e forte – o poder dos sovietes.

E diante das mulheres abre-se um campo ainda mais amplo para o trabalho público.

Além disso, há a questão da escola. É claro que agora devo dizer que ela recebeu bastante atenção. Tive a oportunidade de conversar com representantes dos sovietes dos vilarejos, que participaram de competições pela melhor construção escolar; tanto em seus relatórios quanto nas conversas havia muita coisa interessante. Eles contaram como faziam o controle do trabalho no dia a dia, e não quando havia atraso – ou seja, examinavam o andamento cotidianamente. Falaram muito também sobre outros aspectos importantes do trabalho. Perguntei aos delegados no congresso: as moças são liberadas para frequentar a escola? Eles ficaram me olhando, como se não soubessem o que fazer. Que mãe vai impedir sua filha de ir à escola? Tudo bem, vamos deixar que todos a frequentem; isso é bom, mas também é preciso cuidar da educação das crianças. Na época em que o sistema dos pequenos proprietários dominava, como os pais educavam seus filhos? Cuidavam apenas de suas casas, ensinavam os seus e não pensavam em mais ninguém. Essa era a educação. Agora, o povo mudou. Quando os camaradas falaram nesta tribuna, ficou evidente que entre eles formou-se outra relação com o trabalho, com a propriedade pública, com toda coisa pública. Muitos deles disseram estar preocupados não apenas com seus *kolkhozes*, mas em resgatar os *kolkhozes* mais fracos. Tal preocupação com a correta organização do trabalho, com a propriedade pública e com o movimento dos *kolkhozes* como um todo mostra que a visão antiga dos pequenos proprietários, de cada um por si e Deus por todos, ficou no passado, e agora começa a se fortalecer a psicologia proletária nos *kolkhozes*, a capacidade de abordar uma série de questões à maneira do proletariado.

Permitam-me, camaradas, não entrar em detalhes sobre o que e como é preciso proceder no *front* da cultura. Em cada *kolkhoz*, região e república em particular, deve-se conhecer todas as minúcias, aprofundar-se nelas e construir a vida de modo que ela se torne efetivamente cultural, para que ela seja organizada tal qual desejou

Lênin. O conhecimento e a ciência entraram no cotidiano, e aqui a questão não se reduz ao estabelecimento de uma fundação cultural, mas à organização de todo o trabalho cultural, de modo que se torne mais visível onde e o que é preciso empreender no *front* da cultura.

Permitam-me encerrar aqui, camaradas. Permitam-me expressar a esperança de que, sob a liderança do nosso partido, cumpriremos no *front* da cultura e da emancipação da mulher as obrigações que fazem com que ganhemos o epíteto de brigada de choque do proletariado mundial.

Viva a revolução mundial!

Fonte: Только в Стране Советов женщина свободна и равноправна [Apenas no país dos sovietes a mulher é livre e tem direitos iguais] – discurso proferido no II Congresso de *kolkhózniks* e *udárniks* de toda a União Soviética [*II Всесоюзный съезд колхозников-ударников/ II Vssessoiúzni siézd kolkhóznikov-udárnikov*] –, *Pravda*, São Petersburgo, n. 45, 15 fev. 1935.

EKATERINA DMÍTRIEVNA KUSKOVA
(1869-1958)

Retrato sem
data estimada
de Ekaterina
D. Kuskova.

EKATERINA DMÍTRIEVNA KUSKOVA (1869-1958) • Economista, jornalista, editora e memorialista, Kuskova nasceu em Ufá, na Rússia. Essa "mulher notável", como a descreveu o escritor Roman Gul em suas memórias, foi marxista, feminista e ativista dos movimentos revolucionário, liberal e maçônico.

Publicada com regularidade pela imprensa, foi editora dos jornais *Vlast Narôda*, *Tovarish* e *Nácha Jízn*, além da revista *Biêz Zaglávia*. Ao longo da carreira, manteve-se próxima de escritores como Koroliênko, Ánnenski e Górki, com quem rompeu posteriormente. Na esfera da política, tinha vínculos com o partido Narôdnoe Pravo. Em 1917, seu nome estava entre as dez mulheres incluídas na lista eleitoral da Liga da Igualdade de Direitos das Mulheres para a Assembleia Constituinte.

Depois da Revolução Russa de 1917, o *Vlast Narôda* tornou-se um dos polos de oposição aos bolcheviques. Em 1922, exilou-se. Continuou colaborando com diversas publicações no exterior, como *Poslednie Nôvosti*, em Paris, e *Nôvoe Rússkoe Slôvo*, em Nova York. Escreveu as memórias de figuras como Vladímir Ilítch Ulianov Lênin, em 1945, e Sofia V. Panina, em 1956. Após viver a dramática perda de seus pais, marido e filho, passou os últimos anos em Genebra.

MULHERES E IGUALDADE: A RESPEITO DO I CONGRESSO DE MULHERES DE TODA A RÚSSIA[*]

> *A mulher nasce livre*
> *e igual ao homem perante a lei.*
>
> OLYMPE DE GOUGES

Todas as três categorias de mulheres da sociedade contemporânea – jovem, esposa, mãe – estão interessadas nos seus direitos de maneiras diferentes, visto que suportam múltiplas obrigações. Contudo, estão igualmente interessadas no fato de que, em todos os campos de aplicação do trabalho legítimo feminino, a sociedade e o governo as recompensem com seus plenos direitos, civis e políticos. Essa é a essência da questão feminina e o sentido da sua luta por igualdade. Entregar à sociedade e ao Estado um trabalho tanto útil quanto genuíno e receber em troca os direitos de que os trabalhadores homens gozam neste país. Eis o objetivo mais imediato de todo o movimento feminino.

Diante de tal colocação da questão feminina geralmente se apresenta outra indagação: seria a mulher capaz de cumprir plenamente suas funções? Não estariam presentes, na sua natureza, qualidades femininas específicas que a impedem e eternamente impedirão de desenvolver suas capacidades, criatividade e riqueza de intelecto e de vontade no mesmo nível alcançado pelo homem? Esse debate é tão velho como o mundo... Na Idade Média, em um dos concílios religiosos, foi levantada uma questão: seria a mulher um ser humano? Os padres do concílio permaneceram confusos, não chegavam a um acordo, até que um deles apresentou o seguinte argumento: no Evangelho, nomeia-se Jesus Cristo como filho do homem, mas na terra Ele era apenas o filho da Virgem Maria, da mulher; portanto, a mulher é um ser humano.

Assim, a cátedra reconheceu a mulher como um ser humano...

---

[*] Tradução de Gabrielle Figueira e Ekaterina Vólkova Américo. (N. E.)

A REVOLUÇÃO DAS MULHERES

"A mulher é capaz de realizar um trabalho digno?", perguntam os dogmáticos contemporâneos. Entretanto, a irredutível miséria e sua companheira, a fome, afastam a menina da família, a mãe do berço da criança, e as empurram ao trabalho junto com os homens no turbilhão da severa luta por direitos trabalhistas. Enquanto nas salas e salões de mulheres ricas acontecem conversas animadas sobre os temas que estão na moda a respeito das semideusas zoomórficas, a mulher-ser humano já está ao lado do homem nos postos do serviço público, na qualidade de médica, professora, telegrafista, vendedora, engenheira, advogada. A mesma mulher-ser humano ganha força nas fétidas instalações das fábricas, nas inúmeras oficinas que produzem luxuosos trajes e bibelôs para as semideusas zoomórficas e seus admiradores-homens. É assim que o socialismo responde às questões sobre a igualdade entre mulheres e homens na esfera do trabalho... Se o concílio medieval reconheceu, em teoria, com base no texto do Evangelho, a mulher como ser humano, as condições do socialismo contemporâneo já provaram, na prática, que a mulher pode ter uma força igual à do homem na fábrica e na cultura.

Pode, mas não é o que acontece, novamente nos respondem os opositores da igualdade de direitos. Exato, replicamos nós. A mulher permanece cruelmente atrás do homem no desenvolvimento de todas as próprias forças e capacidades. Não foi sua natureza, mas sua educação, formação e, mais importante, as condições de exploração de seu trabalho que a trancafiaram no quarto das crianças e na cozinha, privando-a de participar amplamente em diferentes campos do trabalho social. Enquanto a estrutura da sociedade se constituía de tal forma, o trabalho da mulher, por vezes extremamente intenso, continuava hermeticamente fechado no seio familiar; seus horizontes estavam estreitados e seus interesses, empobrecidos de modo antinatural.

Quanto mais a vida íntima e econômica das famílias se modifica, quanto mais avança o desenvolvimento da educação pública de crianças em escolas e jardins de infância, quanto mais se desenvolve a necessidade de mulheres e jovens garantirem sua vida por meio de um salário independente, mais se transforma sua mentalidade e mais se amplia seu horizonte. Além disso, dadas as suas contribuições para essa transformação da condição feminina nos âmbitos familiar, civil e econômico, nós congratulamos as deputadas do Parlamento finlandês; simpatizamos com as insistentes e apaixonadas sufragistas inglesas; lemos com alegria o telegrama sobre a senhora Jousselin, da

França, que foi selecionada para o cargo de juíza em Paris, sendo a primeira a ocupar esse posto, de acordo com a nova legislação que estende às mulheres todos os direitos dos trabalhadores homens em relação ao Tribunal do Trabalho. Apenas a mulher trabalhadora, que conseguiu abrir seu caminho em todas as esferas do trabalho civil, tem o direito de exigir direitos iguais aos dos homens. Para uma mulher assim não haverá recusas! Não se trata de uma mulher apenas como mulher, mas de uma mulher criadora de valores materiais e espirituais como o homem, valores de que a humanidade necessita; somente uma mulher dessas interromperá a luta entre os sexos e fará para si e para toda a humanidade a coroa da igualdade.

Também em nossa época, em um momento maçante da reação russa, quando a mulher que ocupa uma posição de destaque na antiga luta pelo direito ao trabalho científico e social, há quem faça conferências sobre a sua sexualidade predominante e a sua natureza inferior. Em uma ocasião dessas, convém relembrar o testamento das mulheres da Grande Revolução Francesa. Esse testamento em forma de manifesto para mulheres foi escrito por Olympe de Gouges, talvez a mulher mais original daquele período: "A mulher", diz o manifesto, "nasce livre e igual ao homem perante a lei". O objetivo de cada órgão legislativo e civil é proteger os direitos imprescritíveis para ambos os sexos: liberdade de progresso, segurança e resistência à opressão. Mas o gozo dos direitos, que, pela natureza das coisas, pertencem também à mulher, ainda se limita a matrizes estreitas. Uma nação consiste na comunidade de homens e mulheres, na qual repousa o Estado. A legislação deve expressar a vontade desse coletivo. Todas as cidadãs, assim como os cidadãos, devem participar, pessoalmente ou por meio dos seus representantes eleitos, do trabalho da legislação. Esta deve ser igual para todos. Por isso, todas as cidadãs e todos os cidadãos devem ter, de acordo com suas capacidades, o mesmo acesso aos cargos públicos, às distinções e às profissões. Apenas a diferença em suas virtudes e talentos pode servir como parâmetro para sua seleção. A mulher tem o direito de caminhar para o cadafalso, portanto ela deve ter igualmente o direito de caminhar para a tribuna. Contudo, o direito das mulheres deve servir para o bem de todos, e não apenas para a vantagem de seu próprio gênero. Tal qual o homem, a mulher contribui para a acumulação de bens do Estado. Logo, ela tem o mesmo direito de exigir o relatório sobre a sua administração... Despertem, mulheres! Unam-se, oponham à força bruta a

A REVOLUÇÃO DAS MULHERES

força da razão e da justiça. Em breve, vocês verão que os homens deixarão de se jogar a seus pés como adoradores langorosos, terão orgulho de andar de mãos dadas com vocês e dividirão os eternos direitos humanos.

Olympe de Gouges morreu em um cadafalso, mas as mulheres de todos os países cumprirão o seu testamento, lutando pela igualdade de acesso aos cargos públicos, distinções, profissões e direitos iguais aos dos homens. A mulher contemporânea, em suas classes progressistas, orgulha-se não da quantidade de adoradores langorosos que se jogam a seus pés, mas das mais variadas obrigações que ela é capaz de cumprir e do número de trabalhadoras organizadas, capazes de expor em sua bandeira os ideais de toda a humanidade, e não apenas das mulheres. A mulher desperta no trabalho e no serviço público. Ao despertar, torna-se um membro igual nos direitos da família humana que há séculos luta pela igualdade social de todos.

Fonte: Женщины и равноправие (По поводу Первого всероссийского женского съезда) [Mulheres e igualdade: a respeito do I Congresso de Mulheres de Toda a Rússia], em *Soiúz Jénschin/ Союз женщин* [União das Mulheres], São Petersburgo, n. 12, 1908.

ARIADNA VLADÍMIROVNA TIRKÓVA-WILLIAMS

(1869-1962)

Retrato sem data
estimada de Ariadna
V. Tirkóva-Williams.

ARIADNA VLADÍMIROVNA TIRKÓVA-WILLIAMS (1869-1962) • Nascida em Okhta, na Rússia, Tirkóva-Williams foi escritora, jornalista, memorialista e crítica literária, assinando também com o pseudônimo A. Verguêjski. Faz parte da chamada terceira geração de ativistas feministas russas, formada por mulheres nascidas no fim dos anos 1860 e começo da década seguinte que não eram parte da realeza e se tornaram bem-sucedidas na política – tais como Kollontai, Krúpskaia e Armand.

Tirkóva-Williams trabalhou como correspondente, colaborando com o jornal *Severni Krai*. Amiga de diversos escritores, pensadores e políticos russos, manteve com eles extensa correspondência. No exterior, casou-se com Harold Williams, anarquista que escrevia para o *Times*.

Quando retornou à Rússia, participou de círculos que viriam a formar o partido Kadet, ao qual se filiou. Membro da União das Mulheres e da Liga da Igualdade de Direitos das Mulheres, destacou-se como grande ativista pela igualdade de direitos das mulheres. Participou, por exemplo, do I Congresso sobre a Educação das Mulheres de Toda a Rússia, entre 26 de dezembro de 1912 e 4 de janeiro de 1913. Em março de 1917, fez parte da delegação que se reuniu com o príncipe Lvov para reivindicar o direito da mulher de votar e ser votada. Ele concordou, autorizando a participação feminina na eleição para a Assembleia Constituinte, em dezembro de 1917. Embora as cédulas tenham sido destruídas pelo governo bolchevique, acredita-se que Tirkóva-Williams tenha sido eleita.

Em 1921, transferiu-se para a Inglaterra, onde se tornou editora da revista *Russian Life*. Escreveu biografias, como a de S. V. Panina, figura importante no movimento de mulheres russo. Passou seus últimos anos de vida em Washington, nos Estados Unidos, onde faleceu.

A TRANSFORMAÇÃO PSICOLÓGICA DA MULHER AO LONGO DOS ÚLTIMOS CEM ANOS[*]

A mudança da posição social das mulheres, que se refletiu em toda sua mentalidade, é um dos fenômenos históricos mais importantes dos últimos tempos. As condições econômicas da produção industrial tornam o trabalho doméstico da mulher, se não desvalorizado, incomparavelmente menos rentável, na maioria dos casos, do que quando a dona de casa confeccionava lonas e tecidos para toda a família com suas próprias mãos. A chaminé das fábricas substituiu a lareira das casas. Quer queiram, quer não, mulheres jovens e maduras, casadas e solteiras, devem apresentar seu trabalho no mercado. O alto custo de vida e o aumento das demandas compelem não apenas as proletárias, mas também as burguesas a procurar por renda. Neste ponto, já se somam fatores tanto econômicos quanto psicológicos.

A democratização da educação, que surge com a produção capitalista como uma das características do século, se estendeu às mulheres. Plantou-se, enfim, a semente do pensamento questionador e crítico na mente feminina, então passiva e condicionada à estagnação e para a qual a devoção à autoridade masculina não era apenas um costume, mas também um dever. A necessidade de uma luta direta pela sobrevivência, que sempre requer uma postura mais reflexiva em relação à vida, e a demanda inerente ao ser humano racional pela autodeterminação fizeram com que a mulher olhasse com mais atenção para a própria condição.

A partir daí, nasceu o movimento das mulheres. Ele as incentiva a reivindicar uma maior segurança jurídica para essa nova situação em que a vida as colocou. No entanto, o movimento seria inútil e insuficiente se, além do anseio por melhorar e consolidar a situação financeira feminina, não houvesse nele a busca por novos valores morais. Afinal, a nova mulher deve descobrir por si mesma bases éticas e sensíveis.

---

[*] Tradução de Gabriella Oliveira. (N. E.)

Anteriormente, as principais virtudes da mulher eram a submissão, a passividade e a placidez, definindo-se, assim, a identidade feminina. No entanto, mesmo quando a família e a vida cotidiana a cercavam como uma forte parede, ainda assim a pobre Gretchen* se tornava vítima de seu poético desamparo. Nos dias de hoje, quando ela já não se encontra em casa, atrás da roda de fiar, mas atirada na garganta negra da fábrica, tal desamparo transforma-se para ela em uma maldição, frequentemente desprovida de qualquer poesia. Uma vez desperta, a consciência feminina combate essa maldição. Seria mais adequado dizer que a consciência não despertou, mas ainda está despertando. Pois não é fácil encontrar um caminho até a formação de um novo caráter feminino por entre intrincados labirintos, preconceitos, tradições e reminiscências do passado, que talvez tenham sido úteis em algum momento, excepcionalmente, para aquela cultura masculina na qual vivia a humanidade.

A esse respeito, a literatura, que indica novos caminhos e padrões, ainda não nos ajudou...

Nesse ínterim, o desenvolvimento interno do "eu" feminino demanda uma percepção renovada da feminilidade. De fato, a nova mulher não quer perdê-la, mas sim expandi-la e emancipá-la. Na estrutura social criada pelos homens, muito se fazia pela defesa da dignidade e dos interesses do sexo masculino. Por isso, a mulher moderna frequentemente é obrigada não apenas a assumir a defesa de suas necessidades e direitos, mas a fazê-lo com aquele caráter incisivo proveniente da longa desconsideração deles.

Ao mesmo tempo, o conhecimento científico e o hábito de pensar e analisar – característica essencial a qualquer ser humano realmente letrado, tanto homens como mulheres – fatalmente suscitam um olhar mais atento e profundo para as contradições da vida.

Se antes a beleza interior consistia na capacidade de tolerar aquela noção de *"estou à disposição do outro e lhe serei fiel para sempre"*, agora o conceito de fidelidade está se renovando: só se quer ser fiel a si mesmo e proteger a integridade e dignidade de sua pessoa.

O conhecimento, com todas as alegrias puras que traz, uma vez que toca a alma humana, une-a a algo grandioso, universal.

Até agora, a mulher experimentava isso apenas por meio da religião, já que os caminhos das ideias estavam fechados para ela. Hoje

---

* Personagem de *Fausto*, de autoria de J. W. Goethe. A passagem em questão refere-se ao poema "Gretchen am Spinnrade" [Gretchen na roda de fiar]. (N. T.)

em dia, madame Curie* é capaz de viver a mesma sensação satisfatória do processo criativo que vivenciou, por exemplo, Kropótkin**, quando, de pé sobre um ermo planalto no leste da Sibéria, criou novas hipóteses geográficas.

Frequentemente tivemos de escutar e, por vezes, aceitar com amargura aquela ideia de que existe uma lógica feminina diferenciada. Tal discurso sempre soou como uma reprimenda, como se indicasse um dos obstáculos erguidos diante da mulher pela própria natureza. E as mais francas das mulheres percebiam por elas mesmas que seu modo de apreensão das ideias era diferente do de seus companheiros do sexo masculino. Em outros aspectos, abraçando mais de perto os recônditos do subconsciente, o intelecto da mulher opera sempre mais propenso às suposições, aos impulsos e ao não dito. Por muito tempo pareceu que isso era um defeito, talvez fatídico – apenas um entrave a dificultar nosso progresso –, até que surgiram psicólogos de uma nova escola que mostraram o enorme valor intuitivo (semiconsciente) do processo reflexivo para a atividade criativa.

Depois de James e, particularmente, de Bergson***, não temos nada a temer no que se refere à expressão "lógica feminina", cientes de que em sua raiz repousa justamente a intuição restaurada por esses intelectuais. Ainda assim, devemos nos esforçar para garantir que nossa lógica seja imbuída de uma intuição ativa, e não apenas perceptiva! Em seguida, introduziremos na ciência a contribuição de uma distinta feminilidade. E, ao entrarmos na sociedade, devemos inserir

---

* Marie Curie (1867-1934) foi uma cientista polonesa naturalizada na França que descobriu e isolou os elementos rádio e polônio. Foi a primeira mulher a ser laureada com um prêmio Nobel e a primeira pessoa a ganhar o prêmio duas vezes, em campos distintos: física e química. (N. T.)

** Piotr Kropótkin (1842-1921) foi um anarquista revolucionário, geógrafo e geomorfólogo russo. Foi criador da ideologia anarco-comunista e um dos teóricos mais influentes do anarquismo. No campo da geomorfologia, pesquisou a estrutura tectônica da Sibéria, da Ásia Central e do período glacial. (N. T.)

***William James (1842-1910) foi um filósofo e psicólogo norte-americano que contribuiu para a fundação da psicologia funcional. Já Henri Bergson (1859-1941) foi um filósofo francês laureado com o prêmio Nobel de Literatura em 1927. Ambos propuseram que a intuição funciona de forma associativa, por meio da apreensão imediata da realidade, sem a mediação de ferramentas lógicas do entendimento. Expoente da filosofia intuicionista, Bergson foi além, propondo a intuição como método na filosofia e questionando a análise enquanto conhecimento filosófico que reduz o objeto a elementos já conhecidos. (N. T.)

A REVOLUÇÃO DAS MULHERES

nela novas iniciativas, mas também nos voltar para aqueles atributos da feminilidade dócil e cuidadosa que antes a mulher apresentava principalmente no círculo íntimo e familiar.

O movimento das mulheres, que intensifica em nós instintos de solidariedade e senso de comunhão dos interesses humanos, as ensina não somente a reivindicar e defender seus direitos, mas também a respeitar os direitos alheios.

Essa honrosa mas difícil tarefa cabe às mulheres modernas. A principal brecha foi aberta: a mulher trabalha, luta e, mais importante, pensa do mesmo modo que os homens. Todas essas novas possibilidades que se apresentaram diante da mulher moderna propiciam o direito de exigir dela todas as altas demandas. A educação e o conhecimento continuariam burocráticos se por trás deles não se escondesse o anseio por maiores proventos. E não apenas para que a mulher moderna estude, visando conseguir seu ganha-pão, nem mesmo pelo puro prazer do processo reflexivo. Lá nas profundezas da alma feminina deve existir a consciência de que o hábito de analisar e sintetizar irá ajudá-la a encontrar uma saída para as discrepâncias da vida, que abalam e violam as próprias bases da existência humana...

E a luta da mulher atual – já acostumada com a corrente cristalina do conhecimento – pelo direito à plena subsistência, não é apenas contra a imperfeição da configuração masculina de vida. É também um embate contra aquela ilusão diabólica de uma liberdade superficial, que não se baseia em nenhum valor intrínseco, e que foi introduzida no meio feminino por novos padrões de vida.

Fonte: Изменение женской психологии за последние сто лет [A transformação psicológica da mulher ao longo dos últimos cem anos], em *Труды Первого Всероссийского съезда по образованию женщин/ Trúdi Pérvogo Vssierossískogo siézda po obrazovániu jénschin* [Trabalhos do I Congresso Nacional sobre a Formação das Mulheres], São Petersburgo, 1914-1915.

145

ALEKSANDRA MIKHÁILOVNA KOLLONTAI
(1872-1952)

Retrato de
Aleksandra M.
Kollontai quando
jovem, em data
desconhecida.

ALEKSANDRA MIKHÁILOVNA KOLLONTAI (1872–1952) • Nascida em São Petersburgo, em uma família aristocrática, foi escritora, jornalista, revolucionária e política. Estreou na imprensa em 1898; deixou vasta obra, entre artigos, memórias e ficção, também sob os pseudônimos A. Domontóvitch (seu nome de solteira), Elina Malin e Mikháilova.

Filiou-se ao Partido Operário Social-Democrata Russo em 1899. Após testemunhar o Domingo Sangrento na Rússia, participou da Revolução de 1905. Devido à publicação de um artigo em que conclamava os finlandeses a lutar contra a ocupação russa, foi exilada em 1908, mudando-se para a Europa. Participou de conferências e realizou campanhas em vários países contra a Primeira Guerra Mundial.

Após retornar à Rússia, atuou no Comissariado do Povo para a Assistência Pública, em 1917, e foi a primeira mulher a ocupar um cargo no governo. Foi uma das organizadoras do I Congresso de Mulheres de Toda a Rússia; em 1919, criou, com Inessa Armand, o Jenotdiél, Departamento de Mulheres. Participou do conselho editorial da *Kommunítska*, revista do órgão, contribuindo com a conquista das mais avançadas leis de direitos de mulheres da época.

Crítica em relação ao Partido Comunista, colaborou, em 1921, com a fundação da Oposição Operária, que logo seria destituída. Em 1923, ela foi a segunda mulher da história a se tornar embaixadora, na Noruega, no México e na Suécia.

A MULHER TRABALHADORA NA SOCIEDADE CONTEMPORÂNEA[*]

"A questão feminina", dizem as feministas, "é questão de 'direito e justiça'". "A questão feminina", respondem as proletárias, "é questão de um 'pedaço de pão'". A questão e o movimento femininos surgiram, afirmam as burguesas, no momento em que a vanguarda consciente, na luta pela emancipação das mulheres, manifestou-se abertamente em defesa de seus espezinhados interesses e direitos. Tal questão se apresentou, respondem as proletárias, quando milhões de mulheres foram lançadas no mercado de trabalho pelas mãos do todo-poderoso Moloch – o capital –, quando elas atenderam, obedientes e apressadas, ao melancólico apito das fábricas e passaram a se amontoar em frente aos seus portões, disputando os salários com os próprios maridos e pais... O que expulsou essas mulheres de casa foi o choro dos filhos famintos, os olhares aflitos de pais esgotados, a doença do arrimo da família, a própria miséria, a pobreza... O capital lançava suas redes cada vez mais longe. E a mulher se atirou impetuosamente às portas do inferno das fábricas que se abriam, hospitaleiras, diante dela.

Enquanto a mulher não tomava parte direta na produção de mercadorias, enquanto sua atividade se limitava principalmente à manufatura de "produtos de uso doméstico", não podia haver nem sombra da questão feminina como ela é colocada hoje. Mas, a partir do momento em que a mulher pôs os pés na estrada do trabalho, em que o mercado mundial reconheceu seu trabalho, que para a sociedade ela passou a significar uma unidade de trabalho por si só, a secular ausência de direitos na sociedade, a antiga escravização no seio da família, os velhos grilhões que restringiam sua liberdade de movimento tornaram-se para ela duplamente pesados, duplamente insuportáveis...

---

[*] Tradução de Denise Sales. (N. E.)

A REVOLUÇÃO DAS MULHERES

Não foi por causa do repentino amadurecimento de um anseio por bens espirituais nem em razão de aspirações à ciência e ao saber que a questão feminina se tornou eminente; ela surgiu como consequência inevitável do choque entre as formas petrificadas da vida em sociedade e as novas relações de produção, choque esse que despertou também a pauta mais séria de nossos dias – a pauta do trabalho.

Aqueles que lutam pela igualdade de direitos das mulheres supõem em vão que as portas da atividade profissional e do trabalho começaram a se abrir para elas à medida que crescia a sua autoconsciência; o despertar das mulheres, o amadurecimento de suas reivindicações e desejos específicos acontecem apenas quando elas se juntam ao exército da população trabalhadora. E tal exército se expande sem parar.

Em países como França, Inglaterra e Alemanha, nos últimos dez a quinze anos o número de trabalhadoras autônomas atingiu, em cada um deles, mais de 1 milhão. Na América, nos últimos 26 anos, o trabalho feminino cresceu 117%.

O trabalho das mulheres tornou-se fator importante e *imprescindível* na vida doméstica: um terço dos valores que compõem o mercado mundial é produzido por mãos femininas.

O capital precisa de mão de obra barata e cada vez mais atrai para si novas forças de trabalho femininas. No entanto, enquanto a mulher burguesa passa orgulhosa e de cabeça erguida pela porta das profissões intelectuais que se abre diante dela, a mulher proletária se curva ao destino e entra na linha de produção industrial. As proletárias há muito amaldiçoam a tão decantada liberdade adquirida no trabalho e na profissão, essa mesma liberdade que as mulheres burguesas estão começando a conquistar. Na época em que estas permaneciam no conforto de suas conchas domésticas, vivendo bem por conta de pais e maridos, aquelas há longos anos carregavam a pesada cruz do trabalho assalariado. Em meados do século XIX, a burguesa dá seus primeiros e tímidos passos rumo à libertação financeira; ela *bate* insistentemente à porta de universidades, oficinas artísticas, escritórios. Enquanto isso, a sua "irmã mais nova", a proletária, tendo experimentado todo o horror da exploração capitalista, da força de trabalho, exige do governo alguma intervenção no campo da "liberdade contratual" entre o capital e o trabalho. Não é a liberdade de trabalhar que ela alcança, mas a normatização do dia de trabalho, a proibição do expediente noturno e outras medidas que determinam um limite à ávida utilização da força

151

de trabalho feminina pelo capital. A proletária não só foi a primeira a ingressar no mundo do trabalho como continua a reinar nele em termos numéricos. Na Áustria, entre as mulheres que trabalham de modo independente, há 5,31 milhões de proletárias e 935 mil burguesas; na Alemanha, são 5,293 milhões de proletárias e 180 mil mulheres em profissões liberais; na França, 3,584 milhões de proletárias para apenas 300 mil mulheres da *intelligentsia*, e assim por diante.

Mas no sistema de produção capitalista contemporâneo o trabalho não se configurou como fator de libertação da trabalhadora: ele despejou mais uma carga sobre seus ombros enfraquecidos, acrescentou um novo fardo às obrigações de mãe e dona de casa – o fardo do trabalho assalariado. Sob o peso extenuante dessa carga inédita, curvam-se e arruínam-se centenas de milhares de mulheres.

Não há tarefa repugnante nem seção de trabalho nociva em que não encontremos uma abundância de trabalhadoras. Quanto piores as condições, quanto mais baixos os salários, quanto mais longa a jornada, mais se empregam mulheres. Menos exigente do que o homem, oprimida há séculos, tocada pela fome, a mulher concorda com as condições mais aviltantes, mais inferiores... Será preciso descrever o inferno no qual ela se precipita ao ingressar nas fábricas, nas atuais condições de produção? Será preciso contar como milhões de mulheres, dia após dia, são expostas à influência destrutiva de substâncias nocivas? Será preciso explicar como a jornada excessivamente longa rouba-lhes a saúde, soterra-lhes a juventude e a própria vida? O inferno das fábricas: o estrondoso retinir das máquinas, as nuvens de fumaça suspensas no ar, a atmosfera saturada de odores insuportáveis, os gritos grosseiros dos mestres, as propostas indecorosas dos administradores, as revistas de inspeção e as multas – diante desse horror, todas as desgraças do inferno dantesco parecem sedutora fantasia do poeta... E em casa? O que espera a trabalhadora após o nefasto ambiente de trabalho? Talvez, quem sabe, uma cama macia em um cômodo confortável, um jornal liberal sobre a mesa, um ingresso para a estreia de Komissarjevskaia[*]? Nada disso: uma moradia apertada, apinhada de gente, uma atmosfera sepulcral, sem nenhum ar fresco, o choro incômodo dos filhos famintos dos vizinhos, a comida dormida e uma longa noite de pesadelos no estreito catre para dois.

---

[*] Referência a Vera Fiódorovna Komissarjévskaia (1864-1910), famosa atriz russa. (N. T.)

Assim descansa a proletária, assim ela recupera as forças consumidas na produção de novos bens para os senhores capitalistas. E quando ela tem uma família para cuidar? Quando crianças pequenas esperam em casa? Sem tempo nem mesmo para aprumar a coluna depois do trabalho na indústria, a mulher é obrigada a cuidar do minucioso trabalho doméstico... Seus membros cansados doem, sua cabeça pesada pende... Não há descanso para a mãe trabalhadora profissional.

É nisso que se resume a exaltada liberdade de trabalhar adquirida pela mulher e sobre a qual tanto se debruçam as feministas? Essas mulheres imaginam ter encontrado a chave da felicidade feminina. Mas o que elas oferecem à proletária?

O que elas fizeram para livrar a trabalhadora da carga de trabalho excessiva? Será que as defensoras da libertação feminina conseguem apontar pelo menos um fato que comprove alguma tentativa de aliviar a pesada luta da irmã mais nova por meio da proteção do trabalho, cuja existência as feministas tanto estimularam?

Aquilo que as proletárias alcançaram em termos de elevação de sua condição econômica se deve, acima de tudo, aos esforços conjuntos da classe trabalhadora e, em especial, a si próprias.

A história da luta das trabalhadoras por melhores condições de trabalho, por uma vida tolerável, é a história da luta do proletariado por sua libertação.

Em geral, o que, além do pavor diante da temível explosão de insatisfação do proletariado, obriga donos de fábricas a aumentar o valor do salário, a reduzir a jornada diária, a introduzir condições trabalhistas mais toleráveis? O que, além do medo de "levantes dos trabalhadores", faz com que o governo acelere a determinação de meios legais para limitar a exploração do trabalho pelo capital?

A legislação trabalhista é um dos recursos mais radicais de defesa dos interesses do proletariado. Mas será que o movimento feminista foi responsável, mesmo que indiretamente, por pelo menos uma das leis de proteção ao trabalhador? Basta lançar um rápido olhar à história da criação e do desenvolvimento da legislação trabalhista de vários países para se convencer de que esses atos reguladores despertaram pouca simpatia nas esferas feministas e que seu surgimento se deve claramente ao crescente vigor do movimento proletário.

A trabalhadora curva-se sob o peso da família, esgota-se sob a tripla jornada: trabalhadora profissional, dona de casa e mãe. E o que lhe propõem as feministas? Que saída, que alívio buscam para ela?

"Jogue fora antigos preceitos morais", sugerem elas à irmã mais nova, "torne-se uma amante livre e uma mãe livre. Adote nosso bordão – amor livre, liberdade de amar e direito à maternidade".

Como se há muito tempo esses bordões não tivessem se tornado demasiado reais para a mulher da classe trabalhadora! Como se, por força das condições sociais que a cercam, em que todo o fardo da maternidade recai sobre os ombros enfraquecidos da proletária "trabalhadora autônoma", o amor livre, a liberdade de amar e a maternidade não fossem para ela fonte inexplicável de novos sofrimentos, preocupações, dissabores! Como se toda a questão estivesse nas formas ritualísticas externas, e não nas relações socioeconômicas da sociedade, que determinam as complexas obrigações familiares da mulher proletária!

A questão matrimonial e familiar, não importa se sacramentada pela igreja, oficializada pelo juiz ou construída com base em um acordo informal, só deixaria de ser crucial para a maioria das mulheres se, e apenas se, a sociedade retirasse de suas costas todas as minuciosas tarefas domésticas (inevitáveis, em virtude da existência de lares individualizados e desarticulados), se a sociedade tomasse para si as preocupações com a nova geração, se protegesse a maternidade e devolvesse a mãe à criança em seus primeiros meses de vida.

"O casamento é a face visível da medalha da questão dos sexos", diz Bebel[*], "a outra face é a prostituição". Essa é o apêndice inevitável da família burguesa contemporânea, é fruto obrigatório do sistema de exploração no qual milhões de mulheres são forçadas a viver de seus próprios ganhos – de valor suficiente para que não morram de fome, mas insuficiente para uma vida digna.

Nos nossos dias, a prostituição atinge dimensões tão colossais que ultrapassam os limites conhecidos pela humanidade, inclusive em períodos de maior decadência espiritual. Em Londres, calcula-se que haja mais de 250 mil prostitutas; em Paris, 100 mil; em São Petersburgo, de 30 mil a 50 mil. Dezenas de milhares de mulheres são levadas a esse espinhoso caminho pela penúria, pela orfandade, pela miséria...

Será preciso descrever todos os horrores de ser obrigada a vender o próprio corpo? Será preciso demonstrar de novo que os princípios da prostituição estão profundamente enraizados na economia, que essa horrível chaga da sociedade de classes contemporânea

---

[*] August Bebel (1840-1913), eminente marxista alemão, autor do livro *Die Frau und der Sozialismus* [A mulher e o socialismo]. (N. T.)

A REVOLUÇÃO DAS MULHERES

se esconde inteiramente na crescente insuficiência de recursos das forças de trabalho femininas?

É terrível pensar que são levadas à prostituição não apenas moças solitárias, abandonadas por seus amantes, como se costuma pensar, mas, não raramente, esposas legítimas de operários, camponeses e artífices, que só assim conseguem garantir a sobrevivência de seus próximos.

O atual sistema capitalista explorador empurra a mãe, em nome da criança, e a criança, em nome da mãe, ao caminho do "ofício vergonhoso". Nem mesmo a tenra idade infantil consegue preservar os filhos da classe trabalhadora das pretensões predadoras da indiferente depravação burguesa.

Em Moscou, de 957 prostitutas interrogadas, uma ingressou nessa profissão aos 11 anos; cinco, aos 12 anos...

Em Paris, a idade da maioria das prostitutas varia de 18 a 23 anos. Nos antros mais refinados de Nápoles, são mantidas menores de 15 anos. Em Londres, há casas com prostitutas de idade inferior a 14 anos.

Mas ainda são crianças! Tão crianças quanto aquelas que se sentam nos bancos escolares, para as quais nas famílias burguesas se contrata um grupo inteiro de preceptoras e professoras e cuja correta higiene do corpo e da alma gera preocupações, tratados, conversas...

Então, o que propõem as feministas na luta contra esse mal que desmoraliza a sociedade? Que medidas elas sugerem para o esclarecimento de suas irmãs mais novas? Talvez, quem sabe, um salário mais alto, mais horas de lazer para a mulher trabalhadora, sua participação na luta de classe do proletariado pela própria emancipação, luta que, como poderoso impulso moral, eleva e liberta a alma da mulher e serve de firme apoio na luta pela sobrevivência? Não, nada disso! Dois ou três abrigos para madalenas arrependidas, algumas associações para a educação espiritual e moral das trabalhadoras e, no melhor dos casos, a luta contra a regulamentação [da prostituição]. Enquanto as feministas mais sinceras continuarem a construir casas de apoio para madalenas e a lutar contra as inspeções médicas e policiais, o capital, defendendo incansavelmente os próprios negócios, lançará no mercado, dia após dia, mais e mais vítimas da "paixão social".

Enxotada para o subsolo ou descaradamente exposta para exibição, a prostituição continuará a envenenar a atmosfera social, servindo de fonte de satisfação para alguns, levando doenças, desespero e dor a outros... Nessa questão, assim como em todos os aspectos tenebrosos de sua vida, resta à mulher esperar pela libertação apenas a partir do crescente poder da classe trabalhadora. Somente o proletariado tem forças para pôr fim a essa hidra de cem cabeças dos nossos dias... Lutar contra a prostituição significa não apenas destruir a sua regulamentação atual, mas combater as bases do sistema capitalista, fazer todo o possível para extinguir a divisão de classes na sociedade, abrir caminho rumo a novas formas de convivência entre os seres humanos.

No entanto, a proletária sofre não apenas como aquela que vende a sua força de trabalho, dirão as burguesas defensoras da igualdade de direitos da mulher, mas sofre também como mãe e esposa: subjugam-na a falta de direitos na sociedade e a submissão ao homem. E, nesse caso, é impossível que os interesses de todas as mulheres não coincidam. "Igualdade de direitos das mulheres em relação aos homens da sua própria classe" – o que a divisa favorita das feministas pode dar à mulher, a não ser igualdade com os seus camaradas proletários, também desprovidos de direitos? A quem o diploma de médico, o uniforme de funcionário público ou até uma pasta ministerial serão dados, se não às próprias burguesas, às quais esses sedutores "bens" são acessíveis?

Plenos direitos políticos? Sim, a trabalhadora precisa deles ainda mais do que a burguesa. Direitos políticos para a trabalhadora: essa é uma arma poderosa na luta pela libertação. Mas será que essa reforma, ainda que tão radical, será que esse ponto culminante dos ardentes desejos feministas libertará a proletária do abismo de sofrimentos e males que a perseguem tanto como mulher quanto como vendedora da própria força de trabalho? Não! Enquanto a mulher for obrigada a vender a sua força de trabalho e a suportar o jugo do capitalismo, enquanto os meios atuais de exploração destinados à produção de novos valores seguirem vivos, enquanto houver tudo isso, a mulher que escolhe o próprio marido apenas pelas inclinações de seu coração ou a mãe que olha sem medo para o futuro de seus filhos não serão livres nem independentes... Obviamente, isso não significa que os partidários do socialismo científico "adiem" a solução do tema da igualdade de direitos das mulheres até o surgimento do socialismo, como acusam as feministas; não significa que eles não querem lutar pela emancipação da mulher dentro do que é possível nos moldes do mundo burguês contemporâneo. Pelo contrário, não há um único partido no mundo que tenha se dedicado com mais amor e atenção

A REVOLUÇÃO DAS MULHERES

aos interesses das mulheres e que tenha feito tanto para a sua libertação em todos os aspectos quanto o partido dos trabalhadores, fundado no ponto de vista do socialismo científico. Profundamente convencido de que a completa emancipação feminina será possível apenas em uma sociedade reformada de modo radical, apesar disso, esse partido exige a satisfação das necessidades imediatas das mulheres:

1. a supressão de todas as leis que subordinam a mulher ao homem;
2. o direito de votar e ser votada em todas as instituições legislativas e órgãos da administração local com base em uma eleição geral, igualitária, secreta e direta;
3. a definição de leis de proteção ao trabalho:
   a) ampliação da legislação trabalhista a todos os setores da indústria, da agropecuária, do trabalho e dos serviços domésticos;
   b) determinação da jornada de trabalho de, no máximo, oito horas na indústria e no comércio e de dez horas no trabalho rural durante o verão;
   c) pleno descanso semanal (não menos de 42 horas);
   d) descanso de meio dia aos sábados;
   e) revogação do trabalho noturno e das horas extras;
   f) proibição do trabalho feminino em linhas de produção especialmente prejudiciais ao organismo da mulher e em setores que utilizam mercúrio, fósforo, chumbo e outras substâncias venenosas;
   g) melhoria das condições técnicas, sanitárias e de higiene no trabalho em oficinas e pequenos estabelecimentos;
   h) proibição de meios de trabalho que sejam prejudiciais ou perigosos para a mãe e a sua descendência (carregar peso, operar máquina a pedal etc.);
   i) ampliação das inspeções fabris a todos os setores, inclusive os serviços domésticos; designação de mulheres como inspetoras fabris e garantia da participação de trabalhadores e trabalhadoras eleitos durante as inspeções.
4. proteção à maternidade:
   a) estabelecimento do descanso obrigatório para grávidas: oito semanas antes e oito semanas depois do nascimento da criança, com recebimento de recursos no valor da renda integral do caixa de seguro estatal;
   b) auxílio médico e obstetrício gratuito no período da gestação e do parto;

c) liberação das trabalhadoras com crianças de peito pelo período de meia hora, a cada duas horas;

d) destinação de um espaço nas grandes corporações para a alimentação das crianças de colo e para creches; no caso de corporações de médio porte, cada bairro deve providenciar esses locais;

e) administração das creches pelas mães;

f) organização de cursos para ensinar as mães a cuidar de seus filhos;

g) destinação de espaços para grávidas e recém-nascidos, administrados por órgãos locais e que contem com a distribuição gratuita de leite saudável às mães que não tenham condições de alimentar a criança com o próprio leite.

5. no campo das relações familiares e da luta contra a prostituição, exigimos:

a) revogação da regulamentação da prostituição e luta contra esta, com a ajuda da melhoria da condição econômica da classe trabalhadora e do amplo engajamento das mulheres no movimento da classe proletária;

b) exigência de um tipo especial de moradia para as esposas até a substituição do atual sistema de controle do local de residência;

c) destinação às administrações rurais e urbanas locais da responsabilidade pela construção de residências baratas e salubres para as famílias dos trabalhadores e para trabalhadoras e trabalhadores solteiros;

d) desenvolvimento do movimento cooperativo, de modo que ele alivie a trabalhadora na condução das tarefas domésticas. A condição imprescindível para o atendimento de todas as reivindicações relativas à habitação é a plena liberdade de sindicatos, assembleias, imprensa, expressão e greve.

Será que as defensoras da igualdade de direitos assinam a maioria dessas reivindicações? As burguesas falam constantemente da unidade dos interesses das mulheres, da necessidade da luta conjunta. E esse congresso, a primeira reunião de representantes do "belo sexo" na Rússia, tem o objetivo de agregar em torno da bandeira feminina geral todas as mulheres de diferentes classes e partidos. Mas onde está tal bandeira?

O mundo feminino, assim como o masculino, está dividido em dois campos: um deles, por seus objetivos, aspirações e interesses, liga-se às classes burguesas; o outro está estreitamente relacionado ao proletariado, cujos esforços de libertação abrangem igualmente a solução da questão da mulher em toda a sua completude. E os objetivos, interesses e formas de luta são diferentes para as duas categorias desses grupos que lutam pela libertação da mulher.

O objetivo das feministas é acomodar as mulheres (principalmente, é claro, aquelas de determinada categoria social) no atual mundo da exploração, no mundo das "lágrimas e gemidos". Já o objetivo das proletárias é substituir a sociedade de classes antiga e antagônica pelo novo e radiante tempo do trabalho e da solidariedade entre irmãos.

Mas ao destruir os grilhões do capitalismo, a trabalhadora abre o caminho para a nova mulher, para a cidadã, mãe e amante livre.

Que as burguesas não convoquem para suas fileiras a igualdade de direitos das trabalhadoras, que não contem com as mãos destas a fim de conquistar para si os bens sociais que hoje são patrimônio exclusivo de alguns homens burgueses. Ao se apartar de suas companheiras, ao renunciar às suas tarefas de classe, a proletária deixaria de ser uma força social, que agora é considerada até mesmo pela "política real"... Somente permanecendo nas fileiras da própria classe, somente travando combate pelos ideais e interesses de toda a classe trabalhadora, a mulher trabalhadora poderá defender os seus direitos e interesses femininos.

E então, simultaneamente a toda a classe trabalhadora, em uma sociedade reformada com base na vitória: a libertação, como vendedora da própria força de trabalho, das correntes e da escravidão do capitalismo e o seu fortalecimento geral como pessoa e ser humano...

Fonte: Женщина-работница в современном обществе [A mulher trabalhadora na sociedade contemporânea], em *Труды Первого всероссийского женского съезда/ Trúdi Pérvogo vssierossískogo jénskogo siézda* [Trabalhos do I Congresso de Mulheres de Toda a Rússia], São Petersburgo, 10-16 dez. 1908.

O DIA DA MULHER*

O que é o "dia da mulher"? Ele é necessário? Não seria uma concessão às mulheres da classe burguesa, às feministas, às sufragistas? Isso não prejudica a unidade do movimento trabalhador?

Essas questões ainda são ouvidas na Rússia, mas não mais no exterior. A própria vida deu a elas uma resposta clara e eloquente.

O "dia da mulher" é um elo da longa e sólida corrente do movimento de mulheres trabalhadoras. Ele está crescendo, o exército organizado das trabalhadoras aumenta a cada ano. Há vinte anos, as trabalhadoras se uniam em pequenos grupos nos sindicatos e eram apenas manchas claras e solitárias nas fileiras dos partidos dos trabalhadores... Agora, na Inglaterra, há mais de 292 mil trabalhadoras nos sindicatos; na Alemanha, há aproximadamente 200 mil no movimento sindical e 150 mil no partido trabalhista; na Áustria, 47 mil nos sindicatos e quase 20 mil no partido. Na Itália, Hungria, Dinamarca, Suécia, Noruega e Suíça, as mulheres da classe trabalhadora estão se organizando por toda parte. O exército de mulheres socialistas chega a quase 1 milhão. Isso é que é força! E os poderes do mundo devem contar com elas quando se trata do aumento do custo de vida, da segurança da maternidade, do trabalho infantil, das leis que protegem a mão de obra feminina.

Houve uma época em que os trabalhadores acreditavam que tinham de carregar sozinhos em seus ombros o peso da luta contra o capital, que tinham de vencer o "velho mundo" eles mesmos, sem a participação feminina. Mas à medida que a mulher da classe trabalhadora se juntava às fileiras dos vendedores da força de trabalho, pressionada pela necessidade, pelo desemprego do marido ou do pai, aprofundava-se a consciência trabalhadora de que deixar a mulher para trás, nas fileiras dos "inconscientes", significa prejudicar sua

---

* Tradução de Cecília Rosas. (N. E.)

A REVOLUÇÃO DAS MULHERES

causa, estagná-la. Quanto mais consciente for o lutador, mais certa será a vitória. E qual é a consciência da mulher que fica no fogão, que não tem direitos na sociedade, no governo, na família? Ela não tem seu próprio "pensamento"! Faz tudo como manda o pai ou marido...

Não, o atraso e a falta de direitos da mulher são desfavoráveis, o embrutecimento e a indiferença em relação a ela são diretamente prejudiciais à classe trabalhadora. Mas como atrair a trabalhadora para o movimento, como despertá-la?

A social-democracia estrangeira não encontrou o caminho correto de forma imediata. As portas das organizações trabalhistas estavam amplamente abertas para as trabalhadoras, mas elas raramente entravam. Por quê?

Porque a classe trabalhadora não entendeu de imediato que a mulher trabalhadora é o membro mais destituído de direitos, o mais desafortunado da classe. Que por séculos ela foi intimidada, acuada, perseguida; que para despertar seu pensamento, para que seu coração bata mais alto e mais alegre é preciso encontrar palavras particulares, compreensíveis para ela enquanto mulher. Os trabalhadores não perceberam imediatamente que, nesse mundo de exploração e de falta de direitos, a mulher é oprimida não só como vendedora da força de trabalho, mas também como mãe e mulher... Mas quando o partido socialista trabalhador entendeu isso, entrou com ousadia em sua dupla defesa: das mulheres como trabalhadoras contratadas e das mulheres como mães.

Em todos os países, os socialistas começaram a exigir a proteção do trabalho feminino, a garantia e a segurança da maternidade e da infância, direitos políticos para as mulheres, a defesa dos interesses delas.

E quanto mais nitidamente o partido trabalhista entendia essa segunda tarefa em relação às trabalhadoras, com mais vontade as mulheres ingressavam nas fileiras do partido, mais claro ficava para elas que ele é seu defensor verdadeiro, que a classe trabalhadora também luta por elas, pelas dolorosas necessidades puramente femininas. As próprias trabalhadoras, organizadas e conscientes, dedicaram-se muito à elucidação dessa tarefa. Agora, o trabalho principal para a chamada de novas integrantes trabalhadoras para o movimento socialista repousa sobre as mulheres. Os partidos de todos os países têm seus comitês, secretarias, *bureaus* especiais para elas. Tais comitês femininos, de um lado, conduzem as ações entre a massa de mulheres pouco engajadas da classe trabalhadora, despertam a consciência das trabalhadoras, trazem-nas para a organização. De outro lado, examinam as questões e exigências que dizem respeito às mulheres em primeiro lugar: segurança e garantia de direitos da parturiente, regulação legislativa do trabalho da mulher, luta contra a prostituição e a mortalidade infantil, exigência de direitos políticos para as mulheres, melhoria das condições de habitação, luta contra o aumento do custo de vida etc.

Dessa forma, como membros do partido, as trabalhadoras lutam por questões comuns às classes, mas também traçam e apresentam reivindicações e exigências que, antes de tudo, lhes dizem respeito enquanto mulheres, donas de casa e mães. E o partido apoia essas demandas e luta por elas... Pois as reivindicações das trabalhadoras são causas de todos os trabalhadores!

No dia da mulher, as trabalhadoras organizadas protestam contra sua falta de direitos.

Mas, dirão alguns, por que há essa *separação* das trabalhadoras? Por que há um "dia da mulher", panfletos especiais para as trabalhadoras, reuniões, assembleias de mulheres da classe trabalhadora? Não é uma concessão às feministas e sufragistas?

Só pode pensar assim quem desconhece a diferença radical entre o movimento das socialistas e o das sufragistas burguesas.

A que aspiram as feministas? Aos mesmos privilégios, ao mesmo poder, ao mesmo direito que agora possuem seus maridos, pais e irmãos na sociedade capitalista.

A que aspiram as trabalhadoras? À destruição de todos os privilégios de nascimento ou de riqueza. Para as trabalhadoras, tanto faz quem tem o poder de ser "patrão": se é homem, se é mulher. Junto com toda sua classe, elas podem tornar mais leve sua situação de trabalhadoras.

As feministas exigem igualdade de direitos sempre e em todos os lugares. As trabalhadoras respondem: exigimos direitos para todos os cidadãos e cidadãs, mas não permitimos esquecer que não somos apenas trabalhadoras e cidadãs, somos mães! E como mães, como mulheres – portadoras do futuro –, reivindicamos um cuidado particular conosco e com nossos filhos, uma defesa específica do governo e da sociedade.

As feministas lutam por direitos políticos. Mas aqui também os caminhos se separam.

Para as mulheres burguesas, os direitos políticos são apenas uma forma possivelmente mais cômoda e sólida de encontrar um lugar em um mundo construído sobre a exploração dos trabalhadores. Para as mulheres trabalhadoras, é um degrau da escada difícil e pedregosa que leva ao desejado reino do trabalho.

O caminho das trabalhadoras e o das sufragistas burguesas já se separaram há muito tempo. Os objetivos que a vida propõe são muito diferentes para umas e outras; os interesses das trabalhadoras e os das patroas, os das empregadas e os das "senhoras" são muito contraditórios... Não há nem pode haver ponto de contato, conciliação, união... Por isso, nem um dia da mulher, nem assembleias especiais de trabalhadoras, nem um jornal exclusivo para elas devem assustar os trabalhadores.

O trabalho destinado às mulheres da classe trabalhadora é apenas uma forma de despertá-las, de incorporá-las às fileiras de quem luta por um futuro melhor... O dia da mulher e todo o esforço meticuloso e lento para promover a autoconsciência de classe nas trabalhadoras não provocam uma cisão, mas uma união da classe operária.

Deixem que, com o sentimento de alegria de servir a uma questão comum às classes e de lutar junto com elas por sua libertação feminina, as trabalhadoras participem do dia da mulher.

Fonte: Женский День [O dia da mulher], em *Pravda/ Правда* [Verdade], São Petersburgo, n. 40, 17 fev. 1913.

NA RÚSSIA TAMBÉM HAVERÁ
UM DIA DA MULHER![*]

Em 1910, na II Conferência de Mulheres, em Copenhague, foi tomada a decisão de que todos os países comemorarão anualmente um dia da mulher socialista. Esse dia deve ser uma demonstração de solidariedade entre as proletárias e uma afirmação de sua disposição para a luta por um futuro melhor.

Em outra época, parecia impossível levar essa decisão adiante na Rússia. Foi o período mais difícil da depressão geral. Teve início uma reação vingativa triunfante. As organizações trabalhadoras foram derrotadas. Os líderes encheram as prisões ou buscaram asilo do outro lado da fronteira... Não restou um único jornal socialista, nenhuma possibilidade de reunir forças. A inofensiva União de Trabalhadoras do Ensino Geral, na cidade de São Petersburgo, foi perseguida e depois liberada. As integrantes do comitê, moças trabalhadoras cheias de energia, foram presas e mandadas para o norte. Que tempos duros e sombrios foram os anos de 1909 e 1910!

Mas as leis do desenvolvimento histórico ainda assim são mais fortes do que as baionetas dos tiranos tsaristas e seus déspotas sangrentos.

Essa situação insustentável das massas exploradas devia levar a uma reanimação do movimento trabalhador. Elas não tinham outra saída: ou perecer caladas, ou lutar corajosamente contra as circunstâncias. A classe trabalhadora russa escolheu essa última alternativa. Novamente se incendiou a velha luta dupla: contra a tirania do tsarismo e contra a exploração capitalista.

Ao longo dos anos de 1911 e 1912, correu por toda a Rússia uma onda de greves impressionantes, despertadas pela exploração cruel. *Greves políticas* como a realizada contra o massacre sangrento dos trabalhadores da indústria do ouro no [rio] Lena, a do 1º de Maio e assim por diante. Depois delas vieram as greves econômicas. Os dois partidos social-democratas

---

[*] Tradução de Cecília Rosas. (N. E.)

editavam cada um seu jornal, e ambas as publicações saíam diariamente havia quase dois anos em São Petersburgo. O número de assinantes já superava os 50 mil. Os jornais sindicais e as revistas mensais socialistas acrescentavam e aprofundavam o trabalho elucidativo. Os sindicatos ganharam impulso. Assim, por exemplo, a organização dos trabalhadores metalúrgicos já conta com mais de 9 mil membros, e cada vez mais trabalhadoras ingressam no sindicato dos operários da indústria têxtil.

Vem sendo desenvolvido um trabalho prático e vivo com a consciência da classe trabalhadora.

É claro que esse movimento encontrou inúmeras dificuldades. A arbitrariedade policial cresce de forma inacreditável. As leis são apenas para os nobres e ricos! Detenções, degredos e prisões: eis o preço que se paga pela participação no movimento trabalhador. A isso é necessário acrescentar os entraves cotidianos "menores": a dissolução da organização, o confisco de jornais, as multas diárias por eles, as constantes mudanças no nome das publicações e na sede das redações. Nas cidades não era nada fácil alugar um escritório para uma redação de jornal, pois a polícia proibia os proprietários dos edifícios de alugar qualquer recinto para organizações socialistas.

Acontecia uma luta não pela vida, mas pela morte. No entanto, a coragem não abandonou os lutadores, e o mais importante: as mulheres trabalhadoras participaram desse embate. Já não são as estudantes jovens e entusiasmadas dos círculos abastados nem as professoras populares dispostas a se sacrificar que representam a principal força; não, são as próprias trabalhadoras. Vemos proletárias integrando todas as organizações da classe trabalhadora, chefiando sindicatos e organizações educacionais, ocupando os caixas dos hospitais – em toda parte as mulheres andam de braços dados com os homens. Não há na Rússia uma organização unicamente de mulheres. Encontramos apresentações de mulheres nas páginas dos jornais socialistas, seus apelos são publicados nos veículos sindicais.

Quando o Partido Social-Democrata decidiu, em 1913, realizar seu primeiro dia da mulher, as trabalhadoras resolveram tomar a tarefa para si.

O primeiro dia da mulher na Rússia foi um *acontecimento político*. Todos os partidos e classes sociais se expressaram em relação a ele: uns com ódio e desprezo, outros com dúvidas quanto a se as trabalhadoras marchavam de braços dados com organizações femininas liberais e burguesas. O resultado dessa impressionante primeira experiência das trabalhadoras russas em declarar publicamente suas exigências foram detenções e condenações à prisão. Mas elas sabem que esses sacrifícios não foram em vão.

Vamos comemorar o dia da mulher no 8 de Março pela segunda vez. Na ordem do dia estão incluídas as seguintes exigências: que as mulheres tenham direito à voz, que recebam do governo o apoio à maternidade e que se combata o aumento do custo de vida. A exigência da garantia à maternidade é especialmente cara às trabalhadoras da Rússia.

Incendiou-se uma viva batalha entre as trabalhadoras e a polícia pela execução efetiva da Lei do Seguro*, publicada em 1912. As trabalhadoras e os trabalhadores que exigiam a criação desse caixa foram detidos, assim como os indivíduos eleitos pelos representantes segurados para integrarem a administração dos caixas hospitalares. Na Lei do Seguro, há uma proposta na qual se fala em ajuda às mulheres grávidas e parturientes, mas, graças à última reelaboração da lei, sua aplicação é muito limitada. Só a consciência e a vontade das próprias trabalhadoras podem alcançar a introdução de uma lei de proteção à maternidade. A ala socialista da Duma Estatal está preparando um projeto de lei que ofereça uma garantia efetiva à maternidade, e a aprovação desse projeto dependerá de um apoio enérgico e eficaz das massas a seus representantes parlamentares.

Os proletários russos têm uma luta difícil pela frente, mas estar consciente da garantia de despertar a solidariedade dos camaradas de classe no exterior inspira um novo sentimento. Prontos para a luta, eles se dirigem aos seus camaradas do outro lado da fronteira – e já estamos próximos do dia em que os socialistas e proletários de todo o mundo, em fileiras cerradas, conscientes e corajosos, marcharão contra o capitalismo. Estaremos com vocês no momento em que começar a implacável luta contra a exploração e a escravidão. Queremos conduzir nossa ação de forma que o dia da mulher nos aproxime do objetivo principal: a inevitável e fervorosamente desejada revolução social.

Fonte: И в России будет женский день! [Na Rússia também haverá um Dia da Mulher!], publicado originalmente em alemão na revista *Die Gleichheit*, n. 12, 1914; tradução feita com base na versão russa publicada em Aleksandra Kollontai, *Избранные статьи и речи/ Ízbrannie statí i riétchi* [Seleção de artigos e discursos], Moscou, Politizdat/ Политиздат, 1972.

---

* Os caixas hospitalares eram organizações criadas para gerir os fundos do seguro recebido pelos trabalhadores em caso de doença. O seguro foi estabelecido por lei em 1912, e os próprios trabalhadores cuidavam da administração dos caixas e elegiam seus representantes. (N. T.)

O FRACASSO DO LEMA DA "PAZ CIVIL"*

Já é o quarto ano seguido em que a fome, os preços altos, o sofrimento e a morte cega reinam no mundo. A classe mais pobre, o proletariado, não é capaz de aguentar por mais tempo com os dentes cerrados todos os males da guerra mundial em nome do "amor à pátria" (à pátria capitalista, camaradas!). A paciência dos trabalhadores acabou.

Cada vez mais aparecem na imprensa notícias escassas e bastante "purificadas" pela censura militar sobre o fracasso do lema da "paz civil" não somente na Rússia, mas em outros países. Espalha-se, rasteja, brota o ressoar ameaçador da efervescência revolucionária das massas. Na Inglaterra, no mês de agosto, sucederam-se a greve de 30 mil mineiros de Lancashire; o conflito ameaçador dos funcionários ferroviários ingleses; a agitação dos trabalhadores em Nova Gales; e a inflação dos preços dos bens de primeira necessidade. O movimento grevista inglês tomou tais proporções que o governo teve de criar com urgência uma comissão para investigar as causas da "agitação crescente entre os trabalhadores". Tal comissão concluiu oficialmente que a greve foi causada principalmente pelos *preço elevado do custo de vida*. Os trabalhadores exigiam o controle estatal sobre a produção e a venda dos bens de primeira necessidade, bem como a *limitação dos lucros dos capitalistas*.

A comissão oficial assinalou, não sem tristeza, que o proletariado inglês "não estava totalmente certo ao avaliar os objetivos militares da Inglaterra e atentou em demasia às leis restritivas aprovadas para beneficiar a pátria durante a guerra!". Contudo, o órgão destacou que a greve foi causada por "descanso insuficiente, trabalho demasiadamente prolongado, condições precárias de moradia e assim por diante".

"Os trabalhadores não acreditam nos líderes oficiais dos sindicatos", acrescentou a comissão do governo de classes. Essa breve

---

* Tradução de Thaiz Carvalho Senna e Ekaterina Vólkova Américo. (N. E.)

declaração diz muito mais do que volumes inteiros dedicados à descrição das opiniões do proletariado inglês. Afinal de contas, desde o início da guerra os líderes sindicais oficiais traíram a causa dos trabalhadores e com fervor incomum lançaram-se à proteção da política interna dos imperialistas; eles defendiam e continuam a defender o lema da "paz entre as classes"... É também muito ilustrativa a afirmação da comissão de que as massas perderam a confiança nos líderes que traíram o movimento trabalhista!...

Mais um fato torna evidente o quanto é forte o movimento grevista na Inglaterra e como ele cresceu nos últimos meses: os trabalhadores recorreram às greves ignorando a decisão das câmaras de conciliação. Em vão, os representantes dos Ministérios da Marinha, da Guerra, da Munição e do Trabalho declararam publicamente a inadmissibilidade das greves; em vão, o governo britânico vociferou, enfurecido pela desobediência desenfreada dos trabalhadores, que "não se deve dar nenhum apoio aos trabalhadores rebeldes que não querem respeitar as decisões das câmaras de conciliação", pois a espontânea efervescência revolucionária empurrava as massas a ações ativas e coletivas... A fome, a desordem econômica, o alto custo e todos os males da guerra inflamam com força crescente a raiva da classe trabalhadora contra os inimigos internos: os patrões, os proprietários, os capitalistas. O ódio pela burguesia que consegue tudo "com dinheiro ganho pelo sangue derramado" agrava a discórdia entre as classes... O lema da "paz entre as classes" estoura como uma bolha de sabão inflada demais...

Entretanto, não só na Inglaterra ocorre o trabalho direcionado a despertar as massas trabalhadoras e a manifestar a vontade revolucionária. Não chegam até nós informações fragmentadas, abafadas pela censura local, sobre os "tumultos" na Turquia? Não se esgueiram, apesar da censura tripla, notícias sobre os "motins de fome" na Alemanha, sobre os fuzilamentos das pobres mulheres famintas e extenuadas pela guerra?

Não seria significativo o discurso do ministro da Marinha no Reichstag (proferido em 27 de setembro) "sobre os planos loucos" dos marinheiros que queriam recrutar apoiadores entre as equipes de todos os navios militares e encorajar o pessoal da Marinha à desobediência com o intuito de incentivar a paralisação da frota, torná-la inativa e, assim, "forçar a paz"?!

Se a infecção já contagiou o departamento militar da Alemanha, se o ministro da Marinha teve de reconhecer abertamente que na frota

A REVOLUÇÃO DAS MULHERES

circula propaganda revolucionária pela paz e contra a "disciplina prussiana", isso significa que o movimento revolucionário alemão tomou uma grande amplitude! Isso significa que na Alemanha, apesar de todas as tentativas de salvar o lema da "paz entre as classes", empreendidas pelos Scheidemanns[*], esses *liberdan*[**] alemães, tal mote perdeu sua utilidade e está condenado a um fracasso inevitável. Do outro lado do oceano, dos Estados Unidos, chegam até nós as vozes de dezenas de milhares de trabalhadores que lutam aberta e corajosamente contra as políticas de Wilson[***] e dos reis da indústria estadunidense. Prisões, fuzilamentos e linchamentos liderados por policiais: essa é a resposta para os nossos camaradas que tiveram a audácia de levantar a voz contra a guerra, de denunciar a nova onda de violência contra o proletariado local, isto é, o alistamento militar[****]. Quando começaram a ser presos os líderes antimilitaristas dos socialistas e os sindicalistas suecos que vivem nos Estados Unidos, massas de camaradas foram até as prisões, anunciando que estavam dispostos a compartilhar o destino dos seus líderes, uma vez que não reconhecem a Lei do Serviço Militar e não desejam obedecê-la. O movimento grevista dos Trabalhadores Industriais do Mundo[*****], que teve início em julho, em Minnesota e Wisconsin, alastrou-se pelo país inteiro e tomou, de acordo com a imprensa burguesa estadunidense, "dimensões ameaçadoras"...

A torrente revolucionária ferve, espuma... A barragem construída pelos lemas defensivos não é capaz de segurá-la! Mesmo que os capitalistas dos Estados Unidos gritem que "a propaganda dos Trabalhadores Industriais do Mundo é realizada inteiramente com dinheiro alemão", mesmo que respondam da Alemanha: "os tumultos na Marinha e os motins de fome: tudo isso é obra do capital estadunidense e britânico" – não há como enganar a história!

---

[*] Philipp Scheidemann (1865-1939), político social-democrata alemão. (N. T.)

[**] Nome pejorativo com o qual, na época, a imprensa russa designava os mencheviques. A palavra tem origem na junção dos sobrenomes dos líderes mencheviques M. I. Liber e F. I. Dan. (N. T.)

[***] Thomas Woodrow Wilson (1856-1924), presidente dos Estados Unidos entre 1913 e 1921. (N. T.)

[****] Os Estados Unidos entraram na Primeira Guerra Mundial em 6 de abril de 1917. (N. T.)

[*****] Industrial Workers of the World (IWW): também conhecida como Wobblies, a organização sindical foi fundada nos Estados Unidos em 1905 e alcançou outros países, como Austrália, Chile e Canadá. (N. E.)

Em vão, desde o início da guerra os capitalistas se consolavam com a ideia de que por meio de lemas inventados com sucesso, como "Tudo para a guerra!", "Tudo para a vitória!", eles seriam capazes de sufocar a vontade revolucionária das massas, de transformar os trabalhadores em um rebanho de ovelhas, obedientes e mudas, as quais é conveniente que tenham a lã cortada e que sejam amarradas com as leis do tempo de guerra.

Os capitalistas não levaram em conta que os socialistas não são sonhadores, nem utopistas, nem fantasiadores levianos, que todas as táticas da social-democracia se fundamentam em uma base estritamente científica e que, muito antes da guerra atual, os socialistas já a previam, profetizavam, falavam sobre sua inevitabilidade.

"Cuidado para que a guerra mundial não se torne real", diziam os socialistas para os capitalistas-proprietários. "Junto com a fogueira da guerra mundial, virão o colapso financeiro global, a devastação industrial, os preços elevados e a fome... O 'anjo da morte' – a guerra imperialista – *será inevitavelmente seguido pelo 'fantasma vermelho', isto é, pela revolução proletária mundial!*"

Por um lado, os acontecimentos em todos os países beligerantes e neutros, a agitação vaga e crescente entre as massas que fervem de cólera, levadas ao desespero pela fome e pelos preços altos; por outro lado, a resistência consciente e organizada à guerra e à política do imperialismo por parte dos socialistas revolucionários da esquerda em todo o mundo (os conselhos de deputados que representam os trabalhadores e soldados; a propaganda antimilitarista da ala esquerda do partido nos Estados Unidos e na Inglaterra; o trabalho da esquerda na Suécia; a greve em Västervik; a manifestação contra os preços altos e assim por diante, para não falar da atividade dos amigos de Liebknecht[*]) – tudo isso é indício da aproximação iminente do "fantasma vermelho"...

Não só na Rússia os criminosos de guerra estremecem ao sentir a vibração das suas asas poderosas... Não só na Rússia o lema da "paz entre as classes" é exterminado pela recuperação da tática historicamente inevitável da luta de classes.

Não é culpa dos socialistas se no mundo inteiro e em todos os países capitalistas, diante das relações agravadas entre as classes, da

---

[*] Karl Liebknecht (1871-1919), político e dirigente socialista alemão. Com Rosa Luxemburgo, fundou a Liga Espartaquista, em 1916, movimento que surgiu na Alemanha em oposição ao regime social-democrata vigente na República de Weimar. Morreu junto com Rosa, assassinado por tropa reacionária. (N. E.)

A REVOLUÇÃO DAS MULHERES

falência massiva da economia popular, da fome e dos horrores da guerra, a luta de classes resultará em uma "guerra civil"...

Se hoje o lema da "paz civil" ameaça transformar-se em seu oposto, a responsabilidade é daqueles que causaram as calamidades e horrores da guerra mundial; que em favor de seus lucros atentaram sem pena contra a vida de milhões de pessoas; que em prol da ganância sacrificaram o auge da humanidade contemporânea: os jovens! Que a classe dos opressores e proprietários se lembre da seguinte frase do Evangelho: "Todos que empunham a espada pela espada morrerão"!

Fonte: Банкротство лозунга "гражданского мира" [O fracasso do lema da "paz civil"], em *Rabótchi put/ Рабочий Путь* [O Caminho dos Trabalhadores], n. 24, 13 out. 1917.

V. I. LÊNIN E O I CONGRESSO
DE TRABALHADORAS*

Vladímir Ilítch deu início ao engajamento de grandes massas de mulheres da cidade e do campo na construção do governo socialista.

A União Soviética ocupa nesse âmbito um lugar absolutamente excepcional em todo o mundo. Não há nada parecido em outros governos.

Em todos os países do globo, as mulheres lutaram e lutam por seus direitos, encontrando forte resistência e dura oposição de seu próprio governo burguês. Em muitas nações, elas batalharam heroicamente por seus direitos, mas ainda assim em lugar nenhum conseguiram conquistar aquilo de que naturalmente dispõe toda mulher das repúblicas soviéticas.

A particularidade da União Soviética está no fato de que não são as mulheres que exigem do governo o direito ao trabalho, à educação, à proteção da maternidade, mas o próprio governo as atrai a todas as esferas de trabalho em que elas ainda não são de maneira nenhuma admitidas na maioria dos países burgueses, além de proteger seus interesses como mães. Isso está incluído na Constituição soviética. O mundo ainda não viu nada parecido.

...O I Congresso de Trabalhadoras inaugurou o grande trabalho do partido entre a população de milhões de mulheres da URSS. Vladímir Ilítch estava nesse congresso...

Desde o momento da Revolução de Outubro, o poder soviético deu às mulheres plenos direitos, mas nem todas podiam usufruí-los. Entre as mulheres havia aquelas que, por falta de consciência de classe, mordiam a isca dos adversários da revolução.

Vladímir Ilítch disse (guardei bem as palavras dele):

– Se o guerreiro mais determinado e valente do *front* da guerra civil volta para casa e, dia após dia, escuta os resmungos e reclamações de sua mulher e encontra nela, por falta de consciência política, a face

---

* Tradução de Cecília Rosas. (N. E.)

de uma adversária da luta do poder soviético, mesmo a vontade do mais resoluto combatente forjado nas batalhas pode se enfraquecer, e aquele que não cedeu à contrarrevolução pode ceder à esposa e se submeter à sua influência nociva.

– Eis por que – disse Vladímir Ilítch – precisamos forjar nas massas de mulheres trabalhadoras um sólido apoio ao poder soviético em oposição à contrarrevolução. Toda mulher deve entender que, ao lutar pelo poder soviético, ela está lutando por seus direitos e os de seus filhos.

No outono de 1918, o partido enviou um grupo de bolcheviques ativos a diversos lugares para trabalhar com as mulheres. Ia. M. Sverdlov me mandou para Orekhovo-Zuyevo, Kinechma, Ivánovo etc. Lembro que uma operária têxtil, Anutchkina, convidou-me para sua casa. Ela me ofereceu chá; não havia pão, não havia açúcar, mas havia muito entusiasmo. Na época da conversa, a camarada Anutchkina manifestou a seguinte ideia: chegou o tempo, agora mesmo, de convocar um congresso de operárias e camponesas. Gostei da ideia e com essa proposta voltei para Moscou e para o Comitê Central do Partido.

Vladímir Ilítch deu completa aprovação a essa ideia e a apoiou.

– Claro – disse ele –, não é preciso criar nenhuma organização exclusiva de mulheres, mas devemos ter no partido um aparato que se responsabilize pelo esforço de aumento da consciência das grandes massas de trabalhadoras e que ensine a mulher a utilizar seus direitos na construção do Estado soviético, ou seja, na construção de um futuro melhor. É preciso atrair as mulheres para os sovietes locais na cidade e no campo, é preciso dar a elas tarefas práticas e conhecimento. Devemos prestar especial atenção ao desenvolvimento de instituições que aliviem as incumbências das mulheres que executam trabalho estatal ativo nos sovietes, nas fábricas, nas tarefas da maternidade.

Essas ideias e tarefas de Vladímir Ilítch foram a base do trabalho executado no I Congresso de Trabalhadoras, realizado de 16 a 21 de novembro de 1918.

O grupo inicial de mulheres bolcheviques, que incluía Nadiéjda Konstantínovna [Krúpskaia], Inessa Armand, eu e algumas outras – no total, éramos umas 20, 25 pessoas –, elaborou informes e resoluções sobre diversas questões.

A mim coube redigir um informe e uma resolução sobre os métodos de trabalho entre as mulheres e as organizações do aparato do partido, ou seja, a criação de seções femininas. Essa resolução foi aprovada pelo nosso Congresso e serviu de base para uma década de trabalho das seções femininas do partido, além de ter sido adotada na II Assembleia Internacional de Mulheres Comunistas, em 1921, como linha condutora das ações de todos os partidos integrantes do Comintern.

No momento em que o congresso foi convocado, nem todos entenderam sua importância e significado. Lembro da oposição de [Alekséi] Ríkov, [Grigori] Zinóviev e outros. Mas Vladímir Ilítch disse que o evento era necessário. Ele sempre se informava sobre como andavam nossas ações, se as mulheres estavam respondendo ao nosso chamado.

O trabalho de preparação para nosso primeiro congresso não foi fácil. O correio estava funcionando mal, e não recebemos as respostas dos comitês partidários a respeito do envio de delegadas. Por nossos cálculos aproximados, achávamos que viriam cerca de trezentas pessoas. Na verdade, vieram 1.147 pessoas. Durante esse período já nos tinham concedido a terceira Casa dos Sovietes (rua Sadovo-Karetnaia, em Moscou). Contudo, tínhamos alimentação suficiente para apenas trezentas ou quinhentas pessoas. À noite, Podtchufarova e Barapova me ligaram e disseram: "As delegadas chegaram, mas começou um aborrecimento: não há pão, não há açúcar, não há chá"...

Sobre como correu o congresso, está escrito no número 11 da revista *Kommunistka* [A Comunista], de 1923 ("Como convocamos o I Congresso de Operárias e Camponesas de Toda a Rússia").

Vladímir Ilítch acompanhou o andamento do congresso, e Nadiéjda Konstantínovna, que estava na presidência, escrevia um relatório diário do trabalho. Ela contou a Lênin que entre as delegadas havia muitas camponesas vindas da pobreza, vestindo peliças curtas, que falavam contra os *kulaks*, várias delas boas oradoras. Vladímir Ilítch disse: "Nádia, vou encontrá-las".

Vladímir Ilítch chegou inesperadamente no momento do discurso da camarada Soboleva. Queríamos interromper o discurso dela, mas Vladímir Ilítch exigiu que ela terminasse sua fala. Mas, claro, ninguém a escutava mais.

Em 19 de novembro, Vladímir Ilítch proferiu o discurso histórico que se tornou a base de nosso trabalho. Foram aceitas as teses dos métodos de trabalho, da proteção da maternidade e da infância, entre muitas outras.

Vladímir Ilítch considerava que é preciso dar à mulher a oportunidade de simultaneamente trabalhar no aparato governamental e garantir a possibilidade de ser mãe. A mulher é uma força produtiva valiosa, mas tem o direito e o dever de ter filhos. A maternidade é um importante dever social.

Nosso Estado soviético traz à vida essas propostas fundamentais de Vladímir Ilítch em sua totalidade.

Não só entre nós, mas as mulheres em todo o mundo devem saber que Vladímir Ilítch foi um precursor da emancipação feminina. Não basta que as mulheres recebam direitos jurídicos. É importante que ocorra sua libertação na prática. Emancipá-la é saber dar a ela a possibilidade de criar e educar os filhos combinando maternidade e trabalho público.

Em todo o mundo e em toda a história da humanidade não existe um pensador e estadista que tenha feito tanto para a emancipação da mulher como Vladímir Ilítch.

Fonte: В. И. Ленин и Первый съезд работниц [V. I. Lênin e o I Congresso de Trabalhadoras], em *Из моей жизни и работы: Воспоминания и дневники/ Iz moiéi jízn i rabóti: Vospominánia i dniévniki* [Da minha vida e dos meus trabalhos: memórias e diários], Moscou, Soviétskaia Rossíia/ Советская Россия [A Rússia Soviética], 1974.

RELAÇÕES ENTRE OS SEXOS
E A LUTA DE CLASSES[*]

Entre os problemas complexos que inquietam a mente e o coração da humanidade moderna, a questão sexual, sem dúvida, ocupa um lugar de destaque. Não há país nem povo, exceto os "aborígines" lendários, em que o tema das relações entre os sexos não esteja tomando um caráter cada vez mais exacerbado. A humanidade está vivendo uma crise sexual não somente aguda, mas também prolongada, o que é muito mais desfavorável e doloroso.

Em todo o longo caminho da história da humanidade agrisalhada pelo tempo, talvez não se possa encontrar uma época em que as "questões sexuais" tenham ocupado um espaço tão central na vida da sociedade, em que as relações entre os sexos tenham concentrado, tal qual um foco, os olhares aflitos de tantos milhões de pessoas, em que os dramas sexuais servissem de fonte de inspiração tão inesgotável para representantes de todos os tipos e gêneros artísticos.

Quanto mais dura a crise, quanto mais crônico se torna o seu caráter, mais sem saída parece a situação dos contemporâneos, e com mais veemência a humanidade se atira aos meios diversos de resolução da "maldita questão". Mas, a cada nova tentativa de solucionar o problema, o intrincado novelo das relações entre os sexos se enrola mais, e parece que não se pode ver aquele único fio que ajudará a finalmente dominar o teimoso emaranhado. Assustada, a humanidade se joga com arrebatamento ora a um extremo, ora ao outro, mas o círculo mágico da questão sexual continua sem perder seu feitiço.

"É preciso voltar às felizes épocas remotas, recuperar os antigos fundamentos da família, fortalecer as normas sexuais morais já postas à prova" – decide a parte da humanidade com inclinações conservadoras. "É preciso destruir todas as proibições hipócritas do ultrapassado código da ética sexual, entregar aos arquivos esses farrapos tímidos e inúteis... A consciência individual, a vontade de cada um é o

---

[*] Tradução de Kristina Balykova. (N. E.)

único legislador nessa questão íntima" – ouve-se do campo do individualismo burguês. "A questão sexual será resolvida apenas com a chegada de um regime econômico e social radicalmente reformado" – afirmam os socialistas; mas será que a menção ao futuro indica que em nossas mãos não há o fio tão desejado?

Será que é de fato possível encontrar agora mesmo ou pelo menos vislumbrar esse "fio mágico" que promete desembaraçar o novelo?

O caminho para encontrar tal fio é dado a nós pela própria história das sociedades humanas, a história da luta ininterrupta entre grupos e classes sociais diversos e opostos em seus interesses e aspirações. Não é a primeira vez que a humanidade vive uma crise sexual aguda, que a nitidez e a clareza das prescrições morais vigentes na área das relações entre os sexos se desmancham sob a pressão da onda impetuosa dos novos valores e ideais morais. A humanidade experimentou uma crise sexual especialmente aguda na época do Renascimento e da Reforma, quando a grande transformação social em andamento fez recuar a aristocracia feudal, nobre, orgulhosa e acostumada com a dominação absoluta, abrindo espaço para uma nova força social que aumentava e se fortalecia – a burguesia ascendente. O código da moral sexual do feudalismo desenvolveu-se das profundezas do "modo de vida clânico", com sua economia coletiva e suas bases autoritárias, que engoliam a vontade individual de um membro, e deparou-se com um novo código de ética sexual, alheio e contrário – o da classe burguesa em formação. A moral sexual da burguesia se originou nos princípios diametralmente opostos às bases morais do código feudal: em vez do princípio clânico, a estrita individualização, a delimitação de uma "pequena família" fechada; em vez da "cooperação" – característica da economia tanto clânica quanto distrital[*] –, a concorrência. Os últimos resquícios das ideias comunistas, inerentes em graus distintos a todas as variações do modo de vida clânico, foram expelidos pelo princípio vitorioso da propriedade privada, delimitada, destacada e individualizada. Por séculos, a humanidade, desnorteada, hesitou entre os dois códigos sexuais, tão diferentes em espírito; tentou se adaptar a eles e explorá-los, até que, em um complexo laboratório da vida, transformou as antigas normas nas bases renovadas e atingiu pelo menos uma harmonia externa e formal.

---

[*] Segundo o economista soviético Piotr Maslov (1867-1946), a economia distrital se caracterizava pela ampliação das trocas entre o campo e a cidade. (N. T.)

Mas, naquela época de transição notável e expressiva, a crise sexual, não obstante toda a sua agudeza, não possuía um caráter tão ameaçador quanto o que está tomando hoje em dia. Isso se deve sobretudo ao fato de que, "nos grandes dias" do Renascimento, nesse "século novo", quando os feixes da luz viva da nova cultura espiritual cobriam com cores claras a vida monótona e pobre em conteúdo do mundo medieval decadente, a crise sexual moral foi vivida apenas por uma parte relativamente pequena da sociedade. A camada então mais numerosa da população, os camponeses, foi atingida de modo bastante indireto, uma vez que, durante séculos, nela também aconteciam de modo lento e longo a reforma das bases econômicas e a evolução dessas relações. No topo da escada social, ocorria uma luta veemente dos dois mundos sociais, opostos em suas aspirações; lá, lutavam entre si os ideais e as normas de duas visões de mundo hostis; lá, a crise sexual temível e crescente marcava suas vítimas. Os camponeses, resistentes às inovações e estáveis em seu solo, continuaram atendo-se firmemente às normas já testadas das tradições clânicas herdadas de seus antepassados. Apenas sob a pressão de uma necessidade extrema eles modificavam, atenuavam e adaptavam às novas condições da vida econômica o código da moral sexual clânico, congelado e como se forjado de uma só vez. Na época do tenso embate entre os mundos feudal e burguês, a "crise sexual" não atingia a "classe onerada" e, quanto mais veemente se tornava a destruição das normas antigas lá no topo, com mais força os camponeses pareciam fiar-se às suas tradições clânicas... Apesar dos turbilhões incessantes que passavam por cima de suas cabeças e faziam tremer a terra sob os seus pés, os camponeses – especialmente os nossos russos – de algum modo conseguiam preservar durante séculos inteiros os princípios básicos do seu código sexual moral em sua forma inabalável e intacta.

Hoje em dia, vemos uma situação diferente. Dessa vez, a "crise sexual" não poupa os camponeses. Como uma doença infecciosa que não reconhece "nem títulos nem patentes", ela passa dos palácios e mansões aos bairros apertados dos operários, olha para dentro das habitações dos simples pequeno-burgueses, penetra as longínquas aldeias russas, marcando suas vítimas tanto na vila do burguês europeu como no porão bolorento da família operária e na casa esfumaçada do camponês... Contra os dramas sexuais "não há defesa, não há fechaduras"... Seria um grande erro imaginar que nos seus abismos escuros só se debatem os representantes das camadas abastadas da população. As ondas turvas da crise sexual sempre ultrapassam com mais frequência o limiar das casas operárias, criando lá dramas que não perdem em agudeza e ardência para as vivências psicológicas do mundo "burguês refinado".

Mas justamente porque a crise sexual não atinge apenas os interesses dos "abastados", porque os "problemas dos sexos" se apresentam a uma camada social tão numerosa como o proletariado moderno, é imperdoável e incompreensível a indiferença com que tratam essa questão tão essencial, ardente e exacerbada. Entre as diversas e fundamentais tarefas que criam obstáculos à classe operária em seu avanço rumo à fortaleza sitiada do "futuro", sem dúvida, encontra-se a construção de relações mais alegres e saudáveis entre os sexos.

De onde vem então essa apatia inescusável em relação a uma das incumbências essenciais da classe trabalhadora? Como explicar esse tratamento hipócrita da "questão sexual" como um "assunto de família", com o qual não é preciso gastar as forças e a atenção coletivas? Como se as relações entre os sexos e a elaboração de um código moral que as regula não fossem, ao longo da história, um dos momentos constantes na luta social, como se tais relações dentro de um grupo social determinado não influenciassem, de modo fundamental, o resultado da luta entre as classes sociais inimigas?

O trágico da humanidade moderna não está apenas no fato de que, diante dos nossos olhos, está acontecendo a destruição das formas habituais de contato entre os sexos e dos princípios que as regulam, mas também em que, dos lugares sociais mais profundos e inferiores, estão sendo exalados aromas frescos e incomuns das novas aspirações que envenenam a alma do ser humano moderno com a saudade dos ideais do futuro ainda irrealizável. Nós, pessoas do século da propriedade privada capitalista, das dramáticas contradições de classe e da moral individualista, ainda vivemos e pensamos sob o grave signo da solidão de alma inacabável. Esse "isolamento" no meio das multidões, das cidades apelativas, pândegas e barulhentas, esse sentimento mesmo em meio aos "amigos e companheiros de armas" mais próximos, faz com que a pessoa moderna se apegue com uma voracidade doentia à ilusão de uma "alma próxima" que pertence, é claro, a um ser do outro sexo, pois somente o "Eros malicioso" consegue dissipar com seus encantos a escuridão da solidão inacabável, nem que seja por um tempo...

Talvez em nenhuma outra época a solidão da alma tenha sido sentida com tanta agudeza aflitiva e insistência como hoje, talvez nunca as pessoas tenham sofrido tanto, nunca tenham sucumbido diante dos seus olhos mortíferos.

E não poderia ser de outra maneira. A escuridão parece especialmente densa quando há uma chama cintilando à sua frente.

Diante dos olhos dos "individualistas" modernos, ainda pouco ligados ao coletivo e a outras pessoas de "emoções simpatizantes", brilha uma nova luz aliciante, a saber, as relações entre os sexos em transformação, em que as cegas bases fisiológicas cedem a um princípio artístico, a uma "solidariedade camaradesca". A moral individualista, marcada pela propriedade privada, começa a parecer especialmente mortífera e opressora. Em sua crítica das relações sexuais, a pessoa moderna não se limita à negação das formas externas ultrapassadas e do código moral vigente. Sua alma solitária procura uma "renovação" da própria essência dessas relações, sente saudades e se lamenta daquele "grande amor", daquele princípio artístico e acalentador que é o único capaz de rechaçar o fantasma congelante da solidão da alma dos contemporâneos individualistas.

Se a "crise sexual" é acarretada em três quartos pelas relações socioeconômicas externas, um quarto da sua agudeza se deve, sem dúvida, à nossa "psique individualista refinada" cultivada pelo domínio da ideologia burguesa. De fato, a humanidade moderna carece de "potência amorosa", na expressão da escritora [Grete] Meisel-Hess. Os representantes de ambos os sexos procuram um ao outro querendo receber através do outro, por meio do outro, a maior quantidade possível de prazer espiritual e físico. A última coisa em que o parceiro amoroso ou matrimonial pensa são as emoções do outro e o trabalho psicológico que acontece dentro dele.

Talvez o "individualismo" rude que embeleza o nosso século não influencie nenhuma outra área com tanta clareza como justamente as relações entre os sexos. A pessoa que foge da solidão da alma imagina de modo ingênuo que basta "encher-se de paixão ardente" e apresentar seus direitos sobre a alma da outra pessoa para poder se esquentar nos raios de um bem raro, a proximidade das almas e o entendimento. Nós individualistas, com a alma embrutecida no eterno culto ao próprio ego, imaginamos que a maior felicidade, a sensação do "grande amor" que preenche a nós mesmos e aos seres próximos, pode ser tomada sem se dar em troca os tesouros da nossa própria alma!

Sempre reivindicamos para nós o nosso "contra-agente" amoroso por inteiro, sem dividi-lo com ninguém, enquanto nós mesmos não

A REVOLUÇÃO DAS MULHERES

sabemos seguir a mais simples fórmula de amor: tratar com o maior cuidado a alma do outro. Essa regra nos será ensinada paulatinamente pelas novas relações entre os sexos, que já estão sendo delineadas: aquelas baseadas em dois princípios incomuns para nós – a liberdade e igualdade totais, por um lado, e a verdadeira solidariedade camaradesca, por outro. Mas, por enquanto, a humanidade tem de gelar no frio da solidão da alma e apenas sonhar com um "século melhor", em que todas as relações interpessoais serão acalentadas pelos raios do "grande efebo", as emoções solidárias cultivadas pelas novas condições de vida. A crise sexual não pode ser resolvida sem uma reforma radical na área da psique humana, sem o aumento da "potência amorosa" da humanidade. Mas essa reforma psíquica depende completamente da reconstrução radical das relações socioeconômicas nas bases do comunismo. Fora dessa "velha verdade" não há saída.

De fato, a humanidade moderna experimenta as mais diversas formas de contato amoroso e matrimonial e, ainda assim, a crise sexual não diminui nada por causa disso.

A história nunca viu tanta variedade de relações matrimoniais: o casamento ininterrupto com uma "família estável" e, paralelamente, a relação livre ocasional, o adultério em segredo no casamento e a convivência aberta de uma moça com seu namorado – o "casamento selvagem"*, o casamento sindiásmico**, o casamento "entre três" e até uma forma complexa de casamento "entre quatro", sem falar dos tipos de prostituição à venda. Entre os camponeses, há uma mistura dos resquícios do antigo modo de vida clânico com os princípios decadentes da família individualista burguesa, o vexame do adultério e do *snochatchestvo****, a liberdade antes do casamento e a mesma "moral dupla"... As formas das relações matrimoniais são contraditórias e confusas, e só podemos admirar como uma pessoa que preservou na sua alma a fé nos preceitos morais inabaláveis consegue orientar-se diante dessas ambiguidades e manobrar em meio às prescrições morais

---

* Concubinato. (N. T.)

** Bastante mencionado na obra *A origem da família, da propriedade privada e do Estado*, de Friedrich Engels, o casamento sindiásmico, comum entre os iroqueses, é um arranjo pré-monogâmico em que o casal tem uma relação estável, embora sejam toleradas infidelidades por parte do marido, e a relação pode ser facilmente rompida por qualquer uma das partes. (N. E.)

*** Prática de relações sexuais entre o patriarca da família camponesa russa e sua nora, muito difundida no passado. (N. T.)

incompatíveis que se destroem mutuamente. Nem a justificativa comum "Eu vivo segundo a moral nova" salvará, pois a "moral nova" ainda está em processo de formação. A tarefa consiste justamente em definir, por fim, essa moral em desenvolvimento, em captar no caos das normas sexuais incoerentes da modernidade o contorno dos princípios que correspondem ao espírito da classe progressista revolucionária.

Além do já mencionado principal defeito da nossa psicologia moderna – o individualismo extremo, o egocentrismo elevado a culto –, a "crise sexual" é agravada por outras duas características típicas da psique contemporânea: 1) a ideia arraigada em nós de que os cônjuges são propriedade um do outro; 2) a suposição, ensinada há séculos, sobre a desigualdade e o valor distinto dos dois sexos em todas as áreas e esferas da vida, inclusive na sexual...

A ideia da propriedade inalienável sobre o cônjuge era cultivada com especial esmero pelo código moral da burguesia, com seu ideal de família individualista, fechada em si e construída totalmente sobre as bases da propriedade privada. A burguesia atingiu a perfeição inculcando essa ideia na mente humana. Hoje, a noção de "propriedade" sobre o cônjuge se estende até muito mais longe daquilo que era entendido como propriedade pelo código clânico das relações matrimoniais. Durante todo o longo período histórico que se desenvolveu sob o signo do "princípio clânico", a ideia do direito de posse do marido sobre a mulher (de modo geral, era negado à mulher o mesmo direito sobre o marido) não ia além do aspecto puramente físico. A mulher era obrigada a preservar sua fidelidade fisiológica ao marido, enquanto a alma dela pertencia a ela própria.

Até os cavaleiros reconheciam o direito das mulheres de ter os "chichisbéus" (amigos platônicos vencradores) e receber a "adoração" dos *minnesängers* [trovadores] e dos próprios cavaleiros. O ideal de posse exclusiva sobre o "eu" não só física, mas também espiritual do contra-agente matrimonial, o ideal que permitia a reivindicação dos direitos de propriedade sobre todo o mundo espiritual do parceiro amoroso, essa concepção foi totalmente cultivada, cuidada e protegida pelas mãos da classe burguesa para fins de fortalecimento das bases da família que garantiam a estabilidade e a solidez durante a luta pelo domínio social. E nós não somente herdamos essa noção, como estamos dispostos a difundi-la como um absoluto moral inabalável! A ideia de "propriedade" ultrapassa os limites dos "casamentos legais"; ela é um momento inevitável que se infiltra mesmo na relação amorosa mais "livre". Não obstante todo o respeito pela liberdade "em teoria", os amantes modernos não ficariam nada satisfeitos com a fidelidade fisiológica do seu parceiro amoroso. Para rechaçar o fantasma da solidão sempre vigilante sobre nós, invadimos a alma do ser "amado" e exigimos os nossos direitos sobre os segredos do seu "eu" espiritual com crueldade e indelicadeza incompreensíveis para a humanidade futura. O amante moderno perdoaria incomparavelmente mais rápido uma traição física do que uma "espiritual", pois cada partícula da alma gasta fora da união matrimonial "livre" se apresenta a ele como um roubo imperdoável dos tesouros que lhe pertencem, realizado em favor de outros.

E a indelicadeza ingênua que, pela mesma causa, é sempre praticada pelos "apaixonados" em relação a terceiros? Sem dúvida, todos nós já testemunhamos o seguinte fato cômico: dois apaixonados que mal tiveram tempo de se conhecer bem se apressam em reivindicar seus direitos sobre todas as relações pessoais já existentes do outro, em espiar o que há de mais sagrado do seu parceiro... Dois seres ainda ontem alheios um ao outro, reunidos apenas pelas vivências eróticas comuns, metem a mão na alma do outro e mandam, tal qual em sua própria casa, nessa alma alheia, incompreendida, coberta pelas marcas inapagáveis do passado e do vivido. Essa ideia da "propriedade" do casal vai tão longe que quase não nos choca um fenômeno na realidade anormal, quando os "recém-casados", que até então viviam cada um a sua vida, hoje não hesitam em abrir a correspondência um do outro e transformam em patrimônio público as linhas de um terceiro indivíduo totalmente não relacionado, próximo a apenas um dos cônjuges. Esse tipo de "intimidade" só é conquistado por meio de uma "efetiva união" das almas que por um longo tempo carregam juntas, como camaradas, a cruz da vida. Mas geralmente acontece a "fraude" mais desonesta, aquela causada pela falsa ideia de que a intimidade física entre duas pessoas constitui um motivo suficiente para que o "direito de propriedade" se estenda sobre a essência espiritual delas.

Um momento secundário que distorce a psique da pessoa moderna e aguça a "crise sexual" é o conceito de "desigualdade" dos sexos, de iniquidade dos seus direitos, de valor distinto das suas vivências psíquicas e fisiológicas. A "moral dupla", inerente tanto ao código burguês quanto ao clânico, envenenou a mente de homens e mulheres durante tantos séculos que se desfazer do seu veneno, convertido em nossa parte orgânica, ficou mais difícil do que se livrar das ideias sobre a propriedade dos cônjuges herdadas da ideologia burguesa. No âmbito da psicofisiologia, esse conceito de "desigualdade dos sexos" faz com que sejam aplicadas medidas diferentes em relação ao mesmo ato realizado por representantes de ambos os sexos. E até a "pessoa mais vanguardista" da burguesia, que há muito tempo deixou para trás todo o código moral vigente, reconhecerá com facilidade que, nesse ponto, julga de maneiras distintas o comportamento do homem e o da mulher. Basta um exemplo grosseiro: imaginem que um intelectual burguês, "homem erudito", político, ativista público, em uma palavra, uma "personalidade", uma "grandeza", começa uma relação com sua cozinheira (uma situação nada rara!) e contrai matrimônio com ela. Esse fato mudaria a maneira como a sociedade burguesa vê esse homem, lançaria nem que seja a menor sombra sobre as suas virtudes morais?

Claro que não! Agora imaginem outro caso: uma ativista pública burguesa respeitada, "docente", "médica", escritora, tanto faz! – começa uma relação com um criado e, para completar o "escândalo", ratifica o relacionamento por meio do matrimônio legal. Como verá a sociedade burguesa a conduta da pessoa até então reverenciada? Claro que vai estigmatizá-la com "desprezo". E reparem: Deus não permita que o criado possua uma aparência bonita ou outras "qualidades físicas"... Pior ainda! "Como essa mulher decaiu", essa será a sentença da burguesia hipócrita.

A sociedade burguesa ainda não perdoa a mulher quando suas escolhas apresentam um "caráter demasiadamente individual". Isso é uma espécie de atavismo: de acordo com a tradição herdada da vida clânica, a sociedade ainda deseja que a mulher leve em conta nas suas decisões os títulos, patentes, preceitos e interesses da família. A sociedade não consegue destacar a mulher da célula familiar e considerá-la uma personalidade significante por si só, fora do círculo fechado das virtudes e obrigações domésticas.

Em sua tutela da mulher, a sociedade moderna supera até os clãs antigos, prescrevendo-lhe não só se casar, mas se apaixonar somente pelas pessoas "dignas" dela. Encontramos a cada passo homens de nível espiritual e intelectual bastante alto que escolheram como companheira de vida um ser totalmente ínfimo e vazio, que não corresponde em nada às qualidades espirituais do esposo. Aceitamos esses fatos como normais, nem paramos para pensar neles; no máximo, "os

A REVOLUÇÃO DAS MULHERES

amigos ficam com pena de Ivan Ivanitch por ele ter uma esposa tão insuportável". Ao mesmo tempo, fazemos um gesto de espanto e exclamamos, quase repreendendo: "Como Maria Petrovna pôde se apaixonar por essa nulidade... Depois disso, eu começo a duvidar das virtudes da própria Maria Petrovna".

Onde se origina esse critério duplo? O que o condiciona? Sem dúvida, o fato de que a ideia de "valor diferente" dos dois sexos, inculcada na humanidade durante séculos, entrou organicamente na nossa mentalidade. Estamos acostumados a avaliar a mulher não como uma personalidade com qualidades e defeitos individuais não relacionados às suas vivências psicofisiológicas, mas apenas como um apêndice do homem. O homem, marido ou namorado, lança sua luz sobre a mulher. Ainda entendemos que é ele, e não ela, quem define a imagem moral e espiritual da mulher. No pronunciamento da sentença social, a personalidade do homem é antecipadamente separada da sua conduta na esfera sexual. Já a personalidade da mulher é avaliada em ligação estreita com sua vida sexual. Esse tipo de consideração decorre do papel desempenhado pela mulher durante séculos, enquanto a reavaliação dos valores nessa esfera essencial se dá, ou melhor, se esboça, devagar e aos poucos. Apenas a mudança no papel econômico da mulher e a sua entrada no caminho do trabalho independente podem e vão contribuir para o enfraquecimento dessas ideias errôneas e hipócritas.

Os três momentos principais que deformam a psique da pessoa moderna – o egocentrismo extremo, a ideia de propriedade dos cônjuges, o conceito de desigualdade dos sexos na área psicofisiológica – criam obstáculos no caminho para a resolução da questão sexual. A chave desejada que abre esse círculo mágico será encontrada pela humanidade apenas quando à sua mente tiver se juntado uma quantidade suficiente de "emoções simpatizantes" refinadas, quando na sua alma se levantarem as potências amorosas, quando o conceito de liberdade nas relações amorosas e matrimoniais estiver de fato ratificado, quando o princípio de "camaradagem" triunfar sobre a ideia tradicional da "desigualdade" e da submissão na relação entre os sexos. Sem a reeducação radical da nossa mentalidade, a questão sexual não pode ser solucionada.

Mas não seria esse tipo de premissa uma utopia infundada que cheira às receitas ingênuas dos sonhadores idealistas? Realmente, vá levantar a "potência amorosa" da humanidade! Será que, desde os tempos imemoráveis, os sábios de todos os povos, de Buda e Confúcio a Cristo, não se preocuparam com isso e, contudo, quem mediria se a "potência amorosa" da humanidade foi levantada? Reduzir a questão da crise sexual a esse sonho bem-intencionado não significaria simplesmente o mesmo que reconhecer sua própria impotência e renunciar à busca da "chave desejada"?

Será que é verdade? Será que a questão da reeducação radical de nossa psique no âmbito das relações entre os sexos é, com efeito, um fato tão irrealizável, tão distante da prática da vida? Ao contrário, não estariam aparecendo agora, durante a grande transformação socioeconômica, as condições que acarretam e geram novas bases para vivências psicológicas correspondentes às exigências assinaladas anteriormente?

A burguesia, com sua ideologia de classe e seu código moral sexual individualista, será substituída por outra classe, por um novo grupo social... Essa classe ascendente vanguardista não pode deixar de conter no seu âmago embriões das novas relações entre os sexos estreitamente ligadas às suas tarefas sociais e de classe.

A complexa evolução das relações socioeconômicas que está acontecendo diante dos nossos olhos, transformando as nossas ideias sobre o papel da mulher na vida social e minando os fundamentos da moral sexual burguesa, acarreta dois fenômenos, à primeira vista, contraditórios. Por um lado, testemunhamos as incansáveis tentativas da humanidade de se adaptar às novas condições socioeconômicas, seja mantendo as "formas antigas" e preenchendo-as com um conteúdo inédito (preservação das cerimônias externas do matrimônio rigorosamente monogâmico e indissolúvel, mas com o reconhecimento da real liberdade dos cônjuges), seja, pelo contrário, aceitando as novas formas, mas introduzindo nelas elementos do código moral do casamento burguês ("união livre", em que o princípio da propriedade forçada de um cônjuge sobre o outro supera os limites até dos casamentos legais). Por outro lado, acontece uma delimitação lenta, porém contínua de formas renovadas de contato entre os sexos, renovadas não só na aparência, mas também no espírito das suas normas vivificantes. A humanidade vai tateando esses novos ideais com insegurança. Contudo, precisamos apenas olhá-los com mais atenção para que, apesar do seu caráter inacabado, possamos reconhecer neles os traços característicos, estritamente soldados às tarefas de classe do proletariado, que terá de conquistar a fortaleza sitiada do futuro. Quem quiser encontrar nesse intrincado labirinto das normas sexuais

A REVOLUÇÃO DAS MULHERES

contraditórias que se entrelaçam os embriões de futuras relações mais saudáveis entre os sexos, das relações que prometem tirar a humanidade da crise sexual, terá de sair dos "bairros de cultura", com sua psique individualista refinada, e olhar para as habitações amontoadas da classe trabalhadora, em que, entre a pestilência e o horror gerados pelo capitalismo, entre as lágrimas e as maldições, as nascentes vivas, mesmo assim, abrem seu próprio caminho...

E aqui, na classe trabalhadora, sob pressão das difíceis condições econômicas, sob o jugo da exploração sempre intensa do capital, podemos observar o processo do qual acabamos de falar: a adaptação passiva e de resistência ativa à realidade. A influência destruidora do capitalismo, que mina as bases da família trabalhadora, faz o proletariado "se adaptar" instintivamente às condições existentes e acarreta uma série de fenômenos no âmbito das relações entre os sexos, análogos ao que acontece em outras classes da população. Sob a pressão da desvalorização do trabalho, a idade de casamento do trabalhador aumenta de maneira constante e inevitável. Se, há 20 anos, a idade média de casamento do trabalhador variava entre 22 e 25 anos, agora o proletário cria uma família apenas perto dos 30 anos. E quanto maiores são as suas necessidades culturais, quanto mais ele valoriza a possibilidade de tomar o pulso de sua vida cultural, visitar teatros e palestras, ler jornais e revistas, dedicar as horas de lazer à luta profissional, à política ou à sua atividade preferida, como arte, leitura etc., mais aumenta a sua idade de casamento. Contudo, as necessidades fisiológicas não respeitam o conteúdo da carteira: elas chamam atenção para si com insistência. Um proletário solteiro, assim como um burguês solteiro, procura a saída na prostituição. Esse tipo de fenômeno entra na área da "adaptação passiva" da classe trabalhadora às condições desfavoráveis da sua existência. Outro exemplo. O proletário se casou. Mas o mesmo obstáculo, o baixo nível salarial, força a família trabalhadora a "regular" a questão do nascimento de filhos de maneira semelhante à família burguesa.

A expansão dos infanticídios e o aumento da prostituição são fenômenos da mesma ordem, maneiras de adaptação passiva do trabalhador à realidade "pesada". Mas, nesse processo, não há nada característico do proletariado. Esse tipo de adaptação é inerente a todas as classes e camadas da população atingidas pelo desenvolvimento capitalista mundial.

O divisor de águas começa apenas onde entram em vigor os princípios artísticos ativos, onde acontece não uma adaptação, mas sim

187

uma resistência à realidade opressora, onde são concebidos e se manifestam novos ideais, onde se formam tentativas tímidas de novas relações entre os sexos. Esse processo de resistência ativa está se delineando apenas na classe trabalhadora.

Isso não significa que as demais classes e camadas da população – sobretudo os intelectuais burgueses, que por suas condições de existência social se encontram mais próximos da classe trabalhadora – não assimilem o "novo" criado e cultivado pelo proletariado ascendente nas suas profundezas. Impelida por um desejo instintivo de reanimar suas formas matrimoniais congeladas e, por isso, impotentes, a burguesia se agarra ao "novo" trazido pela classe trabalhadora. Mas nem os ideais nem o código moral sexual elaborado pouco a pouco pelo proletariado correspondem à essência moral das suas necessidades de classe. Enquanto a moral sexual que cresce das demandas da classe trabalhadora constitui uma nova arma na sua luta social, as "novidades" assimiladas pela burguesia acabam por abalar completamente as bases do seu domínio social. Esclareçamos essa ideia com um exemplo.

A tentativa dos intelectuais burgueses de substituir a união matrimonial indestrutível pelos laços mais livres e facilmente dissolúveis da mera convivência a dois mina a família monogâmica com a propriedade de um cônjuge sobre o outro, que constitui a base essencial da estabilidade social burguesa.

Para o proletariado, pelo contrário, uma "fluidez" maior, uma rigidez menor das relações entre os sexos coincidem completamente e até decorrem diretamente das suas principais tarefas de classe. Do mesmo modo, a negação da "submissão" no casamento viola os últimos fundamentos artificiais da família burguesa. Assim como a "propriedade", a "submissão" de um membro da classe aos outros é, na sua essência, hostil à psique do proletariado. Não faz parte dos interesses da classe revolucionária "estabelecer" para um de seus membros um representante independente, que deveria servir principalmente ao coletivo, e não à célula familiar destacada e isolada. Os conflitos frequentes entre as demandas da família e da classe, nem que seja durante as greves e a participação na luta, e a medida moral aplicada nesses casos pelo proletariado deixam claro a base da nova ideologia proletária...

Imaginem um financista honrado que, em um momento crítico do empreendimento, retira seu capital em benefício da família. Do ponto de vista da moral burguesa, a avaliação do seu ato é clara: "os interesses da família" estão em primeiro lugar. Agora, comparem com isso a atitude dos trabalhadores para com um fura-greve, que, contrariando os camaradas, vai ao trabalho para salvar a família da fome... Os interesses da classe estão em primeiro lugar. Em seguida, imaginem um marido burguês que, com seu amor e lealdade à família, conseguiu distrair a esposa de todos os interesses externos à casa e fixá-la decisivamente no quarto dos filhos e na cozinha. "Um marido ideal, que criou uma família ideal" – será a sentença burguesa. E o que pensariam os trabalhadores sobre um membro "consciente" que "desviasse" os olhares da sua esposa ou namorada da luta social? Em detrimento da felicidade individual e da família, a moral da classe trabalhadora exige a participação da mulher na vida que se desenrola fora da casa. O "enclausuramento" da mulher na casa, a priorização dos interesses da família, a difusão dos direitos de propriedade absoluta de um cônjuge sobre o outro – todos esses fenômenos violam o princípio fundamental da ideologia do proletariado, a "solidariedade camaradesca", e rompem a corrente da união de classe. O conceito de propriedade de uma pessoa sobre a outra, as ideias de "submissão" e de "desigualdade" entre os membros da mesma classe contradizem a própria essência do princípio proletário fundamental, a "camaradagem". Esse princípio, no qual se baseia a ideologia da classe ascendente, colore e define o novo código moral sexual em formação, que ajudará a reeducar a psicologia da humanidade no espírito da acumulação de "emoções simpatizantes", da liberdade em vez da propriedade, da camaradagem em vez da iniquidade e da opressão.

É uma velha verdade que cada nova classe ascendente, gerada pela cultura material distinta da etapa anterior do desenvolvimento econômico, enriquece a humanidade com uma ideologia renovada, inerente apenas a essa dada classe. O código moral sexual constitui uma parte necessária dessa ideologia. Contudo, assim que começamos a falar sobre a "ética proletária" e a "moral sexual proletária", encontramos uma objeção trivial: a moral sexual proletária não é nada mais que uma "superestrutura", ou seja, ela não pode ter espaço enquanto não mudar toda a base econômica... Como se a ideologia de uma classe se formasse apenas quando a transformação nas relações socioeconômicas que garantem o domínio dessa classe já aconteceu! Toda a experiência histórica nos ensina que a elaboração da ideologia e, por consequência, da moral sexual de um grupo social acontece durante o próprio processo da luta desse grupo com as forças sociais hostis.

Apenas com a ajuda dos novos valores espirituais criados em seu âmago essa classe em luta consegue fortalecer suas posições sociais; apenas por meio das novas normas e ideais ela consegue conquistar com sucesso o poder dos grupos sociais antagônicos.

Encontrar o principal critério da moral gerado pelos interesses específicos da classe trabalhadora e ajustar a ele as normas sexuais em formação, essa é a tarefa a ser resolvida pelos ideólogos do proletariado.

É preciso entender que só percebendo o processo artístico em desenvolvimento nos lugares sociais mais profundos e inferiores, só formando novas necessidades, ideais e normas, só definindo as bases da moral sexual da classe vanguardista ascendente será possível se orientar no caos contraditório das relações entre os sexos e encontrar o fio desejado, com o qual o novelo apertado da questão sexual será desembaraçado...

É preciso lembrar que o código moral sexual ajustado às principais tarefas de classe pode servir de arma poderosa para o fortalecimento da posição de combate da classe ascendente... A experiência histórica nos ensina algo. O que pode nos impedir de usá-la a favor dos interesses da classe trabalhadora, que luta pelo regime comunista e pelas novas relações entre os sexos, mais perfeitas, completas e alegres?

Fonte: Отношение между полами и классовая борьба [Relações entre os sexos e a luta de classes], em *Новая мораль и рабочий класс/ Nóvaia moral i rabótchi klass* [A nova moral e a classe trabalhadora], Moscou, 1919.

DA HISTÓRIA DO MOVIMENTO DAS TRABALHADORAS NA RÚSSIA*

Quando, em que momento, teve início o movimento das mulheres trabalhadoras na Rússia? Em essência, esse movimento está indissoluvelmente ligado ao movimento geral dos trabalhadores, e um não pode ser desvinculado do outro. A trabalhadora, como membro da classe proletária e vendedora da força de trabalho, rebelava-se cada vez que o trabalhador intervinha para não ter seus direitos humanos violados e participava, igualmente e junto com os trabalhadores, das rebeliões proletárias, dos "motins de fábricas" que o tsarismo tanto odiava.

Portanto, o início do movimento das trabalhadoras na Rússia coincide com os vislumbres do despertar da consciência de classe proletária russa, com suas primeiras tentativas de alcançar condições de existência mais toleráveis, menos humilhantes e deploráveis, por meio do ataque coletivo, das paralisações e greves.

A trabalhadora participou ativamente dos motins na fábrica manufatureira em Krengolm, em 1872; na fábrica de tecidos de Lázarev, em Moscou, em 1874; da greve, em 1878, na nova fábrica algodoeira em Petrogrado; liderou a greve de tecelãs e tecelões durante a famosa intervenção dos trabalhadores em Oriékhovo-Zúevo, acompanhada pela destruição das instalações industriais; e forçou o governo tsarista a apressar-se na promulgação da lei de 3 de junho de 1885, que proibia o trabalho noturno para mulheres e adolescentes.

Não por acaso, a onda espontânea de greves dos trabalhadores, que comoveu a Rússia proletária nos anos 1870 e 1880, atingiu principalmente a indústria têxtil, em que sempre prevaleceu a mão de obra mais barata: a feminina. As revoltas da década de 1870 e do início da década de 1880 foram estimuladas por razões puramente econômicas e causadas pelo desemprego e pela crise persistente na indústria algodoeira. Ainda assim, não é notável que a "mulher de fábrica" – oprimida, marginalizada, escravizada pelo excesso de

---

* Tradução de Thaiz Carvalho Senna e Ekaterina Vólkova Américo. (N. E.)

trabalho, politicamente despreparada, vista com desprezo e sobera-
nia até mesmo pelas mulheres da classe média urbana, evitada pelas
camponesas apegadas aos velhos costumes –, justamente essa mulher,
estivesse lutando nas primeiras fileiras dos combatentes pelos direitos
da classe trabalhadora e pela emancipação das mulheres? A vida e as
circunstâncias difíceis instigaram a trabalhadora da fábrica a uma revolta aberta contra o poder dos proprietários e a escravidão do capital. Não obstante, na luta pelos direitos e interesses de sua classe, as
trabalhadoras, sem saber, abriram caminho para a libertação das mulheres das correntes específicas que ainda as oprimiam e criavam de-
sigualdades no que diz respeito à posição e às condições de vida dos
trabalhadores e das trabalhadoras, mesmo dentro de uma única classe proletária.

Durante o período das novas e crescentes agitações proletárias, em
meados e fim dos anos 1890, novamente as trabalhadoras tiveram
participação ativa nos motins. A "Revolta de Abril", na manufatura de
Iaroslavl, em 1895, ocorreu com a ajuda da intervenção enérgica das
tecelãs. Em São Petersburgo, durante as greves econômicas isoladas
de 1894 e 1895, as trabalhadoras não ficaram para trás em relação aos
seus companheiros. Quando, no verão de 1896, houve a histórica greve na indústria têxtil, em São Petersburgo, as corajosas tecelãs, ao
lado dos tecelões, abandonaram por unanimidade as instalações industriais. O que importava se as crianças famintas esperavam em casa
pelas mães trabalhadoras? O que importava se a greve trazia ameaça
de expulsão, exílio, prisão? A luta geral de classe estava acima disso,
era mais importante e mais sagrada do que os sentimentos maternos,
as preocupações com a família e o bem-estar pessoal!

No momento das agitações e greves, a mulher proletária, oprimida, tímida, desprovida de poder e de direitos, de repente cresceu,
aprumou-se e transformou-se em uma combatente e camarada igual.
Tal mudança ocorreu de modo inconsciente, natural, mas é importante e significativa. Esse foi o caminho pelo qual o movimento proletário levou a mulher trabalhadora rumo à emancipação, não apenas enquanto vendedora de força de trabalho, mas também enquanto
mulher, esposa, mãe e dona de casa.

No fim dos anos 1890 e início do século XX, ocorreu uma série
de agitações e greves nas fábricas que empregavam principalmente
mulheres: nas de tabaco (Chanchal), nas de linha, nas manufaturas
(Maxwell) em Petrogrado etc. Na Rússia, o movimento da classe

A REVOLUÇÃO DAS MULHERES

trabalhadora estava crescendo, organizando-se e ganhando legitimidade. Ao mesmo tempo, cresceu o poder de resistência do proletariado feminino.

Entretanto, antes do grande ano em que ocorreu a primeira Revolução Russa, o caráter do movimento era predominantemente econômico. Era preciso esconder os lemas políticos, apresentá-los de modo velado. O saudável instinto de classe instigava as trabalhadoras a apoiar a greve; às vezes, as próprias mulheres organizavam e realizavam "motins de fábrica". No entanto, mal terminou a forte onda de luta grevista, mal os trabalhadores retornaram ao trabalho, vitoriosos ou derrotados, as mulheres voltaram ao isolamento, sem perceber a necessidade de uma organização estreita e da comunicação permanente entre as camaradas. Nessa época, a participação das trabalhadoras nas organizações partidárias clandestinas era uma exceção. Os objetivos gerais do Partido Socialista dos Trabalhadores ainda não interessavam à proletária, e ela permanecia indiferente aos lemas políticos gerais. Na Rússia do início do século XX, a vida dos 6 milhões de proletárias não tinha luz nem esperança; sua existência era repleta de fome, dificuldades e humilhações. O turno de trabalho de doze horas (ou, no melhor dos casos, onze), o miserável salário de 12 a 15 rublos por mês, o cotidiano nos quartéis superlotados, a ausência de qualquer ajuda por parte do Estado ou da sociedade no caso de doença, gravidez ou desemprego, bem como a incapacidade de autogestão, uma vez que o governo tsarista perseguia brutalmente quaisquer tentativas dos trabalhadores de se organizarem: tal era a situação que circundava as trabalhadoras. Os ombros da mulher curvavam-se sob o peso da opressão esmagadora, e sua alma, atemorizada pelo espectro da pobreza e da fome, recusava-se a acreditar no futuro iluminado e na oportunidade de lutar pela derrota do tsarismo e da tirania do capital.

Ainda no início do século XX, as trabalhadoras estavam afastadas da política e da luta revolucionária. Apesar disso, o movimento socialista russo pode se orgulhar de diversas mulheres encantadoras e heroicas, cujo trabalho ativo e dedicação fortaleceram o movimento clandestino e prepararam o terreno para a explosão revolucionária nos anos seguintes. Todavia, desde as primeiras socialistas da década de 1870, repletas de encanto e beleza espiritual – começando com Sofia Bárdina ou as irmãs Löschern e terminando com [Sofia Lvovna] Peróvskaia, tão forte e voluntariosa –, nenhuma representava as trabalhadoras proletárias. Na maioria dos casos, eram moças glorificadas por Turguênev no seu poema em prosa "Poróg". Eram mulheres do círculo rico e nobre que deixaram a casa dos pais, romperam com o seu passado próspero e "foram para o povo" propagandear a revolução e a luta contra a injustiça social na tentativa de redimir os "pecados dos pais". Mesmo mais tarde, na década de 1890 e início do século XX, quando o marxismo já havia criado raízes profundas no movimento trabalhador russo, mesmo naquela época, as trabalhadoras proletárias participavam do movimento apenas isoladamente. Quem atuava nas organizações clandestinas naqueles anos não eram as trabalhadoras, e sim as intelectuais: estudantes, professoras, enfermeiras, escritoras. Nas assembleias ilegais, era rara a presença de uma "mulher de fábrica". As trabalhadoras tampouco assistiam às aulas noturnas de domingo nos subúrbios de Petrogrado, que na época ofereciam a única "oportunidade legal" de promover as ideias do marxismo e do socialismo científico entre as massas trabalhadoras sob o pretexto de ensinar todo tipo de ciências, desde geografia monetária a aritmética. As trabalhadoras ainda evitavam a vida, a luta... Ainda acreditavam que seu destino era a panela no fogão, a tina e o berço.

A primeira revolução, em 1905

O quadro mudou de maneira brusca a partir do momento em que o espectro vermelho da revolução ensombrou a Rússia com suas asas flamejantes. O ano revolucionário de 1905 agitou profundamente as massas de trabalhadores; pela primeira vez, o trabalhador russo sentiu seu poder e percebeu que todo o bcm-estar do povo repousava sobre seus ombros. No mesmo instante, acordou também a trabalhadora proletária russa, colaboradora inabalável das atuações políticas do proletariado nos anos revolucionários de 1905 e 1906. Ela estava em todos os lugares e em toda a parte. Se quiséssemos descrever os fatos da participação feminina massiva no movimento daqueles dias, enumerar as manifestações ativas de protesto e de luta das trabalhadoras, lembrar as atitudes altruístas das proletárias, a sua devoção aos ideais do socialismo, teríamos de restaurar, quadro por quadro, toda a história da Revolução Russa de 1905.

Muitos ainda se lembram daqueles anos repletos de romantismo. Surgem na memória, como se estivessem vivas, as imagens da trabalhadora

A REVOLUÇÃO DAS MULHERES

"ainda bruta", mas que já despertava para a vida, que observava os oradores com curiosidade e grande esperança durante as reuniões amontoadas e eletrificadas pelo entusiasmo que acendia a alma. Os rostos femininos, compenetrados e solenes em sua firmeza inabalável, apareciam lá e cá nas fileiras densas e fechadas da procissão dos trabalhadores no dia 9 de janeiro, que ficará para sempre na memória. O sol, claro demais para São Petersburgo, iluminava esse cortejo solene e silencioso, resplandecia nos rostos femininos, que eram muitos na multidão. As mulheres pagaram o preço pelas ilusões e pela confiança ingênua e infantil: entre as vítimas numerosas de 9 de janeiro estavam diversas trabalhadoras, adolescentes e esposas de trabalhadores. O lema "Greve geral", que passava de uma oficina para outra, foi levado adiante por essas mulheres que ontem não tinham consciência política, obrigando-as a abandonar o trabalho.

As trabalhadoras de província não ficaram para trás em relação às camaradas da capital. Em outubro, exaustas pelo trabalho, pela vida dura e faminta, as mulheres deixaram as máquinas e insistiram em privar os seus bebês do último pedaço de pão em nome da causa comum... Por meio de palavras simples, porém tocantes, a oradora trabalhadora conclamava seus camaradas a abandonar o trabalho, levantava o ânimo dos grevistas e inspirava a energia naqueles que duvidavam... A trabalhadora não cansava de lutar, protestava e sacrificava-se corajosamente pela causa comum. Quanto mais ativa ela se tornava, mais rápido era o processo do seu despertar intelectual. A trabalhadora começou a ter consciência da situação e da injustiça associada ao sistema capitalista, a perceber dolorosa e agudamente a amargura do seu próprio sofrimento e miséria. As vozes das mulheres da classe trabalhadora começaram a soar com mais nitidez e clareza para lembrar suas necessidades e exigências. Já durante as eleições para a Comissão de Chidlovski, em março de 1905, a não admissão de mulheres como delegadas dos trabalhadores gerou revolta e descontentamento entre as trabalhadoras. Na prática, os sofrimentos e sacrifícios recentes uniram e equalizaram a mulher e o homem da classe trabalhadora. Naquele momento, parecia totalmente injusto evidenciar a secular privação de direitos da mulher combatente e cidadã. Quando a mulher que estava entre os sete delegados da manufatura Sampsónievskaia foi declarada inelegível pela Comissão de Chidlóvski, as trabalhadoras, agitadas, representantes de várias manufaturas, enviaram a seguinte moção de protesto à comissão:

As deputadas das mulheres trabalhadoras não são aceitas na comissão sob a sua presidência. Tal decisão parece injusta. As trabalhadoras predominam nas fábricas e manufaturas de São Petersburgo. A cada ano aumenta o número de mulheres nas oficinas de fiação e tecelagem, porque os homens vão para as fábricas onde os salários são mais elevados. Nós mulheres trabalhadoras carregamos a carga de trabalho mais pesada. Somos oprimidas por nossos próprios companheiros, que se aproveitam do nosso desamparo e da nossa falta de direitos; recebemos menos do que eles. Quando foi anunciada a criação da sua comissão, nosso coração bateu com esperança; finalmente chegou o momento – pensamos – em que a trabalhadora de São Petersburgo poderá denunciar em voz alta, por toda a Rússia e em nome de todas as suas irmãs trabalhadoras, as opressões, os insultos e as injúrias sobre os quais nenhum homem trabalhador sabe. E agora, quando finalmente escolhemos as deputadas, somos informadas de que apenas homens podem ser deputados. No entanto, esperamos que essa decisão não seja final, pois o decreto do Imperador não separa as mulheres trabalhadoras da classe trabalhadora em geral.

A privação de representação das trabalhadoras na comissão e a sua exclusão da vida política pareciam uma injustiça exorbitante para aquela parte da população feminina que carregava sobre os ombros o fardo da luta libertadora. Muitas vezes, as trabalhadoras compareciam às reuniões durante a campanha eleitoral da primeira e da segunda Dumas Estatais[*] e repudiavam com protestos ruidosos a lei que as privou de ter voz em um assunto tão importante como a eleição de um representante no parlamento russo. Houve casos, como em Moscou, em que as trabalhadoras compareciam em uma reunião de eleitores, tumultuavam o encontro e protestavam contra a realização das eleições.

A trabalhadora deixou de ser indiferente em relação à sua marginalização, o que é evidenciado pelo fato de que, das 40 mil assinaturas coletadas para uma petição – enviada à primeira e segunda Dumas – que exigia a extensão do direito de voto às mulheres, a maioria era das trabalhadoras. A captação das assinaturas, organizada pela União pela Igualdade das Mulheres e outras organizações de mulheres burguesas, foi realizada nas fábricas e indústrias. O fato de as trabalhadoras terem assinado tal requerimento voluntariamente, orientadas por

---

[*] A primeira e a segunda Dumas Estatais (1906 e 1907, respectivamente) foram assembleias legislativas criadas na tentativa de diminuir a autocracia do Imperador e transformar o Império russo em um país parlamentar. (N. T.)

A REVOLUÇÃO DAS MULHERES

mulheres burguesas, mostra que o despertar da consciência política das proletárias dava apenas um primeiro passo tímido e, às vezes, estagnava no meio do caminho. As trabalhadoras, como representantes do sexo feminino, começaram a perceber sua exclusão e falta de direitos políticos, mas não sabiam relacionar essa condição à luta geral da sua classe, eram incapazes de identificar o caminho certo que levaria a proletária rumo à sua emancipação plena e total. A trabalhadora ingênua ainda apertava a mão estendida pelas feministas burguesas que exigiam igualdade de direitos.

Os anos de 1905 e 1906 foram aqueles em que as manifestações femininas tornaram-se especialmente abundantes. As trabalhadoras participavam delas de bom grado. Elas ouviam com atenção a voz das burguesas que lutavam pela igualdade de direitos, mas o que elas ofereciam às trabalhadoras não atendia às necessidades atuais das escravas do capital e, portanto, não encontrava na alma destas uma resposta vivaz. As mulheres da classe trabalhadora sucumbiram sob o peso de condições insuportáveis de trabalho, da fome e da pobreza familiar; as suas demandas imediatas eram as seguintes: redução da jornada de trabalho, salários mais elevados, tratamento humano por parte da administração das fábricas e indústrias, diminuição do controle policial, mais liberdade de iniciativa. Nenhuma delas era contemplada pelo feminismo burguês. Tais feministas se reuniam com as trabalhadoras para discutir assuntos e aspirações estritamente femininos. Elas não entendiam nem podiam entender a natureza de classe do movimento das trabalhadoras que estava nascendo. Sua preocupação particular eram as criadas. Por iniciativa das feministas burguesas, em 1905, em São Petersburgo e Moscou, foram convocadas as primeiras manifestações das empregadas domésticas. Estas respondiam bem ao chamado de "organizar-se" e compareciam aos protestos em grande número. Entretanto, quando a União pela Igualdade das Mulheres tentou organizá-las à sua maneira, isto é, tentou criar uma união mista e idílica das senhoras contratantes e das empregadas domésticas, estas últimas voltaram-se contra as feministas burguesas e, para o desgosto das madames, foram "às pressas organizar o partido da sua própria classe e seus sindicatos específicos". Tal era a situação em Moscou, Vladímir, Penza, Kharkov e outras cidades. O mesmo destino teve outra organização política feminina mais à direita, o Partido Progressista Feminino, que tentou organizar as empregadas domésticas sob a vigilância atenta das patroas. O movimento das criadas ultrapassou os limites destinados a ele pelas feministas. Basta folhear os jornais de 1905 para ver que estão repletos de relatos sobre as manifestações abertas das empregadas domésticas, até em cantos mais distantes da Rússia. Essas agitações tomavam forma ora de greve, ora de protesto de rua. As cozinheiras, lavadeiras e criadas entravam em greve por categoria e se uniam sob o nome comum de "criadagem". Contagiantes, esses protestos se espalhavam de um lugar para outro. Normalmente, as exigências das trabalhadoras eram: redução da jornada de trabalho para oito horas diárias, estabelecimento do salário mínimo, condições de moradia mais toleráveis para as criadas (um quarto separado), tratamento educado por parte dos empregadores e assim por diante.

No entanto, o despertar político das mulheres não se limitava a uma população urbana pobre. Pela primeira vez na Rússia, as camponesas começaram a se manifestar de modo persistente, obstinado e resoluto. O fim de 1904 e todo o ano de 1905 foi um período de incessantes "motins das *bábas**". A guerra no Japão deu o impulso inicial. Todos os horrores, dificuldades, todo o mal social e econômico associados a esse lamentável conflito foram carregados como um fardo pesado pelas mulheres camponesas, esposas e mães. O recrutamento dos soldados de reserva colocou sobre seus ombros já sobrecarregados o dobro do trabalho, e elas, dependentes e apavoradas com tudo que estava além dos interesses da sua casa, de repente se viram forçadas a encarar as forças hostis e desconhecidas, sentir todas as humilhações decorrentes da falta de direitos, experimentar até o fundo a amargura de mágoas injustas... As camponesas, brutas e oprimidas, pela primeira vez abandonavam seu ninho e se apressavam para as cidades com o objetivo de obter notícias dos maridos, filhos ou pais, pedir pensão e defender seus interesses perante as instituições públicas... Toda a falta de direitos da classe camponesa, toda a mentira e a desigualdade da ordem social existente revelaram-se diante dos olhos perplexos da *bába* camponesa de modo vivo e repugnante... Ela voltou da cidade desiludida e fortalecida, com um estoque infinito de amargura e ódio no coração... No verão de 1905, houve uma série de "motins das *bábas*" no sul do país. As camponesas invadiam os departamentos militares e policiais e libertavam os soldados de reserva com raiva e coragem surpreendentes para o sexo feminino. Armadas com rastilhos, forquilhas e vassouras, elas expulsavam os militares das aldeias e povoados. Protestavam à

---

* *Bába* aqui é a mulher camponesa, enquanto a palavra *mujique* se refere ao homem camponês. (N. T.)

A REVOLUÇÃO DAS MULHERES

sua maneira contra o fardo insuportável da guerra. Obviamente, elas foram presas, julgadas e condenadas a castigos severos. No entanto, os "motins das *bábas*" não cessaram. Nesse protesto, a defesa dos interesses dos camponeses se uniu aos das *bábas* de modo tão estreito que não há razão para separar um do outro nem para considerar os "motins das *bábas*" como parte do movimento feminista.

Depois das manifestações "políticas" das camponesas ocorreu uma série de "motins das *bábas*" por motivos econômicos. Era uma época em que as revoltas camponesas e as greves agrárias se davam em todos os lugares. Muitas vezes, eram as *bábas* que incentivavam essas agitações e instigavam os homens a participar. Houve casos em que, sem conseguir a compaixão dos mujiques, as camponesas dirigiram-se sozinhas às casas dos latifundiários para apresentar suas exigências e ultimatos. Armadas com o que estivesse à mão, elas antecipavam os mujiques para enfrentar as tropas punitivas. De repente, a *bába*, injustiçada e oprimida por séculos, tornou-se uma das personagens indispensáveis no drama político que acometia o país. Durante todo o período revolucionário, em uma união estreita e inseparável com o homem, ela lutava pelos interesses gerais dos camponeses e, com incrível tato, só se dava o direito de lembrar das necessidades específicas femininas quando isso não ameaçava a causa geral camponesa.

Isso não significa que as camponesas ficaram indiferentes ou ignoraram as demandas femininas. Pelo contrário, a manifestação massiva das camponesas na arena política e a sua participação ostensiva na luta geral fortaleceram e desenvolveram a autoconsciência das mulheres. Já em novembro de 1905, as camponesas da província de Vorónej enviaram duas delegadas ao Congresso dos Camponeses, com a tarefa de exigir "direitos políticos" e "liberdade" para as mulheres em condições de igualdade com os homens[1].

---

[1] Basta lembrar as cartas-recomendações históricas das camponesas das províncias de Vorónej e Tver à primeira Duma ou o telegrama das camponesas do povoado de Nogátkino ao deputado Aládin: "Nesse grande momento da luta entre os direitos e a força, nós camponesas do povoado de Nogátkino saudamos os representantes eleitos do povo que manifestaram desconfiança em relação ao governo, que exigiu a renúncia do ministério. Esperamos que os representantes, apoiados pelo povo, deem a ele terra e liberdade, abram as portas das prisões para soltar os combatentes pela liberdade e felicidade do povo e consigam os direitos civis e políticos para si e para nós mulheres russas, marginalizadas e privadas dos direitos mesmo em nossas famílias. Lembre-se de que uma escrava não pode ser mãe de um cidadão livre" (delegada representante das 75 mulheres de Nogátkino).

A população camponesa feminina do Cáucaso defendia os seus direitos com uma clareza especial. Nas reuniões rurais da província de Kutaisi, na Geórgia, as camponesas de Guria emitiram uma ordem sobre a equiparação de direitos políticos com os homens. Em um encontro dos representantes rurais e urbanos ocorrido na província de Tbilisi e dedicado à introdução do *ziémstvo* no sul do Cáucaso, entre os deputados da população local estavam as mulheres georgianas que insistiam em lembrar dos direitos femininos.

Claro que, juntamente com a exigência de igualdade política, as camponesas de todos os lugares levantaram a voz em defesa dos seus interesses econômicos; a questão dos "loteamentos" da terra preocupava tanto o camponês quanto a camponesa. Às vezes, aquelas camponesas que apoiavam com ardor a ideia de alienação das terras da propriedade privada deixavam de manifestar interesse por essa causa quando surgiam dúvidas se as terras deveriam ser distribuídas também "por cabeça de mulher". As mulheres diziam, preocupadas: "Se tirarem a terra dos latifundiários e a entregarem apenas aos homens, nós, *bábas*, seremos totalmente escravas. Hoje, pelo menos podemos ganhar uns copeques na economia, mas, se isso acontecer, teremos de trabalhar só para os mujiques". No entanto, os temores das camponesas não tinham nenhum fundamento: um cálculo econômico simples forçava os camponeses a defender a distribuição de terras também entre as "cabeças de mulheres". Os interesses agrários dos camponeses e os das camponesas estavam tão intimamente entrelaçados que os camponeses, ao lutar pelo aniquilamento das regras vigentes de distribuição de terra, defendiam também os interesses econômicos de suas "*bábas*".

Por outro lado, ao lutar pelos interesses econômicos e políticos do campesinato como um todo, a camponesa aprendeu a defender as necessidades e demandas específicas das mulheres. O mesmo se aplica às trabalhadoras: por meio da sua participação incansável no movimento de libertação geral, elas, mais do que as camponesas, prepararam a opinião pública para reconhecer o princípio da igualdade feminina. A ideia de igualdade civil das mulheres, hoje implementada na Rússia soviética, foi reivindicada não pelos esforços heroicos de mulheres isoladas e das personalidades fortes, tampouco pela luta das feministas burguesas, mas pela pressão natural das grandes massas de trabalhadoras e camponesas, despertadas pelos estrondos da primeira Revolução Russa de 1905.

A REVOLUÇÃO DAS MULHERES

Certa vez, em 1909, em meu livro *Fundamentos sociais da questão feminina*, ao polemizar com as feministas burguesas, contra as quais todo o livro é dirigido, escrevi:

Mesmo se a mulher camponesa conseguir, no futuro próximo, melhorar a sua posição nos sentidos cotidiano, econômico e jurídico, obviamente isso será possível apenas graças aos esforços conjuntos da democracia camponesa, voltados à implementação das exigências gerais dos camponeses, que sempre são levantadas, de uma forma ou de outra, no meio camponês. Os esforços das feministas em "abrir o caminho para as mulheres" não têm nada a ver com isso... Se a camponesa se livrar da escravidão imposta pelas regras vigentes da divisão de terra, ela ganhará mais do que são capazes de lhe dar todas as organizações feministas juntas.[2]

Aquilo que foi escrito há dez anos justifica-se hoje na íntegra. A Grande Revolução de Outubro não só concretizou a exigência principal e emergente dos camponeses de ambos os sexos – a de entregar todas as terras nas mãos dos próprios agricultores –, como deu à camponesa o título honorário de cidadã livre e igual em todos os aspectos, embora ainda persista a escravidão das formas econômicas tradicionais e dos costumes da vida familiar.

O que a operária e a camponesa começavam a sonhar nos primeiros dias da Revolução Russa de 1905 foi realizado de fato pela grande reviravolta de outubro de 1917. A mulher russa conseguiu a igualdade política. No entanto, ela deve essa conquista não à colaboração com as feministas burguesas, mas à luta conjunta e inseparável com as camaradas dentro da mesma classe trabalhadora.

Fonte: К истории движения работниц в России [Da história do movimento das trabalhadoras na Rússia], em Aleksandra Kollontai, *К истории движения работниц в России*/ *K istóri dvijénia rabótnits v Rossíi* [Da história do movimento das trabalhadoras na Rússia], Khárkov, 1920 (versão abreviada; escrito originalmente em 1919).

---

[2] Aleksandra Kollontai, *Sotsiálnie osnóvi jénskogo vopróssa* [Fundamentos sociais da questão feminina] (São Petersburgo, 1909), p. 421.

I CONFERÊNCIA INTERNACIONAL
DE MULHERES COMUNISTAS[*]

Esse evento enorme e importante em seu significado será vivido pelos trabalhadores e operários de todos os países junto com o congresso da III Internacional. No meio de julho, em Moscou, ocorreu a I Conferência Internacional das Mulheres Comunistas[**]. É evidente para todos o significado da convocação do congresso da III Internacional no presente momento, quando em todos os países burgueses o ar está saturado da tempestuosa energia revolucionária acumulada e quando a tarefa principal do congresso internacional é reunir as forças do proletariado de todas as partes do mundo, incluindo o Extremo Oriente, em torno dos lemas vivos e das tarefas políticas dos comunistas. O conjunto de lemas e a unidade das táticas, que formam o congresso da Internacional, cria uma nova ameaça ao mundo capitalista, que está se desagregando e perdendo a força diante dos nossos olhos.

Mas para que essa ameaça tenha um caráter ainda mais eficaz, é preciso que também se una às forças organizadas do proletariado masculino o segundo exército, o exército de reserva da classe trabalhadora: as mulheres. Se considerarmos o papel decisivo que a mulher desempenha hoje na economia popular não apenas da Rússia trabalhadora, mas de todos os países capitalistas, se considerarmos que a quantidade de trabalhadoras envolvidas na produção mundial aumentou em quase 10 milhões na época da guerra, ficará claro que

---

[*] Tradução de Priscila Marques. (N. E.)

[**] Ocorrida em Moscou, de 30 de julho a 3 de agosto de 1920, a I Conferência Internacional de Mulheres reuniu delegadas da Rússia, Alemanha, França, Inglaterra, Itália, Áustria, Hungria, Dinamarca, Suécia, Finlândia, Noruega, Letônia, México, Índia, Turquistão e Geórgia. A principal questão da ordem do dia foi a elaboração de formas e métodos de organização do trabalho entre as mulheres trabalhadoras. Aleksandra Kollontai não participou da conferência por motivos de saúde, mas foi eleita membro honorário da presidência da conferência juntamente com Vladímir Lênin, Nadiéjda Krúpskaia e Clara Zetkin. (N. T.)

a III Internacional não pode ser construída sem a viva participação feminina e que o sucesso das tarefas que serão planejadas pelo congresso internacional depende em enorme medida da atividade das massas de mulheres.

Não podemos esquecer que, nos últimos anos, o movimento das trabalhadoras passou por uma imensa reviravolta. Foi-se o tempo em que a burguesia encontrava nas mulheres trabalhadoras o mais fiel bastião de suas iniciativas antirrevolucionárias e conservadoras, em que as condições de vida, a situação familiar, a eterna preocupação com os filhos e com o marido, que encerravam o mundo das mulheres trabalhadoras nos limites domésticos, faziam delas temerosas defensoras do passado. A guerra mundial derrubou de maneira impiedosa todos os fundamentos e costumes habituais, agitou a vida, impulsionou a mulher para o turbilhão da luta. "A senhora política", da qual a mulher se esquivou por séculos, agora irrompe no abrigo da família trabalhadora, seja na forma dos incontáveis sofrimentos e desgraças da guerra, seja na forma dos preços elevados, do desemprego e da fome. A mulher não podia mais ficar passiva, alheia; ela precisou decidir qual era o seu lado, uma vez que toda a classe trabalhadora estava claramente dividida entre bolcheviques e conciliadores, e o mundo se repartiu em duas frentes opostas: os "brancos" e os "vermelhos". Muito contribuíram para o despertar das mulheres trabalhadoras os grandiosos eventos que desde 1917 são realizados na Rússia revolucionária, dos quais as operárias e camponesas participaram ativamente. O exemplo das trabalhadoras russas não foi em vão para as mulheres da classe operária de outros países. Elas levaram em consideração, aprenderam muito, refletiram sobre diversas questões. Na época da guerra e da revolução, as trabalhadoras também mudaram. A massa de proletárias cresceu, fortaleceu-se e temperou sua vontade por meio de discursos, manifestações e repetidas greves contra os preços elevados, a crise dos alimentos e a guerra. Sua inteligência foi iluminada quando elas descobriram a vil mentira que recobria a política dos governos burgueses. Elas conheceram a traição dos socialistas conciliadores e sua total incapacidade de salvar o povo trabalhador dos horrores e sofrimentos do colapso mundial. As mulheres trabalhadoras de todos os países amadureceram para a luta viva e ativa pelo comunismo. É preciso apenas encontrar os métodos corretos de trabalho com as mulheres proletárias, a forma apropriada para o envolvimento delas nesse embate.

A I Conferência Internacional de Mulheres Comunistas tomou para si essa tarefa. A primeira questão na ordem do dia da conferência foi a respeito do engajamento de todas as trabalhadoras conscientes nas ações gerais e fundamentais da III Internacional e da união das forças masculinas e femininas do proletariado de todos os países em torno do avanço da revolução operária mundial. Não devemos esquecer que, nos países capitalistas, resíduos da II Internacional, que se encontra nas mãos dos traidores do socialismo, continuam a ter certa influência sobre as massas. Por outro lado, a demora da revolução e a insuficiente organização das forças no flanco revolucionário do proletariado produzem uma inclinação para um anarquismo elementar. Diante dos comunistas da Europa Ocidental e da América está a dura luta não apenas contra os inimigos diretos dos trabalhadores, mas também contra esses pensamentos desviantes que afastam o proletariado dos princípios da III Internacional e enfraquecem sua força de luta.

É preciso sempre lembrar que a concretização do comunismo não pode ser um feito do proletariado de um único país. Quanto mais claramente as mulheres trabalhadoras do Ocidente se posicionarem junto dos operários no caminho da franca guerra civil, mais fácil será para a Rússia soviética realizar seus ataques no *front* e lutar contra o colapso da economia. A condição de falência da Rússia trabalhadora é vantajosa para os nossos inimigos. Por isso, para os trabalhadores e operários de todo o mundo é vantajoso o contrário: por meio da pressão sobre os capitalistas da pátria, destruir as ardilosas maquinações dos inimigos e, tendo lhes tomado o poder, não apenas propiciar à primeira república trabalhadora a liberdade de existir e prosperar, mas seguir diretamente seus passos e proclamar o poder dos trabalhadores.

A segunda questão na ordem do dia da conferência foram os relatórios dos representantes dos diferentes países. Evidente que neles é preciso desmascarar e estigmatizar da forma mais implacável para nossos camaradas – os delegados da Alemanha, Inglaterra etc. – a política dos traidores nacionais do socialismo, que submeteram a vontade das massas aos desejos e interesses da burguesia, e mostrar às trabalhadoras que o único órgão que levará o proletariado ao comunismo e as mulheres à sua plena emancipação é a III Internacional Comunista.

O terceiro ponto na ordem do dia diz respeito às "formas e métodos de trabalho do PCR em relação às mulheres" e à "situação das operárias e camponesas na Rússia diante das condições da ditadura do proletariado". Esse último aspecto se dividiu em dois relatórios: 1) a libertação econômica e política das mulheres na república trabalhadora; 2) a emancipação familiar das mulheres. Foram incluídas questões essenciais, como a alimentação pública, a educação social das novas gerações... A Rússia ocupa tantas cadeiras na conferência de mulheres comunistas pelo fato de que a experiência da Revolução Russa, tudo que ela deu às mulheres nos limites das repúblicas soviéticas, assim como a própria participação ativa de centenas de milhares de trabalhadoras na construção da nova Rússia e na defesa do *front* vermelho, servem de poderoso impulso para as trabalhadoras de outros países, encorajam as vacilantes e fortalecem a fé dos defensores do comunismo sobre a justeza da direção tomada.

A quarta questão na ordem do dia é: "os partidos comunistas e seu trabalho com as mulheres". Esse será um dos temas mais vitais da conferência. O sucesso da revolução mundial depende em grande medida de uma abordagem eficiente das amplas e agitadas massas de trabalhadoras por parte do Partido Comunista. Entretanto, quase não foi executado esse trabalho sistemático, fundado na consideração das diferentes condições de existência das mulheres em todos os países e naquelas tarefas que lhes são colocadas pela vida. No I Congresso da Internacional, em março de 1919, foi aprovada apenas uma resolução geral que imputou a todos os partidos comunistas a responsabilidade de fortalecer o trabalho entre as mulheres e que ressaltou a inviabilidade da ditadura do proletariado sem a participação ativa delas. Agora, a questão sobre os métodos de atração das massas de mulheres para a luta pela ditadura adquire um caráter atual e urgente, não apenas declarativo. Por isso, depois da discussão na conferência e da tomada da resolução correspondente, ela também será apresentada no congresso geral da III Internacional.

A quinta e última questão na ordem do dia programada até então diz respeito à formação de uma seção de mulheres trabalhadoras da III Internacional. Apenas a existência de um órgão permanente de articulação das mulheres comunistas, que oriente o trabalho no espírito da determinação do evento e que, juntamente com a III Internacional, prepare o proletariado para a revolução mundial, garantirá que as regulamentações da conferência não se tornem somente desejos vazios.

A seção de mulheres trabalhadoras da III Internacional deve ser um aparato técnico equivalente ao que são os departamentos das mulheres trabalhadoras do PCR. Enquanto as bases do capitalismo não forem quebradas e o comunismo não tiver emancipado de fato as mulheres, tal separação do trabalho no partido será não apenas inevitável, mas até oportuna.

A ordem do dia da conferência exclui questões de caráter político amplo e fundamental, uma vez que estas serão discutidas no congresso geral. Mas é claro que o relatório sobre a situação das mulheres na República Soviética deve tratar de maneira clara e definida de uma série de temas vitais, urgentes e nevrálgicos, que têm um sentido comum indispensável, quais sejam: educação social, transição para a alimentação pública, destruição das formas antigas de casamento mediante o surgimento de novas relações entre os sexos. Observamos também a crescente importância das mulheres na economia doméstica e o avanço radical que traz consigo a introdução do dever trabalhista universal no destino e na posição das mulheres operárias e camponesas.

A I Conferência Internacional de Mulheres Comunistas ocorre no momento em que as condições materiais da economia nos países capitalistas amadureceram para o comunismo e que a revolução já depende apenas do grau de consciência e coesão das massas. Fortalecer essa solda e contribuir para o aumento da consciência entre a ala feminina do proletariado: essas são as tarefas do encontro.

Há motivos para considerar que a primeira conferência das trabalhadoras comunistas de todos os países será capaz de criar o bastião do comunismo entre as mulheres trabalhadoras, o que, ao revelar a tática revolucionária, ajudará a destruir as últimas ilusões do oportunismo e, ao impulsionar as massas de ambos os sexos para a luta decisiva e feroz contra os predadores globais, apressará a incvitável revolução trabalhadora, garantindo no mundo a vitória do poder dos sovietes, a ditadura do proletariado e o verdadeiro comunismo sob a bandeira da III Internacional Comunista.

Fonte: Первая международная конференция коммунисток [I Conferência Internacional de Mulheres Comunistas], em *Kommunístka/ Коммунистка* [A Comunista], n. 1, jun.-jul. 1920.

OS SINDICATOS E A TRABALHADORA[*]

Neste momento, ocorrem na Moscou vermelha os encontros do IV Congresso de Sindicatos de toda a Rússia. O salão está cheio, com cerca de 2 mil delegados, mas inconscientemente um fenômeno característico e longe de ser reconfortante chama a atenção: o pequeno número de trabalhadoras que participam do evento. Aqui e ali mal podem ser vislumbrados os rostos das mulheres em pequenos grupos ou unidades dispersas. Na presidência, há apenas uma delegada, e mesmo ela não é uma trabalhadora do sindicato, mas uma comunista.

O que isso significa?

Será que não há, entre as trabalhadoras, sindicalistas que sejam boas, inteligentes e eficientes? Ou as mulheres na Rússia soviética não são suficientemente maduras para a política nem capazes de conduzir um trabalho de responsabilidade?

Essas suposições são simplesmente ridículas e provocam um sorriso em qualquer pessoa ponderada. Existem inúmeros exemplos vívidos à nossa volta que contestam tal hipótese: nesses três anos da Revolução foram forjadas da densa massa proletária feminina muitas construtoras estimáveis do comunismo.

Todavia, esse não é o ponto. A razão é outra. Trata-se de que, até o presente momento, o nosso partido ainda não colocou em prática o decreto do VIII Congresso das Uniões sobre o envolvimento das trabalhadoras em todos os órgãos econômicos do país nem aplicou em medida suficiente a resolução do IX Congresso do Partido a respeito do engajamento da ampla massa de trabalhadoras na construção do comunismo não apenas por meio dos órgãos soviéticos, mas também das organizações profissionais.

---

[*] Tradução de Melissa Teixeira Siqueira Barbosa e Ekaterina Vólkova Américo. (N. E.)

Por sua vez, as seções dos sindicatos pouco fizeram para concretizar o decreto do III Congresso dos Sindicatos sobre o trabalho em meio à ala feminina do proletariado. Essa questão é emergente. Ela exige uma abordagem atenta do partido e dos sindicatos.

No dado momento, a próxima tarefa do partido é a organização das amplas massas do proletariado em torno dos objetivos de desenvolvimento econômico e da reconstituição da produção. A execução dessa incumbência é facilitada na medida em que seja mais intensa a educação comunista dos trabalhadores no processo de reordenamento da produção de acordo com novos princípios comunistas. Como se sabe, as trabalhadoras compõem uma enorme porcentagem dos sindicatos.

Existe uma série de uniões, e nelas as mulheres são maioria. Naturalmente, se no seu X Congresso o partido decidiu reconhecer os sindicatos como as escolas do comunismo, ele deve realizar um trabalho direcionado não apenas ao meio dos trabalhadores, mas também ao das trabalhadoras.

Nas uniões, a seção divulga as ideias do comunismo. O partido a encarrega do trabalho de formação comunista das massas sem partido, incluindo aqui, obviamente, as trabalhadoras. Ao mesmo tempo, a educação comunista das massas de mulheres não partidárias é realizada por um dos aparatos do partido: o departamento de trabalho com as mulheres. Em prol da viabilidade das ações, a fim de evitar o paralelismo e para garantir a exatidão dos métodos adotados pelas seções dos sindicatos no trabalho com as mulheres membros das uniões, é necessário estabelecer o completo alinhamento de estratégias entre esse aparato especial do partido – os Jenotdiél – e as seções sindicais.

Quem argumentaria que a escravidão cotidiana das mulheres, manifesta com agudeza particular no período de colapso econômico e adiamento da realização das atividades das trabalhadoras no campo do trabalho social, coloca a trabalhadora em condições notavelmente desvantajosas mesmo na Rússia soviética trabalhista? A subjugação da mulher às circunstâncias cotidianas retarda o crescimento da sua educação política. É um fenômeno evidente e inquestionável. Ele força o partido a buscar abordagens e métodos de trabalho especiais com a ampla massa do proletariado. O uso desses métodos ajuda o partido a encontrar uma abordagem correta para engajar a trabalhadora, a ultrapassar as dificuldades do dia a dia, que atrapalham o desenvolvimento da sua independência e atividade, e a promover o envolvimento das trabalhadoras na construção do comunismo.

A tarefa do partido no trabalho com as mulheres membros dos sindicatos se reduz à propaganda das ideias do comunismo em atos e palavras, verbalmente e na imprensa; ao treinamento prático das trabalhadoras no espírito do comunismo, encorajando seu envolvimento na esfera econômica e de produção das uniões; à sua introdução, de acordo com o decreto do VIII Congresso das Uniões, em todos os órgãos de gestão da economia (diretorias das uniões, comitês de fábricas e de indústrias, conselho de economia nacional, gerenciamento das fábricas etc.) e, particularmente, em todas as comissões (de proteção do trabalho, de melhoria das condições de vida, de regulação da tarifa etc.), o que reflete diretamente na emancipação cotidiana das mulheres. Entre as tarefas do partido estão: atrair as trabalhadoras membros das uniões para o desenvolvimento soviético e, antes de tudo, para os órgãos econômicos; o partido também deve contribuir por meio de todos os seus órgãos partidários e, particularmente, dos Jenotdiél, para a formação da consciência sobre as necessidades comuns do proletariado, combatendo os preconceitos contra a mulher que ainda se mantêm firmes entre a extensa massa do proletariado masculino. Por fim, nos interesses do comunismo e do progresso das forças produtivas da república trabalhista, o partido deve estimular o avanço da qualificação de trabalho das mulheres por meio do fortalecimento da sua formação profissional e técnica.

Quanto mais completo e abrangente for o cumprimento dessas tarefas na área de trabalho com as mulheres, mais as organizações sindicalistas do proletariado e toda a república trabalhista se beneficiarão. Nenhuma das ações planejadas pelo Congresso dos Sindicatos poderia ser realizada sem o apoio ativo de 2 milhões de trabalhadoras membros dos sindicatos. Nenhuma conquista no campo econômico seria tangível sem sua colaboração.

Diante das grandiosas tarefas econômico-estruturais que surgem no presente momento perante o proletariado russo, o centro de atenção dos aparatos partidários no trabalho com as mulheres deve ser transferido para os órgãos profissionais e de produção.

Quanto mais vasto for o desenvolvimento desse trabalho, mais certa será a vitória do comunismo.

Fonte: Профсоюзы и работница [Os sindicatos e a trabalhadora], em *Pravda/ Правда* [Verdade], São Petersburgo, 22 maio 1921.

A III INTERNACIONAL
E A TRABALHADORA[*]

No momento da criação da III Internacional, as mulheres se apresentaram não apenas como uma força produtiva atuante na economia mundial, mas também como uma força política, compondo as fileiras dos agrupamentos políticos de acordo com o grau de sua consciência política. A III Internacional, segundo seus objetivos, teve de, já no seu primeiro congresso, em 1919, em Moscou, assumir um posicionamento completamente diferente em relação à convocação das mulheres para a luta pela ditadura [do proletariado], ao se expressar de modo claro a favor da necessidade de trabalho entre as grandes massas femininas. Sem a participação das trabalhadoras, não há garantia de vitória, não há possibilidade de construção. Em 1920, o Comintern se baseava no Comitê Executivo do Secretariado Feminino Internacional (MJS)[**]. Não se trata de um órgão autônomo, tal qual era na II Internacional, mas apenas um dos aparatos operários do Comintern que enriquece a atividade dos partidos comunistas com mais uma missão de combate: a completa emancipação da mulher. A III Internacional, em oposição à II Internacional, ao organizar uma apresentação política, leva em conta as forças, o grau de organização e a consciência de classe das trabalhadoras. Para a III Internacional, a juventude operária e as mulheres trabalhadoras são quadros especiais do proletariado, e deve-se saber empregá-los para a realização dos objetivos de um plano único de ação. A guerra mundial e as explosões da revolução trabalhadora, que se refletiram na intensificação da guerra civil em seus diferentes aspectos, também foram forjadas pela força política ativa das trabalhadoras em outros países. A trabalhadora comunista ocupou seu lugar histórico sob o estandarte do Comintern. Nas reiteradas apresentações do proletariado germânico nesses

---

[*] Tradução de Cecília Rosas. (N. E.)

[**] Sigla para o nome em russo: "*Mejdunarodni Jénski Sekretariat*". (N. T.)

A REVOLUÇÃO DAS MULHERES

anos tumultuados em que começou a revolução social, nas prolongadas greves econômicas da Inglaterra, na luta revolucionária dos proletariados finlandês e húngaro pelo poder dos sovietes, nas apresentações dos trabalhadores italianos, na luta heroica das operárias e camponesas da Rússia e dos Estados Unidos, no movimento crescente do proletariado japonês – por toda a parte a mulher proletária age, luta e abnegadamente sacrifica a si mesma, sua família e sua vida. Nos anos da grande batalha, não só o trabalhador-organizador cresceu, fortaleceu-se e adquiriu consciência de classe, mas também sua camarada de classe: a trabalhadora. O material é evidente. É preciso apenas saber usá-lo. É preciso apenas saber desenvolver o trabalho em toda sua amplidão. O primeiro passo já foi dado.

O III Congresso do Comintern obrigou todos os partidos comunistas do mundo a fundar seções de trabalho entre as mulheres, seguindo o exemplo do Partido Comunista Russo, e a conduzir ações com o proletariado feminino segundo os princípios e métodos estabelecidos na II Conferência Internacional das Comunistas. Agora, em quase todos os partidos comunistas da Europa, seções femininas não só foram criadas, mas, o que é especialmente importante, executam o trabalho segundo um plano comum. Com isso, não apenas são alcançados êxitos práticos, mas também são fortalecidos o espírito do internacionalismo, a coesão e o sentimento de solidariedade que faltaram na II Internacional.

Tanto no Ocidente capitalista desenvolvido como nos países economicamente atrasados do Oriente cresce e se estabelece o princípio da necessidade de engajamento das mulheres na luta pelo comunismo. A II Internacional nunca difundiu sua influência para além dos países de cultura ocidental. O Oriente ainda lhe era alheio. O Secretariado Feminino Mundial da II Internacional nem sequer tentou assumir a tarefa de envolver as mulheres dos povos atrasados na luta por sua emancipação por meio do socialismo. O Comintern do MJS, pelo contrário, dedica ao Oriente uma atenção especial, por considerar corretamente que a luta no Oriente é a possibilidade mais certa de dar um golpe nas costas do capitalismo mundial. Na Coreia, o movimento operário feminino tem um tamanho impressionante. As trabalhadoras são participantes da insurreição armada, elas não apenas declaram sua vontade nas greves, mas também estão habituadas a manejar armamentos. No Japão, 58% dos trabalhadores ocupados na indústria são mulheres. O florescente setor têxtil japonês apoia-se

211

no trabalho feminino. Nas plantações da Índia há mais de 2 milhões de trabalhadoras. Nas indústrias artesanais do Oriente próximo, a mão de obra feminina desempenha um papel importante; a indústria capitalista em desenvolvimento na China apoia-se no trabalho de crianças e mulheres. O jugo do capital se entrelaça com as tradições religiosas e os vestígios de costumes patriarcais opressores às mulheres. O capitalismo, ao firmar-se no Oriente, cria uma tripla subjugação da mulher. A saída é uma só: a luta pelo comunismo. Naturalmente, as primeiras tentativas do MJS de contatar a unidade de vanguarda do proletariado feminino do Oriente tiveram uma viva ressonância. O Oriente está se mexendo, ele está despertando. Está sendo criado um núcleo de trabalho entre as mulheres no Oriente Próximo e no Extremo Oriente. No dia 1º de dezembro, no Oriente Próximo, o MJS convoca uma reunião exclusiva para as representantes de Turquia, Pérsia e repúblicas do Cáucaso. Na primavera, o MJS planeja chamar uma reunião dos países comunistas do Extremo Oriente. O trabalho está se estabelecendo, as ligações com o Oriente estão se fortalecendo, estão sendo planejadas formas de ação e tarefas especiais ligadas ao cotidiano singular e às condições de vida especiais das mulheres dos povos orientais.

O MJS não é apenas um órgão de propaganda, mas também de ação. A ajuda à população trabalhadora faminta da Rússia soviética levou à mobilização da coleta de doações entre as alemãs, suecas, tchecoslovacas, búlgaras e outras comunistas. O grande aniversário da Revolução Russa, 7 de novembro, está se transformando, para os comunistas da Suécia, da Alemanha e de uma série de outros países, em um dia de manifestações, reunião de trabalhadoras, publicação de folhetos, apelos etc.

Cada país tem sua correspondente ligada ao MJS. Para fevereiro, o MJS planeja reunir todas as correspondentes dos países do Ocidente e Oriente. Já foram realizadas duas conferências internacionais de mulheres comunistas, em 1920 e 1921, por ocasião dos congressos do Comintern e de seus esforços. O MJS publicou seis números de sua edição internacional (*Kommunistítcheski jénski internatsional*, sob a chefia de Clara Zetkin). O último foi quase inteiramente dedicado à II Conferência Internacional Comunista.

Ao avaliar as conquistas do Comintern no âmbito do engajamento das massas de mulheres trabalhadoras na luta pelo comunismo, é preciso levar em conta não apenas os êxitos práticos do movimento,

A REVOLUÇÃO DAS MULHERES

mas também o imenso progresso obtido no que se refere às relações com as mulheres em escala mundial desde a época da Revolução de Outubro e com a colaboração do Comintern.

Ainda há pouco, colocou-se diante do mundo burguês a questão, insolúvel para o capitalismo, da igualdade de direitos e da completa emancipação da mulher. A ditadura da classe trabalhadora na Rússia resolveu esse problema urgente. A assim chamada "questão feminina" não existe para a Rússia soviética. O papel da mulher na administração do povo e sua passagem do trabalho não produtivo da família para o trabalho produtivo mudaram na raiz a situação da mulher e a relação da própria sociedade trabalhadora com ela. O proletariado do mundo inteiro tem agora diante dos olhos um exemplo vivo de como está mudando o destino de todo o proletariado, e em particular das mulheres da classe trabalhadora, com a vitória em nome das tarefas a que a III Internacional conclama a cumprir.

Muitos foram os êxitos da classe trabalhadora nesses quatro anos de revolução, um grande progresso foi feito em uma série de âmbitos sociais e políticos. Mas talvez a maior luta da Revolução Russa e da III Internacional nesse período esteja na esfera da resolução do tema da emancipação das mulheres trabalhadoras. Foi encontrado, indicado e estabelecido o caminho prático para a solução radical da questão da igualdade de direitos para a mulher. Por meio da ditadura do proletariado e da união mundial dos trabalhadores, sob o estandarte do Comintern, rumo à construção do comunismo, ou seja, rumo também à emancipação da mulher.

Fonte: *Третий Интернационал и работница* [A III Internacional e a trabalhadora], em *Pravda/ Правда* [Verdade], São Petersburgo, 13 nov. 1921.

O QUE OUTUBRO DEU
À MULHER OCIDENTAL*

Todos sabem, de maneira clara e indubitável, o quanto Outubro deu às mulheres trabalhadoras em relação à sua emancipação. No entanto, como o Grande Outubro impactou na questão da libertação das mulheres nos países burgueses? Como ele contribuiu para a criação do tipo da "nova mulher", relacionado às tarefas e aspirações da classe trabalhadora?

A [Primeira] Guerra Mundial, que na Europa e na América do Norte atraiu massas colossais de mulheres das camadas mais necessitadas da população para o círculo de produção e de administração pública, obviamente impulsionou a causa da emancipação da mulher. O rápido crescimento do trabalho feminino resultou em mudanças profundas e inéditas no cotidiano da família e no modo de vida geral das mulheres nos países burgueses. Entretanto, dificilmente o processo de emancipação feminina teria ido além disso caso Outubro não tivesse dado a última palavra. Outubro ajudou a estabelecer uma nova concepção de mulher, ao assegurar e revelar a imagem da mulher como unidade de trabalho socialmente útil. Desde os primeiros passos da Revolução de Outubro, ficou claro que a força e a energia das mulheres são necessárias não apenas para o marido e para a família, como se acreditava há milhares de anos, mas para a sociedade, para a coletividade social, para o Estado.

Não obstante, a burguesia não pode e não quer reconhecer esse fenômeno como um fato histórico inevitável, nem entender que a formação de um novo tipo de mulher está relacionada com a mudança geral, rumo à criação de uma nova sociedade trabalhadora. Não fosse Outubro, ainda seria dominante a visão de que a mulher independente é algo temporário e que o lugar das mulheres está na família, à custa do marido, que ganha a vida. Outubro mudou diversos conceitos. Essa reviravolta na avaliação das tarefas e do destino das

---

* Tradução de Thaiz Carvalho Senna e Ekaterina Vólkova Américo. (N. E.)

A REVOLUÇÃO DAS MULHERES

mulheres na União Soviética impactou também no modo como elas são tratadas muito além dos limites do país. Hoje encontramos a nova mulher em todos os cantos do globo terrestre. A nova mulher é um fenômeno de massas. Talvez apenas os países semicoloniais e coloniais, onde o desenvolvimento das forças produtivas está atrasado em razão do domínio predatório imperialista, ainda sejam uma exceção. Não se pode levar adiante a luta de classes e grupos sociais sem a contribuição das mulheres.

A nova mulher é, antes de tudo, uma unidade independente de trabalho, cuja colaboração não se estende às necessidades particulares de uma família, mas ao trabalho socialmente útil e necessário. Ela está se livrando daqueles traços morais interiores que definem a mulher do passado. A mesquinhez feminina, o conservadorismo e a estreiteza de conceitos, a inveja, a malícia em relação a outras mulheres, vistas como rivais na caça ao chefe de família: todas essas características já não são mais necessárias no contexto atual, em que ocorre a luta das mulheres pela existência. Desde o momento em que a mulher começa a viver do seu trabalho, ela precisa desenvolver outras qualidades e adquirir novas habilidades. Milhões de mulheres trabalhadoras do mundo se apressam em busca de uma transformação moral.

É interessante observar como não só em nosso país, mas também no exterior, a mulher aprende a ser uma trabalhadora produtiva e essencial. Ela está perfeitamente consciente de que seu bem-estar e muitas vezes a existência de seus filhos dependem diretamente dela mesma, do seu trabalho e das suas habilidades. Ela se adapta externa e internamente às novas condições de vida. Na esfera psicológica, ela deixa de ser aquela criatura paciente e submissa que dava tudo de si para o marido e a família. Hoje, as mulheres não têm tempo para serem "sentimentais", muito menos "submissas" e pacientes. Para elas, é mais importante confiar na sua força, ser firme no trabalho, não se distrair dele por causa das emoções.

Além do compromisso com o trabalho e do empenho em elevar o seu valor no mercado profissional por meio de qualificações e da preocupação com sua saúde e força física, a nova mulher trabalhadora ainda difere das mulheres anteriores no sentido de que expressa claramente os sentimentos e a consciência da ligação com sua classe, com o coletivo. A mulher participa da política. Repito, mesmo que a guerra tenha atraído grandes massas de mulheres para a luta política, somente a Revolução de Outubro admitiu publicamente, por meio de leis e do novo sistema soviético, que a mulher é uma trabalhadora da sociedade e que deve ser reconhecida como um cidadão ativo. A grande mudança na posição feminina na União Soviética gerou um impulso na consolidação das mulheres na luta entre os grupos sociais. A mulher também foi necessária nessa luta. Em todos os lugares, em todos os países, a atividade política delas tem aumentado ao longo dos últimos dez anos em dimensões sem precedentes. As mulheres tornam-se membros de governos (na Dinamarca, Nina Bang é a ministra da Educação; na Inglaterra, Margaret Bondfield compõe o gabinete de [Ramsay] McDonald), entram no corpo diplomático, estão entre os idealizadores dos grandes movimentos revolucionários, como Sun Tsin-lin (esposa de Sun Yat-sen). Elas estão cada vez mais acostumadas a administrar departamentos (ou, como os chamamos na União Soviética, seções), liderar organizações comerciais e orientar a política.

Seria isso possível sem o Grande Outubro? Poderia ter surgido uma nova mulher-cidadã e trabalhadora socialmente útil caso o grande turbilhão não tivesse passado pelo planeta? Se não fosse Outubro, teria sido possível às mulheres trabalhadoras de outros países darem passos tão largos rumo à própria emancipação? Qualquer ser pensante sabe que a resposta é não. É por isso que todas as mulheres trabalhadoras sentem que o décimo aniversário do Outubro é a maior festa dos proletários do mundo.

Outubro afirmou a importância das mulheres trabalhadoras. Outubro criou as condições em que a "nova mulher" triunfará.

Fonte: Что дал Октябрь женщине Запада [O que Outubro deu à mulher ocidental], em *Ogoniók/* Огонек [Chama], n. 41, 9 out. 1927.

AS COMBATENTES NO
DIA DO GRANDE OUTUBRO*

Para a Grande Revolução de Outubro, quem foram elas? Indivíduos? Não, uma massa, dezenas, centenas de milhares de heroínas anônimas que caminharam lado a lado com operários e camponeses em nome da bandeira vermelha, com o lema dos sovietes, através das ruínas do odioso passado religioso e tsarista em direção a um novo futuro...

Se olharmos para o passado, veremos essas massas de heroínas anônimas nos dias de Outubro em cidades famélicas, em vilas destituídas e espoliadas pela guerra... Paninhos na cabeça (ainda eram incomuns os lenços vermelhos), saias puídas, casacos remendados... Jovens e velhas, operárias e soldadas, camponesas e donas de casa, da camada pobre da cidade. Raras, muito mais raras naqueles dias eram as mulheres empregadas, da *intelligentsia*. Mas também havia mulheres da *intelligentsia* entre aqueles que carregaram a bandeira vermelha na vitória de Outubro: professoras, funcionárias de escritórios, jovens universitárias, estudantes ginasiais, médicas. Caminhavam alegres, abnegadas, assertivas. Para onde quer que fosse, lá iam elas. No *front*? Quepe na cabeça, e logo se tornavam soldadas do *front* vermelho. Se amarrassem uma faixa vermelha no braço, significava que estavam correndo para o posto médico para socorrer o *front* vermelho contra [Aleksander Fiódorovitch] Kiérenski, que ficava em Gátchina. Trabalhavam na comunicação. Grandes coisas são criadas com prazer, alegria e sentimento, mas nós éramos uns parafusinhos na classe geral da revolução.

Nos vilarejos, as camponesas solteiras (as que foram enviadas para o *front*) tomavam a terra dos proprietários e purificavam os nobres ninhos daqueles "senhores" que há séculos estavam sentados neles...

Quando lembramos os dias de Outubro, não vemos rostos individuais, mas uma massa. Sem número, como se fossem ondas de gente.

---

* Tradução de Priscila Marques. (N. E.)

E para onde quer que se olhe, por toda parte há mulheres: nos comícios, reuniões, manifestações...

Ainda sem ter total clareza do que queriam, do que pretendiam. Mas já sabiam perfeitamente: não aguentamos mais guerra. Também não queriam saber dos proprietários, dos ricos às suas custas... O grande mar de gente ficou agitado em 1917, e nele havia muitas e muitas cabeças femininas...

Algum dia os historiadores escreverão sobre o que fizeram essas heroínas anônimas, mortas no *front*, executadas pelos brancos[*], que aguentaram a miséria extrema dos primeiros anos da Revolução e mesmo assim não largaram a bandeira vermelha do poder dos sovietes e do comunismo.

Elas, essas heroínas anônimas, mortas em nome de uma nova vida para os trabalhadores nos dias do Grande Outubro, receberam a primeira reverência da jovem União, onde agora a juventude constrói, alegre e satisfeita, a base do socialismo.

Involuntariamente, porém, sobre esse mar de cabeças femininas com seus lenços e quepes gastos, erguem-se as imagens daquelas mulheres que receberão especial atenção do historiador quando, daqui a muitos anos, ele for escrever a respeito de como o Grande Outubro ocorreu e se desenrolou com seu inspirador Lênin.

Em primeiro lugar está a imagem da fiel companheira de armas de Lênin, Nadiéjda Konstantínovna Krúpskaia. O modesto vestido cinza e seu costumeiro esforço por permanecer à sombra, entrar na sala de reunião sem ser percebida, sentar-se atrás de uma coluna. Mas ela mesma vê, ouve e observa tudo para transmitir a Vladímir Ilítch, acrescentar comentários precisos e buscar um pensamento racional, correto e necessário.

Nadiéjda Konstantínovna não discursava nos turbulentos comícios com milhares de pessoas, nos quais o povo decidia a grande disputa: unir-se ou não ao poder dos sovietes? Mas ela trabalhou incessantemente, foi o braço direito de Vladímir Ilítch e às vezes fazia nas reuniões do partido uma observação curta, mas de peso. Nos momentos mais difíceis e perigosos, nos dias em que muitos camaradas fortes perdiam o ânimo e começavam a ter dúvidas, Nadiéjda Konstantínovna se mantinha igualmente convicta, confiante da justeza do trabalho iniciado e com fé na vitória. Ela irradiava uma crença inabalável, e essa

---

[*] Referência aos membros do Exército Branco. (N. E.)

A REVOLUÇÃO DAS MULHERES

firmeza de espírito, oculta sob rara discrição, sempre encorajava a todos que se juntavam aos companheiros de armas do grande criador de Outubro.

Ao lado, surge outra imagem: também uma antiga companheira de armas de Vladímir Ilítch, sua fiel escudeira nos distantes anos de trabalho clandestino, precisa condutora das decisões do partido, por muitos anos secretária do Comitê Central, Elena Dmítrievna Stássova. Testa larga e alva, rigor e capacidade de trabalho incomuns, rara habilidade de "perceber" as pessoas que devem ser "lançadas" ao trabalho. Assim se via sua figura alta e forte, no princípio, em Tavritcheski, no soviete, depois, na casa de [Matilda] Kchesínskaia e, enfim, nos salões de Smolni. Nas mãos, um bloco de anotações; ao redor, buzinavam, importunavam, buscavam uma resposta rápida e exata, uma ordem do camarada no *front*, os trabalhadores, trabalhadoras, guardas vermelhos – membros do partido, membros dos sovietes...

Stássova tinha muitas responsabilidades, mas, se algum camarada estivesse necessitado ou sofrendo naqueles dias turbulentos, ela respondia de forma breve, até seca, e fazia o que era possível. Vivia atolada de trabalho, mas sempre a postos. No entanto, não se enfiava na linha de frente, à vista. Não gostava de alvoroço à sua volta, a preocupação não era com ela mesma, mas com o trabalho.

O grande e amado trabalho do comunismo, motivo pelo qual esteve no exílio, contraiu doenças nas prisões tsaristas... Na lida era forte como um sílex, de aço. E, para a infelicidade dos camaradas, tinha a sensibilidade e a empatia que só as mulheres de grande alma têm.

Klávdia Nikoláieva era uma trabalhadora, chão de fábrica, dos estratos mais baixos. Ainda em 1908, nos anos da reação, juntou-se aos bolcheviques. Exílio, prisão... Em 1917 voltou a Leningrado e se tornou o coração da primeira revista das mulheres trabalhadoras, *Kommunístka*. Ainda jovem, era toda impulsividade e impaciência. Mas segurava firme a bandeira. E dizia com coragem: é preciso trazer as mulheres operárias, soldadas e camponesas para o partido. Ao trabalho, mulheres! Em defesa dos sovietes e do comunismo.

Quando discursava nas reuniões ainda ficava nervosa, não tinha autoconfiança, mas fascinava a todos. É uma das que carregaram sobre os ombros toda a dificuldade de estabelecer os fundamentos para o engajamento amplo e massivo das mulheres na revolução, que lutou em duas frentes: por um lado, pelos sovietes e o comunismo e, por outro, pela emancipação da mulher. Klávdia Nikoláieva e Konkórdia

Samóilova, mortas em seus postos de trabalho revolucionário em 1921 (de cólera), são dois nomes aos quais estão indissoluvelmente ligados os primeiros passos do movimento das mulheres trabalhadoras, especialmente em Leningrado. Konkórdia Samóilova foi uma trabalhadora abnegada como não há, uma boa oradora, que sabia encantar o coração do proletariado. Todos que com ela trabalharam não se esqueceram e por muito tempo não se esquecerão dela. Era simples no tratamento, com sua vestimenta modesta, exigente no cumprimento das decisões tomadas e, por isso, rígida tanto consigo quanto com os outros.

Uma posição especial ocupa a figura encantadora e delicada de Inessa Armand. Ela foi responsável pelo trabalho do partido na preparação de Outubro e, depois, introduziu muitas ideias criativas para as ações com as mulheres. Apesar de toda sua feminilidade e delicadeza no tratamento com as pessoas, Inessa Armand era inexorável em suas convicções e sabia se manter firme naquilo que considerava correto, mesmo quando se tratava de opositores bastante fortes. Após os dias de Outubro, ela dedicou sua energia à construção de um amplo movimento de mulheres trabalhadoras. As assembleias de delegados são sua cria.

Varvára Nikoláievna Iákovleva prestou enormes serviços nos difíceis e decisivos dias de Outubro. No fogo das batalhas de barricadas, ela demonstrou uma rigidez digna de um líder do partido. Muitos camaradas diziam na época que sua firmeza e inabalável coragem faziam voltar o vigor aos que estavam abalados e inspiravam os que perdiam o ânimo. "Ir em frente", até a vitória.

Começamos a nos lembrar das imagens femininas do Grande Outubro e como, em um passe de mágica, reavivam-se na memória novos nomes e rostos. Será possível desconsiderar naqueles dias a figura de Vera Slútskaia, uma trabalhadora abnegada na preparação de Outubro, morta por uma bala de cossacos no primeiro *front* vermelho perto de Petrogrado?

Podemos nos esquecer de Evgenia Boch, de natureza ardente, fervorosa, sempre entusiasmada para a batalha? Foi morta no posto revolucionário.

Seria possível deixar de mencionar aqui dois nomes intimamente ligados à vida e à atividade de V. I. Lênin, suas companheiras de armas e irmãs Anna Ilinitchna Elizárova e Maria Ilinitchna Uliánova?

...E a vivaz, sempre apressada camarada Vária, das oficinas ferroviárias de Moscou? E a trabalhadora têxtil Fiódorova, de Leningrado, com seu doce rostinho sorridente e seu destemor quando a situação chegou ao ponto de exigir que ficasse nas barricadas debaixo de tiros?

Será que estamos considerando todas elas? E quantas "anônimas"? Todo um exército de mulheres heroínas de Outubro. Podemos esquecer seus nomes, mas a abnegação delas vive na própria vitória de Outubro, nas conquistas e realizações de que as mulheres trabalhadoras usufruem na União.

É claro e indiscutível que, sem a participação das mulheres, Outubro não poderia ter levado a bandeira vermelha à vitória. Glória à mulher trabalhadora, que caminhou sob a bandeira vermelha em Outubro. Glória a Outubro, o emancipador das mulheres!

Fonte: Женщины-борцы в дни Великого Октябрь [As combatentes no Dia do Grande Outubro], em *Jénski jurnál/ Женский журнал* [Revista das Mulheres], n. 11, nov. 1927 (versão abreviada).

INESSA FIÓDOROVNA ARMAND
(1874-1920)

Provavelmente o
último retrato de
Inessa F. Armand,
em 1920.

INESSA FIÓDOROVNA ARMAND (1874-1920) • Nascida em Paris, mas tendo se mudado aos cinco anos para Moscou, Armand foi feminista e política e destacou-se por sua atuação como ativista bolchevique. Sob os pseudônimos Elena Blonina e Elena Olonina, escreveu inúmeros panfletos, em especial sobre a liberdade feminina e contra a família tradicional. Fundou, com seu marido à época, uma escola para camponeses em Eldiguino, nos arredores de Moscou, na qual lecionava. Foi filiada ao Partido Socialista Revolucionário e, depois, ao Partido Operário Social-Democrata Russo.

Participou ativamente da Revolução de 1905; ao longo da vida, foi presa diversas vezes, sendo a primeira delas em 1907, mas escapou fugindo para São Petersburgo, em 1908, e em seguida para a Suíça e a Bélgica. Em 1911, trabalhou na primeira escola partidária para operários do Partido Operário Social-Democrata Russo; em 1912, retornou à Rússia ilegalmente, sendo mais uma vez presa; em 1913, depois de sair da prisão, adoeceu e acabou retornando para o exterior, onde continuou seu trabalho de agitação política.

Depois da Revolução de Fevereiro de 1917, foi para a Rússia e lutou na Revolução de Outubro; em seguida, tornou-se presidente do *sovnarkhoz* de Moscou (*Soviet Narôdnogo Khoziáistva* – Conselho de Economia Nacional). Entre 1919 e 1920, comandou o departamento de mulheres do Comitê Central do Partido Comunista (bolchevique). Colaborou com a organização da I Conferência Internacional de Mulheres Comunistas, em 1920, e participou ativamente da Oposição Operária.

A TRABALHADORA E O CONGRESSO DE MULHERES DE TODA A RÚSSIA*

A burguesia sempre tenta usar o despreparo dessas e daquelas camadas proletárias para contrapô-las à vanguarda operária e, dessa forma, desunir os trabalhadores. Agora, as damas burguesas da União pela Igualdade de Direitos** desejam muito submeter as trabalhadoras à sua influência e empenham-se de toda forma em tirá-las das lutas do proletariado, contando com a inexperiência política delas. Por exemplo, algumas semanas atrás, essas defensoras e representantes de outras organizações femininas burguesas organizaram o Congresso de Mulheres de Toda a Rússia. Na reunião preliminar para a idealização do congresso, foram convidadas representantes de organizações tanto burguesas como proletárias. Na ocasião, os debates mostraram claramente os objetivos de todo esse intento: de um lado, separar as trabalhadoras dos trabalhadores e de seu movimento e, de outro, usá-las nas eleições da Assembleia Constituinte.

As defensoras burguesas declararam abertamente os "objetivos gerais" relacionados à campanha eleitoral para a Assembleia Constituinte, a necessidade de representantes femininas em grande número na Assembleia etc. Falaram sobre as intervenções dos trabalhadores contra as trabalhadoras, sobre eles nunca lutarem pela libertação das mulheres e coisas afins.

Sete representantes de sindicatos e do Comitê de Moscou deixaram a reunião, declarando que não há questões em comum entre a mulher burguesa e a mulher proletária e que, na opinião delas, as proletárias não deveriam realizar um congresso conjunto com as representantes da burguesia.

Espumando pela boca, a representante dos mencheviques, fiel a seu papel de ajudante da burguesia, defendia a necessidade de participar

---

* Tradução de Renata Esteves. (N. E.)

** Organização feminista burguesa que promovia reivindicações pela igualdade de direitos políticos e profissionais das mulheres. (N. T.)

A REVOLUÇÃO DAS MULHERES

desse congresso e, infelizmente, conseguiu embromar algumas representantes de sindicatos, que permaneceram na reunião.

Nem todo o plano das defensoras foi bem-sucedido, mas elas não desanimam e prosseguem em seus esforços pelo congresso. Provavelmente farão campanha por ele também no interior.

Em todos os lugares, as trabalhadoras devem oferecer a mais tenaz resistência a essas tentativas das mulheres burguesas de levar as trabalhadoras com elas. As mulheres burguesas são tão exploradoras, tão inimigas do movimento trabalhador e da revolução operária quanto os homens burgueses. Não há nenhuma diferença aqui. Na campanha pré-eleitoral – indiferente se para a Assembleia Constituinte ou para as dumas das cidades –, nós não só não podemos acompanhar as mulheres burguesas como se impõe combatê-las da forma mais categórica. Os interesses delas e os nossos divergem. Elas, com todos os burgueses, querem uma representação da burguesia que garanta os interesses dos proprietários, dos capitalistas, e nós queremos não uma representação da burguesia, mas trabalhadora, que defenda os interesses dos trabalhadores.

Dentro da Assembleia Constituinte ou das dumas das cidades, as mulheres burguesas buscarão regulamentos, leis, sistemas de governo necessários aos burgueses e, de todas as formas, intervirão contra as leis dos trabalhadores, contra o sistema de governo essencial a eles, contra as lutas operárias.

Não há interesses comuns entre as mulheres, não pode haver uma representação comum entre as mulheres ou uma luta comum das mulheres. A trabalhadora continua com os trabalhadores contra toda a classe dos capitalistas, sem distinção de sexo. Ela luta pela eliminação da exploração, do poder e da força dos capitalistas, pelo socialismo. A mulher burguesa continua com o homem burguês contra toda a classe trabalhadora, pela manutenção da exploração e do poder burgueses, contra o socialismo.

Em outros países, as trabalhadoras entenderam isso faz tempo e já declararam que não há nada em comum entre elas e as mulheres burguesas e que não vão com estas a nenhum congresso comum. O mesmo devem dizer as trabalhadoras russas, tanto mais agora que acirra a luta contra a burguesia no limiar da grande revolução proletária mundial.

Fonte: Работница и Всероссийский женский съезд [A trabalhadora e o Congresso de Mulheres de Toda a Rússia], em *Jízn rabôtnitsi/ Жизнь работницы* [A vida das Operárias], n. 1, 1917.

O PARTIDO COMUNISTA
E A TRABALHADORA[*]

Agora estão sendo organizadas as semanas partidárias[**] por toda a Rússia. No decorrer delas, nossos camaradas convocarão as trabalhadoras a ingressar nas fileiras do Partido Comunista.

São necessárias essas trabalhadoras?

Quem são os comunistas? São os próprios trabalhadores, as próprias trabalhadoras, mas os trabalhadores conscientes, de vanguarda, que enxergam com clareza por quais meios se alcança sua libertação.

No capitalismo, sob o poder dos burgueses, a trabalhadora estava completamente desprovida de direitos: ela era uma escrava do Estado. O Partido Comunista defende a igualdade de direitos da trabalhadora em relação ao trabalhador, convoca as trabalhadoras e os trabalhadores a tomar todo o poder em suas mãos, a se adonar da vida por completo.

No capitalismo, a trabalhadora era uma escrava nas fábricas, indústrias, empresas comerciais. O Partido Comunista está debelando todo o poder dos proprietários e convocando as trabalhadoras e os trabalhadores a se tornarem os proprietários ilimitados de toda a produção e toda a distribuição.

No capitalismo, a trabalhadora era uma escrava também na família. O marido era o dono total e não raro zombava da mulher. Além disso, ela estava submetida à criação dos filhos, à casa, submetida também à miséria, que a forçava a vender seu corpo, a ir para a rua.

---

[*] Tradução de Renata Esteves. (N. E.)

[**] As semanas partidárias ocorreram com base nas decisões do VIII Congresso do Partido Comunista Russo (bolchevique) sobre a ampliação do número de participantes do partido no combate do Estado soviético à intervenção na guerra estrangeira e à contrarrevolução interna. A primeira semana partidária ocorreu na organização de São Petersburgo do Partido Comunista Russo, no período de 10 a 17 de agosto de 1919; de 20 a 28 de setembro, outra edição foi realizada na organização da administração de Moscou. (N. T.)

O Partido Comunista é pela emancipação plena da mulher de todo jugo familiar, de todo poder do marido.

O Partido Comunista é o único partido que organiza as mulheres, que as convoca para a construção e a luta.

O Partido Comunista chama as mulheres, junto com os homens, a construir um novo mundo, onde não haja mais fome, nem guerra, nem escravidão, onde todos vivam alegres e desimpedidos. Ele aponta quem são os inimigos dos trabalhadores e contra quem se deve lutar para que o comunismo seja alcançado.

O Partido Comunista é um órgão de combate dos trabalhadores e trabalhadoras que vai à frente de todos, de forma ousada e valente, na luta contra os inimigos do proletariado. Ele é o guia do proletariado, que indica o melhor caminho para a vitória e a construção do comunismo.

Toda trabalhadora, mesmo a mais simples, sonha com um sistema promissor para o futuro, com o comunismo.

Mas muitas delas ainda não sabem exatamente o que é o comunismo. E isso não lhes parece importante: "Vá lá, então, vamos aprender a construir uma nova vida". Na realidade, as trabalhadoras imprudentes parecem cegos que desejam ser livres, mas não sabem aonde devem ir e, assim, se desencaminham com facilidade.

E isso nossos inimigos burgueses entendem perfeitamente, concordando entre si qual a melhor maneira de enganar as trabalhadoras mais simplórias, como melhor contrapô-las aos trabalhadores, aos sovietes, ao Partido Comunista. As trabalhadoras mais simples não sabem em que acreditar, onde estão seus amigos, onde estão os inimigos, qual o caminho para a libertação. Em um piscar de olhos, por um equívoco, tomam velhos rumos.

Por isso é necessário a trabalhadora tornar-se uma combatente consciente, tornar-se uma comunista. Mas isso ainda é pouco. *Ela deve ingressar nas fileiras do partido.*

O que uma trabalhadora pode fazer sozinha contra os burgueses? Absolutamente nada. Mas basta trabalhadores e trabalhadoras juntarem-se e se tornam a força ameaçadora que tirou o poder dos burgueses em outubro de 1917, que agora enxotou [Aleksandr] Koltchak para além dos [montes] Urais, que é capaz de romper com todo o poder burguês.

Os burgueses estão unidos em seu partido na luta contra os trabalhadores.

Quanto mais forte o Partido Comunista, quanto maior o número de trabalhadores e trabalhadoras que ele unir em torno da sua bandeira revolucionária, mais forte, mais ameaçadora é a classe operária, mais rápido e fácil ela vencerá seus inimigos, mais rápido construirá o comunismo. Não se pode protelar. O inimigo se ergue contra nós por todos os lados. Nós somos capazes de vencê-lo, como já vencemos Koltchak; para isso é necessário que todo o proletariado se agregue à luta comum.

Mas outras trabalhadoras raciocinam assim: "Eu simpatizo com os comunistas, eu até sou comunista, mas não vou para o partido porque tenho família, filhos".

Se todos pensassem assim, seria inconcebível a revolução. A escravidão e a opressão se fortaleceriam por séculos. Permaneceríamos escravos não apenas nós, mas nossos filhos e nossos bisnetos.

A trabalhadora amará seus filhos de forma sensata não se estiver em casa com eles, negando-se a lutar por sua libertação, mas se ela se tornar uma combatente, se ela quebrar, junto com os trabalhadores, as correntes da escravidão e, assim, preparar para seus filhos uma vida alegre, livre e promissora.

O Partido Comunista é o único guia, o guia fiel das trabalhadoras, o único vocalizador de seus interesses, o único defensor autêntico de todas as que trabalham.

Se vocês, camaradas trabalhadoras, desejam se livrar de todo o jugo, se vocês querem acabar para sempre com a escravidão, a guerra, a fome, a opressão, se querem preparar para vocês e seus filhos um futuro alegre e promissor, ingressem no Partido Comunista, construam e lutem com ele, sejam comunistas ativas!

Fonte: Коммунистическая партия и работница [O Partido Comunista e a trabalhadora] – comunicação na IV Conferência Apartidária de Mulheres de Moscou [Doklad protchitan na IV Moskovskoi obschegorodskoi bespartinoi konferientsii rabotnits, prokhodivshchei 22-23 sentibria 1919g/ Доклад прочитан на IV Московской общегородской беспартиной конференции работниц, проходившей 22-23 сентября 1919 г.] –, em São Petersburgo, 1919.

A TRABALHADORA NO COMBATE
À CONTRARREVOLUÇÃO*

Na semana passada, após uma série de conspirações, os brancos cometeram um atentado aos nossos camaradas. Morreram alguns dos melhores trabalhadores de vanguarda, algumas das melhores trabalhadoras, como as camaradas Ignatova, Volkova e Nikoláieva.

De um lado, os burgueses atacam os trabalhadores e seu domínio no *front* por meio das incursões de Mamontov e da ofensiva de Denikin; de outro lado, na retaguarda, por meio de conspirações, assassinatos, levantes e tentativas de afundar a Peter [São Petersburgo] e a Moscou Vermelhas no sangue operário e de entregá-las aos nossos inimigos.

A retaguarda dos brancos dá uma mão ao *front* deles, está se unindo a eles na luta contra os trabalhadores.

Há apenas uma resposta para isso: a retaguarda vermelha deve se fundir ao *front* vermelho em uma luta única contra os burgueses.

As trabalhadoras não podem ir para o *front* em maioria, mas permanecer na retaguarda. Na medida em que um grande número de trabalhadores é forçado a ir para o *front*, elas estão se tornando um elemento cada vez mais fundamental na retaguarda vermelha.

Por causa disso, a responsabilidade da trabalhadora diante da revolução, diante de sua classe, torna-se mais significativa a cada dia; aqui, na retaguarda, ela, assim como o Exército Vermelho no *front*, fica no posto de guarda, cara a cara com o inimigo.

O inimigo, aqui na retaguarda, não age em combate aberto, mas na surdina, com o traiçoeiro golpe sorrateiro de tocaia.

Mas ele não é menos perigoso nem menos hostil por causa disso.

A ligação da retaguarda vermelha com o *front* vermelho deve se manifestar não apenas por meio do apoio reforçado à organização da retaguarda, da produtividade do trabalho, da construção do comunismo, mas também na luta direta contra os brancos. As trabalhadoras

---

* Tradução de Renata Esteves. (N. E.)

devem pôr fim às conspirações deles, à ligação da retaguarda branca com o *front* de Denikin.

Elas devem fazer isso não só com propaganda e agitação infatigáveis, com trabalho incessante entre os destacamentos ainda frágeis da classe operária e do campesinato. Nem apenas participando, em Moscou e no interior, dos destacamentos de milícias pelo apoio à ordem, como as trabalhadoras de Peter.

Os brancos devem ser cercados por milhares, milhões de olhos. As trabalhadoras devem ser esses olhos. Que nenhuma de nós deixe passar qualquer situação suspeita, fato duvidoso ou difamador do poder soviético.

Comunicados a tempo, os fatos que nos parecem menores podem vir a ser um fio para o desmascaramento das intenções dos brancos. Pequenas condescendências às quais não damos importância por razões tacanhas, sem antever por completo suas consequências possíveis, podem se tornar um serviço valioso aos brancos em sua luta contra nossos irmãos operários.

Neste momento difícil de luta intensa, qualquer falha e qualquer desmazelo são criminosos. Toda trabalhadora deve sentir-se uma cidadã, sem se fazer de alheia mesmo aos fatos mais insignificantes quando se trata do triunfo da revolução. A questão do combate à contrarrevolução é uma questão de sangue de todo trabalhador, de toda trabalhadora.

Os brancos devem ser cercados como por uma malha fina de milhões de olhos atentos e vigilantes.

Se aqui na retaguarda cada trabalhador, cada trabalhadora ficar firme em seu posto como firmes estão os vermelhos, então as revoltas, as conspirações, os atentados dos brancos se tornarão impossíveis.

Mais unidos cerraremos ainda mais forte nossas fileiras e seremos invencíveis.

Fonte: Работница в борьбе с контрреволюцией [A trabalhadora no combate à contrarrevolução], em *Pravda/ Правда* [Verdade], São Petersburgo, 10 out. 1919.

A TRABALHADORA DEFENDE
A REVOLUÇÃO DE OUTUBRO*

Amanhã, operárias e camponesas com seus irmãos operários e camponeses vão comemorar o segundo aniversário de sua grande festa, o dia triunfal de sua libertação.

No capitalismo, as operárias e as camponesas foram escravas nas fábricas, na aldeia, na família, no Estado.

A Revolução de Fevereiro não logrou livrá-las do jugo do proprietário de terras e do capitalista.

Apenas a Revolução de Outubro criou, pela primeira vez, as condições para as operárias e as camponesas alcançarem sua libertação plena.

A Revolução de Outubro, ao transferir poder às trabalhadoras como aos trabalhadores, ao torná-las donas de sua vida da mesma maneira que os trabalhadores, deu-lhes a possibilidade de construir a vida a seu modo, concedeu-lhes não apenas a igualdade política e civil, não apenas a libertação plena da opressão do proprietário de terras e da burguesia, mas também, pela primeira vez em muitos séculos, lançou as bases para a libertação plena da mulher em relação à forma mais arraigada da sua escravidão: a subjugação familiar, que colocava um fardo pesado em seus ombros e privava-a de fato da possibilidade de ser inteiramente igual em direitos, inteiramente livre.

Nos dias de outubro e posteriores, em Petrogrado e em Moscou, por toda a Rússia, as trabalhadoras, de braços dados com os trabalhadores, lutaram pelo poder e com eles o conquistaram.

Agora cabe a elas e eles fortalecê-lo.

---

* Tradução de Renata Esteves. (N. E.)

Já nas suas primeiras conferências (a primeira de Moscou[*] e a primeira da administração de Moscou[**]), elas declararam em suas resoluções que, depois de Outubro, começara uma nova era sem precedentes, em que não se impusera o sofrimento às mulheres – a era da libertação plena.

Junto com isso, a trabalhadora tomou consciência de que os sovietes só refletirão sua vontade quando ela mesma tiver parte ativa neles, que a revolução só vencerá quando a própria trabalhadora participar, de todas as formas, da construção e da luta revolucionárias.

No decorrer deste ano, as massas de trabalhadoras foram efetivamente envolvidas na luta, e não foi rara a manifestação do portento de energia, da abnegação e do talento para a organização. O movimento das trabalhadoras, confluindo para o leito comum da grandiosa luta revolucionária, cada vez mais se torna uma enorme força social.

Neste ano não conseguimos dominar a fome e o frio, não conseguimos ainda concretizar por inteiro os objetivos traçados.

Este ano mostrou que, enquanto as forças de [Anton Ivanovitch] Denikin e [Nikolai] Iudenitch não forem derrotadas, nós não poderemos vencer a ruína nem a fome.

Enquanto suas forças não forem derrotadas, nós não poderemos prover nossas crianças, não poderemos criar as condições necessárias para a educação e a alimentação coletivas.

Enquanto suas forças não forem derrotadas, nós não poderemos construir a vida melhor e luminosa que desejamos e que é a única capaz de levar à plena libertação das operárias e camponesas e de fazer delas e de suas crianças edificadoras contentes de uma alegre vida futura.

Por essa razão, no segundo aniversário do grandioso dia da libertação proletária, todos os nossos desígnios devem estar voltados agora para o *front*, para a luta contra os inimigos.

---

[*] A primeira conferência apartidária de mulheres de Moscou ocorreu em abril de 1918 e contou com a participação de 116 delegadas. O evento discutiu o relatório sobre as atividades da comissão do Comitê de Moscou e do secretariado regional do Partido Comunista Russo (dos bolcheviques) para a agitação e propaganda entre as trabalhadoras, sobre as tarefas imediatas para o trabalho entre elas, sobre a proteção à maternidade e à infância, entre outros. Lênin discursou na conferência. (N. T.)

[**] Evento realizado em junho de 1918. (N. T.)

A REVOLUÇÃO DAS MULHERES

Devemos defender hoje o ato grandioso da libertação, iniciado em outubro, acabar com as forças de Denikin com um derradeiro golpe vigoroso e limpar o caminho para a construção do futuro.

Por essa razão, a luta no *front*, o apoio ao Exército Vermelho, os cuidados com ele devem ser nossa principal incumbência – aqui está a missão que afasta as outras no momento.

Nessa luta, operários e operárias, camponeses e camponesas devem se juntar estreitamente, e deve-se ter como lema: "Todos ao Exército Vermelho, tudo para o Exército Vermelho! Todas as forças no combate à contrarrevolução!".

Fonte: Работница завершит Октябрьскую Революцию [A trabalhadora defende a Revolução de Outubro], em *Pravda/ Правда* [Verdade], São Petersburgo, 6 nov. 1919.

AS TRABALHADORAS E OS SOVIETES[*]

Na semana passada, no *Stranítchka rabótnitsi*, foi publicado um artigo de Clara Zetkin[**], uma das líderes do proletariado internacional. Nele, a camarada Zetkin diz, entre outras coisas:

> Os sovietes só serão um reflexo amplo da vida política e econômica das massas trabalhadoras, só serão representantes efetivos das demandas e desejos dessas massas, quando as mulheres proletárias estiverem trabalhando ativamente e com afinco em pé de igualdade com os homens nos sovietes e pelos sovietes.

Toda trabalhadora deve prestar especial atenção a essa ideia, que tem um significado ainda maior do que para as camaradas alemãs, já que conquistamos o poder.

É claro que as trabalhadoras entre nós há tempos se empenham pelos sovietes. Há pouco mais de dois anos, elas estavam conquistando o poder junto com os trabalhadores e agora são uma força vigorosa e ativa que luta pelos sovietes.

Mas são muitas as trabalhadoras dentro dos sovietes? Não, ainda são demasiado poucas. Pois então elas devem mostrar mais uma vez sua energia e determinação e pôr isso em prática.

Até então elas foram convocadas em massa para o trabalho no soviete, principalmente nas reuniões de delegadas; agora começa o momento em que, além dessas reuniões, elas devem ter participação direta também dentro dos sovietes, em todo seu trabalho.

À medida que se impõe cada vez mais aos trabalhadores partir para o *front*, essa necessidade torna-se mais premente. A trabalhadora deve substituí-los na retaguarda não no discurso, mas de fato.

---

[*] Tradução de Renata Esteves. (N. E.)

[**] Referência ao artigo "As mulheres e os sovietes e as mulheres pelos sovietes", publicado por Clara Zetkin no jornal *Pravda*, em 14 de novembro de 1919. (N. T.)

A REVOLUÇÃO DAS MULHERES

Em relação à situação dos assuntos nos *fronts*, a toda hora é preciso remover os comunistas-operários tanto dos postos de responsabilidade como de outros. A trabalhadora deve ficar no lugar deles. Ela já aprendeu muito neste ano. Não são poucas as trabalhadoras que realizaram, nas mais diversas regiões, um trabalho seriíssimo no partido e no soviete; não são poucas as comunistas conscientes que souberam provar inteiramente na prática sua capacidade de organização, sua fidelidade revolucionária.

Todas elas devem estar em seus postos para que a guerra civil contra nossos inimigos não retarde um minuto sequer a causa da construção que, apesar de todas as dificuldades, nós todas devemos apoiar e dar continuidade.

Já faz tempo que a trabalhadora na Rússia luta pelos sovietes de forma abnegada; pois que agora ela passe ao trabalho mais ativo dentro deles. Isso é imprescindível para o desenvolvimento posterior e o fortalecimento do poder, para a realização melhor e mais plena de seus objetivos; isso é necessário para o triunfo rápido de nossa revolução.

Fonte: Работницы и совете [As trabalhadoras e os sovietes], em *Pravda/ Правда* [Verdade], São Petersburgo, 20 nov. 1919.

AS OPERÁRIAS E AS CAMPONESAS ZELAM PELO EXÉRCITO VERMELHO[*]

Na semana do *front*, as operárias e camponesas da administração de Moscou trabalharam com fervor para o Exército Vermelho no sábado e domingo.

Em Bronnitsi foram criadas oficinas nas quais as operárias já finalizaram mil jogos de roupa branca.

No distrito de Dmitrov, na manufatura de Pakrovskaia e na fábrica de Kusnetsov também foram criadas oficinas, onde aos sábados as operárias e os operários trabalham para o Exército Vermelho. Não atuam apenas comunistas, mas apartidários.

Em Pavlov Possad[**], organizaram-se os dias de voluntariado, em que foram confeccionados 100 peças de japonas acolchoadas para o Exército Vermelho, 500 *kiceti*[***], 150 cachecóis, 40 pares de luvas, 30 pares de tapa-orelhas e 100 lenços de nariz.

Os dias de voluntariado durarão até o fim da semana do *front*.

No distrito de Naro-Fominsk e na região de Schiolkovo, as camponesas também se puseram a trabalhar. Elas costuraram roupas brancas para os soldados do Exército Vermelho. Encarregaram-se disso com entusiasmo e já estão preparando os *kiceti* e roupa branca de qualidade considerável.

O exemplo das operárias e camponesas da administração de Moscou deve ser seguido por toda a parte. Os nossos soldados vermelhos, que primeiro combateram Koltchak e Denikin no *front*, protegendo a nossa liberdade operário-camponesa, estão lá agora de novo para ajudar os operários e camponeses a melhorar as provisões, a dominar a ruína, a obter todo o necessário, e serão capazes de executar sua grande missão com ânimo e sucesso.

Fonte: Работницы и крестьянки заботятся о Красной Армии [As operárias e as camponesas zelam pelo Exército Vermelho], em *Pravda/Правда* [Verdade], São Petersburgo, 8 fev. 1920.

---

[*] Tradução de Renata Esteves. (N. E.)

[**] Atualmente chamada de Pavlovski Possad, cidade localizada na região da Grande Moscou. (N. T.)

[***] Bolsa para armazenar tabaco. (N. T.)

AS TRABALHADORAS
NA I INTERNACIONAL*

Quando, há cinquenta anos, surgiu a primeira Associação Internacional dos Trabalhadores, a I Internacional, o movimento internacional dos trabalhadores encontrava-se nos primeiros estágios de seu desenvolvimento. Em alguns países, como na Rússia, esse movimento ainda não existia por completo; em outros, ele apenas se iniciava. Em nenhum lugar havia partidos políticos do proletariado – os socialistas compunham apenas pequenos grupos esparsos, que ainda não representavam uma grande força organizada. Os trabalhadores estavam reunidos em cooperativas, clubes, sindicatos. Mas naquela época os sindicatos existiam apenas nos países mais avançados e eram amplamente organizados apenas na Inglaterra.

É claro que as trabalhadoras despreparadas estavam ainda menos organizadas.

Desde o começo do século passado, o trabalho feminino se ajustou de modo crescente à produção, e no momento da criação da I Internacional as trabalhadoras já eram largamente utilizadas nas fábricas e oficinas.

De modo algum as trabalhadoras eram organizadas nem sabiam lutar contra o capital. Sendo assim, as condições de trabalho eram verdadeiramente tenebrosas.

Se os trabalhadores eram explorados e oprimidos, as trabalhadoras enfrentavam condições ainda piores em uma escala cem vezes maior. Com a utilização delas nas fábricas e indústrias, a situação de vida e a luta da classe operária foram significativamente precarizadas. O aconchego doméstico e a escassa vida em família do trabalhador foram destruídos, e as crianças foram privadas dos cuidados e da atenção maternos.

Junto com isso, o trabalho feminino se ajustou ao capitalismo exatamente como o trabalho mais barato, mais humilde, e os proprietários, na sua luta contra os trabalhadores, utilizavam o trabalho feminino

---

* Tradução de Renata Esteves. (N. E.)

como um meio de piorar as condições de trabalho ou de mantê-las no patamar anterior, assim como uma forma de dominar os trabalhadores insubmissos. Por exemplo, em caso de greve, os operários eram demitidos, e mulheres eram colocadas no seu lugar.

Dessa forma, em um primeiro momento, o emprego do trabalho feminino foi uma catástrofe para a classe trabalhadora. Não é à toa que nessas condições os operários mais simplórios e pouco conscientes tentaram combater o trabalho feminino, não deixavam que as mulheres entrassem nas fábricas e em seus sindicatos, quebravam as máquinas. Também não por acaso as trabalhadoras ainda mais simplórias e menos conscientes com frequência faziam o papel de "capacho", de fura-greve.

Assim, por exemplo, na cidade inglesa de Halifax, em 1871, foi dito aos tecelões que seu salário diminuiria. Os trabalhadores entraram em greve, e mulheres foram contratadas em seu lugar. Em 1872, na cidade escocesa de Edimburgo, as trabalhadoras também assumiram os postos dos grevistas, e assim por diante.

No entanto, se a classe operária e principalmente sua ala feminina não estavam organizadas, nos países mais avançados, como França e Inglaterra, o proletariado já fazia oposição aos seus inimigos de classe, à burguesia e aos capitalistas e fazia seus primeiros combates de classe. É verdade que os trabalhadores, mesmo que de uma forma confusa e às cegas, começavam a identificar o caminho para sua libertação. Muito antes do surgimento da I Internacional, em 1848, operários parisienses tentaram pela primeira vez no mundo arrancar o poder da burguesia por meio da revolta armada, e as mulheres trabalhadoras combateram e morreram nas barricadas junto com os homens. Já os trabalhadores ingleses tentaram por meio da luta persistente conseguir direitos políticos e melhorar as condições de trabalho.

A revolta da classe operária francesa foi reprimida. Mas esse evento serviu de lição a todo o movimento operário e ajudou os trabalhadores de vanguarda a entender que, para sua libertação, eles devem lutar pelo poder. Depois vieram os anos pesados da reação. Mas, logo antes da criação da I Internacional, de novo sopraram os ventos da revolução por toda a Europa. Os operários ingleses conseguiram conquistar a jornada de trabalho de dez horas, e os de Rochdale (um lugarejo na Inglaterra) fundaram a primeira cooperativa operária. Em outros países, a luta dos trabalhadores despertava.

A REVOLUÇÃO DAS MULHERES

Já fazia algum tempo que os trabalhadores se conscientizavam da necessidade de se unirem internacionalmente para lutar contra a burguesia. A I Internacional foi fundada pelos trabalhadores de vanguarda franceses e ingleses, a quem depois se uniram os alemães, os suíços, os italianos, os espanhóis e os estadunidenses.

Dessa forma, a I Internacional foi a primeira tentativa consciente de associação internacional dos trabalhadores. Tal associação, encabeçada pelos nossos mestres Marx e Engels, logo estabeleceu para si objetivos revolucionários plenamente definidos.

A I Internacional buscou organizar os trabalhadores de diversos países para realizar a revolução. Ela quis ser o órgão, o instrumento dessa revolução e estabelecia como tarefa a luta política contra os burgueses, contra a reação e em prol do poder proletário. Era também necessário unir o movimento operário de forma ideológica. Os trabalhadores daquela época, mesmo os de vanguarda, não tinham claras as questões mais básicas da sua luta, não haviam se acertado em aspectos que hoje parecem completamente simples e óbvios a todo trabalhador e toda trabalhadora. Por exemplo: será preciso adotar a greve como forma de luta contra os burgueses? Será que os trabalhadores devem se organizar em sindicatos? Por fim, eles não tinham os objetivos finais do movimento esclarecidos, a necessidade da luta pelo socialismo como o único caminho para a libertação dos trabalhadores e trabalhadoras.

Todos esses temas, além de muitos outros, como a relação dos trabalhadores com a guerra, com o Estado e com as cooperativas, foram discutidos em detalhes nos congressos da I Internacional. Os comunistas da época, liderados por Marx e Engels, viram-se obrigados a enfrentar um embate violento sobre cada uma dessas questões, de um lado, com os então mencheviques-proudhonistas, que se declaravam contra a greve, os sindicatos e o socialismo e, de outro lado, com os anarquistas.

Os comunistas conseguiram prevalecer em quase todos esses debates. Os congressos decidiram pela necessidade da luta com greve, pela criação de sindicatos, pelo socialismo. Dessa forma, os comunistas criaram as bases iniciais de um programa trabalhista que, em certa medida, até hoje orienta os trabalhadores e as trabalhadoras.

Mas coube ao movimento operário feminino resolver uma questão básica, que definiria toda a relação posterior dos operários com o movimento das operárias: o posicionamento dos operários em relação à presença da mão de obra feminina na indústria. Impôs-se aos

241

comunistas resistir ao combate. O tema foi discutido no primeiro congresso da I Internacional, em Genebra. O trabalho feminino na indústria trouxe à classe operária tanto sofrimento e sacrifício que mesmo os trabalhadores de vanguarda se viram em um beco sem saída e não sabiam como lidar com esse fato. Os então mencheviques--proudhonistas apoiavam a ideia de que a participação das mulheres na produção era uma barbárie. Com intervenções tocantes, eles reivindicavam que a mulher permanecesse no aconchego doméstico para proteger e educar seus filhos e, em suas resoluções, propunham protestar contra o trabalho feminino como o mal que acarreta a degradação social, moral e física da classe trabalhadora.

Na resolução proposta por Karl Marx e aceita pela maioria do congresso, manifestava-se um ponto de vista completamente diferente. Era indicada não apenas a inutilidade, mas também o caráter reacionário de todas as tentativas de impedir a presença das mulheres na indústria ou de restituí-las à força ao ambiente doméstico. Sem dúvida, as condições do trabalho feminino são terríveis, e é preciso lutar vigorosamente contra as formas abomináveis do emprego dele; mas o trabalho feminino nas fábricas e indústrias é bom por si só, porque ele liberta a mulher do jugo familiar, leva a trabalhadora do círculo estreito das atribulações familiares para a arena ampla do trabalho social, capacita o desenvolvimento da independência de seu caráter, cria as condições imprescindíveis para transformá-la em uma combatente que guia a luta comum com os trabalhadores.

O trabalhador não deve lutar contra o trabalho feminino dessa maneira, mas deve organizar a trabalhadora e combater as difíceis condições enfrentadas por ela.

Enquanto os burgueses sempre reprimiram as mulheres, afastaram--nas de toda a vida social de forma intensa, enquanto a burguesia não encontrava palavras suficientes para expressar seu desprezo, com ditos como "o cabelo é longo, mas a inteligência é curta", o trabalhador, desde os primeiros passos de sua luta consciente, desejou atrair as trabalhadoras para a luta, esclarecer sua consciência, organizá-las. E a I Internacional fez muito para despertá-las e atraí-las para a luta dos trabalhadores.

Com o atraso do movimento operário de então, a I Internacional não podia abranger de forma organizada as amplas massas trabalhadoras. Mas em relação às greves que se desdobravam em diversos países, a força e a influência da Internacional continuaram a se expandir

A REVOLUÇÃO DAS MULHERES

e se firmar. Entre 1866 e 1870, ocorreu uma série de greves por toda a Europa. A grande greve dos bronzistas, em Paris; greves volumosas na Inglaterra; as greves incessantes dos mineiros, na Bélgica; greves na Suíça. Em todas elas, a Internacional tomou parte de maneira bastante viva. Ela organizava para os grevistas a ajuda e o apoio dos trabalhadores de outros países, criando com isso as primeiras manifestações efetivas de solidariedade internacional de massas. Ela apoiava os grevistas na imprensa, estimulava-os, ajudava-os na defesa no tribunal, enviando-lhes advogados etc.

Após essas greves, séries inteiras de trabalhadores de sindicatos declaravam sua adesão à Internacional.

As trabalhadoras tomaram parte em todas essas greves de maneira vívida e também aderiram à Internacional. Em Ricamarie, as torcedoras de seda que entraram em greve recorreram ao auxílio da organização, que as ajudou. Depois disso, elas ingressaram na Internacional. As trabalhadoras das cidades francesas de Lyon e Rouen procederam da mesma forma. Na época das grandes greves dos mineiros na Bélgica, nas quais se envolveram tanto os trabalhadores quanto as trabalhadoras, um e outro declararam sua filiação à Internacional. E assim foi em outros locais.

Dessa forma, aos poucos o movimento revolucionário se alastrou por toda a Europa. Muitos dos trabalhadores de vanguarda esperavam uma explosão revolucionária próxima. Marx e Engels também aguardavam a revolução.

Mas em 1870 começou a guerra entre a Alemanha e a França. Teve início um momento de enorme prova de solidariedade internacional. Os trabalhadores de vanguarda resistiram inteiramente à experiência. É verdade que eles não podiam impedir a guerra, pois as massas ainda eram demasiadamente despreparadas e desorganizadas para tal. Mas os trabalhadores de vanguarda alemães e franceses responderam ao conflito com um protesto intenso, que ganhou a adesão de trabalhadores de outros países.

A guerra terminou com a derrota da França e, depois, a revolta dos trabalhadores franceses, que levou à Comuna de Paris.

A Comuna foi um dos maiores acontecimentos na história do movimento trabalhador.

Os trabalhadores parisienses, revoltados com a traição da burguesia francesa, insurgiram-se, tomaram o poder nas próprias mãos e formaram o primeiro governo de trabalhadores, que consistia em representantes dos trabalhadores e dos pobres urbanos e se parecia muito com os nossos sovietes. Essa era a Comuna. Os trabalhadores mantiveram o poder por dois meses. Mas então os burgueses franceses, com a ajuda dos alemães, conseguiram afundá-la em sangue. Desde o início, as trabalhadoras parisienses participaram ativamente dessas lutas e da construção da Comuna. Com seu ânimo e sua firmeza, apesar dos tempos bastante difíceis – Paris tinha acabado de atravessar a guerra e o cerco, e os trabalhadores aguentaram privações severas –, elas apoiaram a Comuna de todas as formas, e quando foi preciso defendê-la, quando os burgueses, com crueldade sem precedentes, passaram a reprimi-la, as trabalhadoras formaram grupos de combate que, lado a lado com os trabalhadores e de armas nas mãos, lutaram heroicamente e morreram em nome da Comuna.

A Comuna mostrou qual será o poder dos trabalhadores, o que eles devem fazer quando estiverem no comando. A luta da Comuna foi a luta pelo poder do trabalhador, sem o qual o proletariado não conseguirá sua libertação. Ao participar das batalhas da Comuna, a trabalhadora se uniu à grandiosa revolução internacional de forma indissolúvel, marcou a nobre luta do proletariado pelo comunismo com seu sangue, que a bandeira vermelha do trabalho também exibia já naquela época.

Com a extinção da Comuna, a I Internacional não durou muito tempo e se reuniu pela última vez no ano de 1875.

Em uma de suas últimas conferências, ocorrida em Londres, em 1871, foi retomada a questão sobre as trabalhadoras e sua organização. Além de sua utilização na seção da Internacional, decidiu-se pela criação de associações especiais para elas. Com a última proposta, é evidente que pensavam estabelecer um contrapeso às associações feministas servis, que as mulheres burguesas começavam então a preparar para as trabalhadoras.

Fonte: Работницы в I Интернационале [As trabalhadoras na I Internacional], *Gossizdát/ Госиздат*, Moscou, 1920.

ELENA ALEKSÁNDROVNA KUVCHÍNSKAIA
(1874-1928)

Cartão postal
comemorativo do 8 de
Março feito em 1965
por L. Prisekina, com
os dizeres "Parabéns!".

ELENA ALEKSÁNDROVNA KUVCHÍNSKAIA (1874-1928) • Historiadora, filóloga e professora, Kuvchínskaia estudou no curso superior para mulheres Bestújev e, depois de formada, lecionou em uma escola para trabalhadores. A causa operária foi constante em sua vida, sendo o tema de dois de seus livros: *Bórba rabótchikh za politítcheskuiu svobódu v Ángli* (1907) e *Istória fabrítchnogo zakonodátelstva v Ángli* (1912). Este último foi objeto de uma resenha, em 1913, na *Vêstnik Evrôpi*, revista petersburguesa política, cultural e literária de orientação liberal, fundada por Nikolai Karamzin. Em 1905, foi presa e exilada. Dois anos depois, participou do Congresso de Stuttgart, que contou com uma conferência de mulheres socialistas. Esteve presente também na primeira celebração do Dia Internacional da Mulher na Rússia, em fevereiro de 1913, onde discursou sobre o proletariado feminino, o capitalismo russo e as tendências do movimento socialista, que ganhava força entre a classe trabalhadora. Teve papel ativo no I Congresso de Mulheres de Toda a Rússia, sendo contrária à unificação das diferentes correntes e à criação de um Conselho Nacional de Mulheres Russas.

Depois da Revolução Russa de 1917, continuou lecionando e chegou a se tornar decana do departamento de economia da Universidade de Perm.

MULHER E POLÍTICA[*]

As manifestações massivas das mulheres em defesa dos seus direitos políticos e civis podem ser observadas atualmente tanto nos países do Velho Mundo quanto nos do Novo Mundo e se caracterizam como um fenômeno não apenas estável, mas em constante crescimento, repleto de forças vivas. Onde está então a fonte desse movimento que abre impetuosamente o caminho adiante?

O fator que gerou a luta das mulheres por direitos políticos e que atrai constantemente novas combatentes do meio feminino para a defesa de seus direitos é o caráter do desenvolvimento capitalista, que impulsiona as massas femininas para a busca da renda própria. Já faz algum tempo que o crescimento da indústria leve, acompanhado da redução de preço dos bens, aos poucos desvalorizou uma série de trabalhos domésticos, cuja realização era antes, na grande maioria das famílias, o foco principal da vida de mulheres e moças. Ao desvalorizar os produtos do trabalho doméstico artesanal, o avanço capitalista convocou as mulheres, de modo autoritário, a obter seu ganha-pão fora do lar, empurrando-as para o oceano da vida social como indivíduos que ganham seu sustento de forma independente.

A nova forma de vida de milhões de mulheres provocou entre elas uma necessidade urgente de libertar-se dos grilhões que por milênios impediram a sua independência e, no presente momento, impulsiona de modo impetuoso as massas de mulheres para a luta pela revogação dos atos políticos, civis e legislativos que limitam seus direitos políticos e civis e não correspondem mais à correlação real de forças sociais. No entanto, ao delinear os objetivos comuns da emancipação política e civil das mulheres, o movimento feminino de maneira alguma se mostrou uniforme, tanto no que diz respeito às suas integrantes quanto à opinião delas sobre as principais

---

[*] Tradução de Melissa Teixeira Siqueira Barbosa e Ekaterina Vólkova Américo. (N. E.)

A REVOLUÇÃO DAS MULHERES

questões políticas e táticas do movimento. A oposição dos interesses de classe, que no meio masculino é sentida com enorme nitidez a cada passo, sem dúvida afeta também o meio feminino e traz uma diferenciação inevitável para a sua mobilização. Por causa disso, em todos os países onde está presente, o movimento feminino emancipatório se dividiu em duas frentes: o movimento democrático-burguês e o movimento proletário.

A propósito, a inevitabilidade dessa desintegração pode ser observada na abordagem totalmente diferente das mulheres democrata-burguesas, por um lado, e das proletárias, por outro, do princípio do sufrágio universal para todos os cidadãos, sem distinção de gênero, apesar da presença desse princípio no programa de ambos os movimentos. Enquanto o proletariado, masculino e feminino, vê no sufrágio universal um meio de erradicação de todos os privilégios e monopólios do Estado e uma ferramenta poderosa para a reorganização fundamental da sociedade capitalista moderna nos moldes do socialismo, é óbvio que o movimento democrático-burguês feminino não enxerga essa medida como algo tentador do ponto de vista dos interesses burgueses. Além disso, a burguesia sempre observa com medo e arrepio o proletariado, que defende com vigor o sufrágio universal como uma forma de alcançar uma vida melhor e a felicidade. É por isso que a burguesia de todos os países, por meio de seus representantes, tanto do sexo masculino quanto do feminino, não está pronta, mesmo no período de manifestações opositivas, para substituir o sufrágio censitário pelo princípio do sufrágio universal – barreira que segura a pressão das massas trabalhadoras que aspiram ao domínio político. Um exemplo recente desse tratamento dispensado por parte da democracia burguesa feminina à questão do sufrágio universal é o comportamento das feministas norueguesas em 1907, que defenderam a representação censitária e se desassociaram drasticamente da tática da classe trabalhadora, que exigia a revogação completa do censo de propriedade.

Por sua vez, a social-democracia inglesa, liderada por Quelch, e a alemã, representada por Zetkin e outros, demonstram aos trabalhadores com total justeza que no sufrágio limitado por um ou outro censo as classes abastadas adquirem um novo privilégio que fortalece o seu domínio sobre a parte mais vulnerável da população. É por isso que mais de uma vez a social-democracia ocidental assinalou às mulheres proletárias que elas não deveriam apoiar o movimento feminino da democracia burguesa em sua luta pela representatividade por meio do censo.

Ao prevenir as trabalhadoras sobre até que ponto a democracia burguesa não é um aliado confiável na luta pelo sufrágio universal, a social-democracia ressalta constantemente para o proletariado feminino que o embate não é apenas pelo sufrágio universal, mas também por outras reformas trabalhistas – as mulheres proletárias devem se unir à organização proletária geral, tanto masculina quanto feminina. Ao mesmo tempo, a história demonstrou com clareza que apenas ao caminhar de mãos dadas com o proletariado masculino organizado as trabalhadoras conseguiram alcançar o sufrágio universal na Finlândia, na Nova Zelândia e na Austrália ocidental. Nesses países, a exigência do sufrágio universal para as mulheres foi promovida pela classe trabalhadora, que está vitalmente interessada no sufrágio não condicionado pelo censo, acessível a todas as mulheres maiores de idade, pois não há dúvidas de que isso aumentaria de modo significativo a importância política do proletariado como um todo.

De volta à Rússia, observamos aqui, já no amanhecer do movimento emancipatório feminino, que as mulheres trabalhadoras não entram na organização da democracia burguesa feminina (apesar da promessa desta última de se posicionar "fora das classes e dos partidos"), mas integram as fileiras junto com seus camaradas trabalhadores. Essa tática das mulheres russas decorre da consciência de que, por um lado, o sucesso do movimento emancipatório das mulheres-trabalhadoras está intrinsecamente ligado, tanto na Rússia como em qualquer outro lugar, ao sucesso da luta de classes do proletariado como um todo e de que, por outro lado, todas as forças proletárias devem estar direcionadas a essa causa.

Por sua vez, ao reconhecermos plenamente que o lugar das trabalhadoras é o mesmo dos trabalhadores, isto é, na organização do proletariado enquanto classe, nós admitimos que na Rússia pode vir a ocorrer novamente um momento, do qual ainda lembramos, em que as forças de todos os partidos democratas russos se fundam em uma manifestação geral e tática, por exemplo, na luta pelo sufrágio universal. O que deve ser feito para que o proletariado organizado, tanto masculino quanto feminino, una os seus esforços, mesmo que temporariamente, aos esforços de outros partidos democráticos?

A REVOLUÇÃO DAS MULHERES

Antes de tudo, é preciso elevar o ânimo dos membros desses partidos e adotar um caráter tático que seja adequado para essa elevação. Apenas por meio do cumprimento dessas condições os partidos democráticos russos e outras organizações terão a oportunidade de colocar em prática o famoso princípio: "Andar cada um por si, mas estar juntos".

Fonte: Женщина и политика [Mulher e política], em *Труды Первого всероссийского женского съезда/ Trúdi Pérvogo vssierossískogo jénskogo siézda* [Trabalhos do I Congresso de Mulheres de Toda a Rússia], São Petersburgo, 10-16 dez. 1908.

KONKÓRDIA NIKOLÁIEVNA SAMÓILOVA

(1876-1921)

Konkórdia N.
Samóilova em
retrato de 1921.

KONKÓRDIA NIKOLÁIEVNA SAMÓILOVA (1876-1921) • Nascida em Irkutsk, na Rússia, Samóilova foi jornalista, revolucionária e ativista política. Estudou em São Petersburgo, no curso superior para mulheres Bestújev. Envolvida no movimento estudantil, em 1901 foi presa e expulsa da escola por causa da sua participação em um protesto. Em 1902, mudou-se para Paris, ingressando na Escola Livre Russa de Ciências Sociais, onde assistiu a palestras de V. I. Lênin. Em 1903, uniu-se à ala bolchevique do Partido Operário Social-Democrata Russo.

Ao retornar à Rússia, atuou pela causa revolucionária sob o pseudônimo Natacha em diversos comitês do partido, em cidades como Odessa, Rostov e Moscou. Foi uma das fundadoras do jornal *Pravda*, em 1912, e membro do conselho editorial do *Rabôtnitsa*, em 1914. Além desses veículos, colaborou em outras publicações e escreveu diversos panfletos. Assinou textos com seu sobrenome de solteira, Grómova, além dos pseudônimos N. Sibiriákova, N. Sibírski e Natacha Bolchevíkova.

Teve participação fundamental na organização de eventos e congressos da causa feminista. Por meio de um comitê especial do partido em São Petersburgo, ajudou a realizar a primeira celebração do Dia Internacional da Mulher na Rússia, em fevereiro de 1913, com ativistas bolcheviques e trabalhadoras da indústria têxtil. Ao lado de Aleksandra Kollontai e Klávdia Ivánovna Nikoláievna, organizou a I Conferência de Trabalhadoras, em 1917 e, no ano seguinte, o I Congresso de Trabalhadoras de Toda a Rússia.

Também contribuiu para a formação de departamentos dedicados às pautas das trabalhadoras no partido e no governo bolcheviques, além de se dedicar à mobilização de mulheres em várias províncias e de ter atuado como delegada no VIII Congresso do Partido Comunista da Rússia.

O QUE A GRANDE REVOLUÇÃO DE OUTUBRO DEU AOS OPERÁRIOS E CAMPONESES[*]

I. A Grande Revolução Russa

Cortai o mal bem pelo fundo
De pé, de pé, não mais senhores
Se nada somos em tal mundo
Sejamos tudo, ó produtores!

INTERNACIONAL

Passou-se exatamente um ano desde a noite histórica do dia 25 para o 26 de outubro de 1917, quando o II Congresso Panrusso dos Sovietes, formado pelos deputados camponeses, soldados e operários determinou tirar *o poder dos proprietários de terra e capitalistas, que até então mandavam na Rússia sem controle nenhum.* O congresso decidiu transferir toda a administração do país para as mãos dos trabalhadores: operários, camponeses e soldados.

Assim, essa passagem do poder político aos próprios trabalhadores foi a expressão da vontade do povo, de vários milhões de pessoas que enviaram seus representantes ao II Congresso Panrusso dos Sovietes.

Nós, contemporâneos dessa grandiosa reviravolta histórica, ainda estamos próximos demais dela, muitos de nós fomos suas testemunhas vivas. Por isso, ainda é difícil avaliar de modo completo a magnitude e a importância mundial da Grande Revolução Russa.

Os resultados e frutos dessa revolução se mostrarão aos futuros historiadores mais clara e expressivamente do que se mostram agora para nós.

Mas algumas conclusões sobre o que a Revolução de Outubro deu aos operários e camponeses já podem ser tiradas, embora um ano seja um prazo insignificante demais para a avaliação de acontecimentos mundiais como tal evento.

---

[*] Capítulos I, II e III do livro *O que a Grande Revolução de Outubro deu aos operários e camponeses*. Tradução de Kristina Balykova. (N. E.)

A REVOLUÇÃO DAS MULHERES

Por outro lado, fomos testemunhas oculares de como nasceu um novo reino dos trabalhadores em meio a suplícios e sofrimentos, das profundezas da servidão velha e ultrapassada. Isso nos dá a oportunidade de evocar alguns detalhes da reviravolta vivida por nós e lançar uma luz, mesmo que fraca, sobre os lados que permaneceram na sombra e não foram bem elucidados pela imprensa.

Antes de tudo, é preciso desfazer a visão incorreta e muito difundida sobre a revolta de outubro, expressa por muitos, de maneira consciente ou não, ao avaliarem a revolução operário-camponesa.

Essa visão incorreta pressupõe que a revolta de outubro não tenha sido uma revolução do povo, mas sim um complô, uma tomada violenta do poder por parte de um grupelho separado de bolcheviques, contra a vontade e o desejo de toda a população.

Outro obscurecimento do verdadeiro significado e importância da Revolução de Outubro diz que ela apenas forneceu uma série de decretos em papel, sem proporcionar aos operários e camponeses algo palpável, alguma melhoria para além dessa papelada escrita.

Ao elucidarmos, na medida do possível, ambas essas distorções do real significado da Revolução de Outubro, às quais recorrem conscientemente nossos inimigos de classe e todos os seus bajuladores, os mencheviques e os socialistas revolucionários, nós responderemos a duas perguntas centrais: como aconteceu a revolução e o que ela trouxe para os operários e camponeses.

Se a Revolução Francesa de 1789 recebeu da história o nome de "grande revolução", *a nossa revolução operária e camponesa de outubro de 1917 pode ser chamada de "grande revolução"* por um mérito, sem dúvida, maior.

Realmente. Pois a Revolução Francesa de 1789, assim como a Revolução Russa de fevereiro de 1917, foi, em essência, a transferência do poder político das mãos dos latifundiários e proprietários de terra adeptos da servidão para os capitalistas adeptos da servidão. O poder passou não ao povo, aos trabalhadores, mas apenas à burguesia. Dessa maneira, passou de uma classe abastada a outra, enquanto as massas populares, os operários e os camponeses, tanto na França de 1789 quanto aqui em fevereiro de 1917, receberam somente míseras migalhas que caíram da mesa dos senhores burgueses e capitalistas.

A base de todo o poder político, *a potência econômica do capital, permaneceu intacta pela revolução burguesa na França e na Rússia.*

Do mesmo modo, pelo menos na Rússia, manteve-se inabalável *o fundamento agrário*, pois depois da Revolução Russa de fevereiro toda a terra continuou a pertencer aos grandes latifundiários e capitalistas.

Já a revolução operária e camponesa de outubro foi outra coisa, que, *antes de tudo, tirou os pés dos proprietários de terra e dos capitalistas do seu antigo chão agrário, entregando todo latifúndio aos camponeses*.

Com isso, a Revolução de Outubro desferiu seu primeiro golpe enérgico e destruidor contra os latifúndios na Rússia.

Além do mais, ao estabelecer, logo no início, o controle operário sobre a produção em todas as fábricas, a Revolução de Outubro desferiu o segundo golpe potente contra o domínio descontrolado dos capitalistas empreendedores na área da produção.

Ao longo da revolução, ao retirar das mãos dos capitalistas seu outro poderoso coração, os bancos, e entregá-los à república dos sovietes, ou seja, à propriedade de todo o povo, *a revolta de outubro desarmou por completo o grande capital financeiro* e desferiu contra ele um golpe tão forte quanto a retirada das terras dos latifundiários.

Ao privar as classes abastadas dessas potências econômicas centrais do capital – a terra, os bancos e o controle de produção –, a revolução operária e camponesa de outubro consolidou de modo categórico a transferência do poder político às mãos do proletariado.

Quando o fundamento agrário e econômico foi tirado das classes dominantes pelos operários e camponeses, ficou claro que todo o aparelho do poder político, todo o mecanismo governamental e econômico do regime antigo também deviam passar ao controle dos trabalhadores: operários e camponeses.

A antiga burocracia, ou seja, funcionários e servidores das diversas instituições governamentais, foram paulatinamente substituídos pelos representantes dos trabalhadores, assim como as administrações das fábricas começaram a ser trocadas pelos comitês fabris do proletariado.

É por isso que a nossa revolução operária e camponesa de outubro de 1917, sem dúvida, tem mais direito de ser chamada de "grande revolução popular", porque, diferentemente das revoluções burguesas anteriores, esta destruiu o regime antigo desde as suas fundações e transferiu todo o poder político para as amplas massas populares, para os próprios trabalhadores: operários, operárias, camponeses e camponesas.

O fato de que essa transferência das terras e do poder aos trabalhadores não se completou em todas as localidades da Rússia, de que ainda há propriedades rurais em que talvez tenham se mantido seus

A REVOLUÇÃO DAS MULHERES

donos, de que em algumas instituições ainda permanecem funcionários antigos que se agarram às suas vagas – nada disso muda a essência da situação. Pois, segundo o ditado, "Moscou não foi construída em um dia" e, mesmo assim, ela acabou sendo construída. Do mesmo modo, a nossa nova República dos Sovietes, o edifício renovado da Rússia soviética, está sendo construída a cada dia diante dos nossos olhos. Aos poucos, ela está sendo limpa das ervas daninhas, das aranhas latifundiárias, dos antigos funcionários sabotadores, e tudo o que havia de ultrapassado e inútil é substituído pelas forças jovens do governo operário e camponês.

II. Como ocorreu a Grande Revolução de Outubro

O fato de a Revolução de Outubro realmente não ter sido um complô de um grupelho de bolcheviques, e sim a expressão da vontade da enorme maioria do povo, ou seja, dos operários, camponeses e soldados, *confirma-se tanto pelo desenvolvimento da nossa revolução* a partir de abril de 1917 *como pelo II Congresso Panrusso dos Sovietes*, por sua composição, pelas falas dos delegados dos operários e soldados e pelas resoluções aprovadas nesse encontro.

Todos os leitores do nosso folheto devem lembrar como, quase desde os primeiros dias após a Revolução de Fevereiro, quando o governo de Gutchkov e Miliukov assumiu o poder, os operários e soldados de Petersburgo, em uma série de pronunciamentos e manifestações (no dia 22 de abril e em outros), *sempre expuseram nas suas bandeiras e cartazes o lema: "Todo o poder aos sovietes!"*. Esse lema atuou como o fio condutor da nossa revolução até ser transformado em realidade pela revolta de outubro.

Na verdade, o II Congresso Panrusso dos Sovietes devia apenas ratificar a decisão tomada pela maioria esmagadora não só dos operários e soldados de Petrogrado, mas também dos soldados no *front*, que ficam nas trincheiras.

O II Congresso Panrusso dos Sovietes se reuniu no momento em que a crise política e a questão sobre o poder se impuseram de tal modo que *ficou impossível postergar ainda mais a sua resolução*. Até o representante dos mencheviques, [Julius] Mártov, declarou que "a tarefa do congresso consiste, antes de tudo, na solução da questão do poder". É claro que *a questão do poder era a primeira na agenda do dia* do encontro. Resolvê-la no congresso era ainda mais necessário porque as massas revolucionárias de operários e soldados de São Petersburgo *já tinham levado sua resolução às ruas,* e o congresso ocorreu em uma atmosfera política extremamente tensa, quando nas vias de Petrogrado já começara a luta revolucionária aberta.

Seria interessante recuperar com um breve traçado o quadro do clima que predominou no II Congresso dos Sovietes sob a influência da luta iniciada nas ruas de Petrogrado.

Esse clima revolucionário se refletiu nas falas dos delegados do Exército no II Congresso dos Sovietes da seguinte maneira.

Como resposta à sugestão do menchevique Mártov de eleger uma delegação para negociar com outros partidos e organizações o fim do confronto iniciado, o delegado do comitê do XII Exército, [Iákov] Harásh, tomou a palavra e declarou:

> Enquanto aqui está sendo proposta uma regularização pacífica do conflito, as ruas de Petrogrado já estão em combate. Os mencheviques e os socialistas revolucionários acham necessário separar-se de tudo que está acontecendo aqui e reunir forças sociais para oferecer uma resistência tenaz às tentativas de tomada do poder.

Ao se pronunciar sobre a questão da organização do poder, o camarada *Péterson,* representante dos fuzileiros letões, falou: "Os fuzileiros letões declararam várias vezes: *nenhuma resolução a mais, é preciso agir! É preciso tomar o poder em nossas mãos.* Deixem que eles (ou seja, os mencheviques e os socialistas revolucionários) vão embora, *o Exército não está com eles*".

Com uma fala acalorada contra os mencheviques e os socialistas revolucionários, discursou no congresso o camarada Lukiánov: "Eles nos apresentam aqui a opinião dos grupelhos que ficam sentados nos comitês do Exército e do *front. Os moradores das trincheiras esperam, impacientes, a transferência do poder para as mãos dos sovietes*", concluiu.

Os mencheviques e os socialistas revolucionários de direita continuavam a persuadir o congresso a "se unir às negociações com o governo provisório a respeito da formação do novo governo, que se apoiaria em todas as camadas". Sugestões semelhantes provocaram protestos ruidosos de todo o congresso.

Ao se convencerem de que a disposição do congresso não mudaria a seu favor e diante do fato de que a maioria esmagadora dos delegados

A REVOLUÇÃO DAS MULHERES

havia se pronunciado pela tomada do poder, os mencheviques e socialistas revolucionários tentaram acabar com o congresso, declarando que estavam indo embora.

"*Kornilovets*[*]! *Desertores!*", gritaram os delegados aos mencheviques e socialistas revolucionários de direita que deixavam seus postos revolucionários.

Abramóvitch falou em nome dos mencheviques do Bund [União Geral Operária Judaica da Rússia, Polônia e Lituânia] e declarou que os mencheviques e socialistas revolucionários "decidiram morrer junto com o governo provisório e, por isso, todos partem em direção ao Palácio de Inverno, expostos aos fogos de artilharia".

É claro que eles não se expuseram a fogo nenhum, apenas fugiram vergonhosamente dos seus postos, do Congresso Panrusso dos Sovietes, assim como seu líder e chefe [Aleksander] Kerenski retirou-se desonradamente do seu posto de ministro no Palácio de Inverno.

Mesmo alguns mencheviques protestaram contra essa deserção vexante do congresso por seus pares e os socialistas revolucionários, que aconteceu não obstante a sugestão do representante bolchevique, o camarada [Anatoli] Lunatcharski, de discutir em conjunto a resolução da crise política do poder.

Assim, por exemplo, o representante da democracia social georgiana e menchevique internacionalista, *operário Saguirachvili*, dirigiu-se ao congresso com a seguinte fala:

> Às vezes, para a democracia, a insurreição é uma necessidade. Chegou o momento em que a democracia revolucionária deve se insurgir. *Quando uma questão é levada às ruas, os revolucionários não podem ter outro rumo, a não ser caminhar ombro a ombro.* Eu mesmo sou operário e não posso ser uma testemunha não participante, enquanto outros operários e soldados lutam contra os nossos inimigos seculares. Meus camaradas do grupo dos mencheviques internacionalistas *cometeram um erro ao deixar o congresso.* Talvez eles voltem, mas, mesmo se isso não acontecer, eu ficarei com os que combatem os inimigos do povo e da revolução!

Mas os mencheviques e socialistas revolucionários não voltaram ao congresso dos representantes dos operários e soldados. Nesse momento crítico, decisivo para o destino da revolução, eles preferiram

---

[*] Designação depreciativa dos militares que faziam parte do regimento de Kornilov, um dos líderes do Exército Branco. (N. T.)

acompanhar o governo provisório contrarrevolucionário de Kerenski e [Nikolai] Kishkin a apoiar o governo revolucionário dos sovietes.

Trótski, que falou em nome dos bolcheviques, repreendeu severamente os mencheviques e socialistas revolucionários. "A insurreição das massas populares", disse ele, "não precisa de justificativas. *O que aconteceu não foi um complô, mas uma insurreição.*"

Sim, isso não foi uma conspiração de um grupelho de bolcheviques, como defendiam os mencheviques e socialistas revolucionários – todos os inimigos de classe do proletariado e do Exército. *Isso foi uma insurreição armada do povo revolucionário, que transferiu o poder para as mãos do II Congresso Panrusso dos Sovietes.*

No congresso foi anunciada uma notícia recebida com aplausos estrondosos: *a guarnição de Petrogrado prendeu no Palácio de Inverno todo o governo da contrarrevolução*, liderado pelo seu ditador designado e representante dos capitalistas, Kishkin.

Depois, discursou *o representante do III Batalhão das Tropas Ciclistas*, declarando que seu regimento havia sido enviado por Kerenski para a pacificação dos operários e soldados revolucionários de São Petersburgo. "Mas quando, a caminho, fizemos um comício urgente em uma das estações", disse ele, "*decidimos que não daríamos o poder ao governo liderado pelos burgueses e latifundiários, que não defendem os nossos interesses!*"

Em seguida, falou o representante da guarnição de Tsárskoie Seló, afirmando que "*toda a nossa guarnição está a favor do congresso panrusso e da revolução, a qual defenderá até o fim*". Enfim, a disposição revolucionária do congresso aumentava a cada minuto, à medida que chegavam as notícias do Palácio de Inverno e de diferentes regimentos sobre o andamento da luta das tropas revolucionárias contra o governo da contrarrevolução, que perdeu a cabeça e debandava com medo e pânico.

O resultado dessa luta já estava decidido nas ruas de Petrogrado. O lema "*Todo o poder aos sovietes!*" propagou-se com a rapidez de um relâmpago por todas as fábricas e regimentos, chegando aos representantes dos sovietes camponeses reunidos naquele momento em Petrogrado. No congresso, determinou-se *convidar imediatamente para o encontro os representantes de todos os sovietes camponeses com direito ao voto decisivo.* Assim, o congresso constitui a representação completa das massas operárias, camponesas e militares, *a expressão da vontade comum dos milhões das massas trabalhadoras*, que se apoiaram na insurreição vitoriosa do proletariado de Petrogrado, de toda a guarnição e de todo o Exército

A REVOLUÇÃO DAS MULHERES

dos soldados, esses "moradores das trincheiras que esperavam, impacientes, a transferência do poder para as mãos dos sovietes".

E o II Congresso dos Sovietes foi ao encontro dessas expectativas dos operários e soldados, da sua vontade revolucionária e da luta pelo poder dos sovietes.

Como dito anteriormente, o resultado dessa luta já estava decidido nas ruas de Petrogrado, nos arredores do Palácio de Inverno, e o congresso só teve de confirmar essa decisão das massas revolucionárias.

Todas as fábulas e calúnias da burguesia e dos seus bajuladores mencheviques e socialistas revolucionários, dizendo que a transferência do poder para os sovietes foi uma tomada violenta, um empreendimento de um grupelho de bolcheviques, um complô, e não uma revolução, *despedaçam-se como em uma colisão contra uma rocha de granito diante dessa resolução unânime do II Congresso dos Sovietes sobre a tomada de poder pelos trabalhadores.*

Não há como falar em um conluio de um grupelho de bolcheviques quando, com base nos protocolos, é possível precisar que *no II Congresso Panrusso dos Sovietes estiveram presentes 670 delegados,* dos quais *apenas 25 ou 30 mencheviques e socialistas revolucionários de direita mais ferrenhos deixaram o evento.* Todos os mencheviques e socialistas revolucionários honestos permaneceram na reunião e continuaram a participar da sua atividade.

De todos os 670 delegados do congresso panrusso, cerca de 400 pessoas pertenciam ao grupo dos bolcheviques; os demais eram internacionalistas, ucranianos e socialistas revolucionários de esquerda que permaneceram no encontro.

Os bolcheviques representavam principalmente as organizações operárias e militares, enquanto os outros grupos representavam a massa camponesa. Desse modo, *o II Congresso Panrusso dos Sovietes foi uma reunião representativa verdadeira e plenipotenciária de milhões de trabalhadores* e, em todo caso, manifestava os interesses da classe operária e dos camponeses de uma maneira muito mais completa do que a tal "Assembleia Constituinte", composta em mais da metade por representantes dos burgueses, capitalistas, latifundiários e seus bajuladores.

A composição do II Congresso Panrusso explica tanto a unanimidade das suas decisões e resoluções quanto o resultado relativamente pacífico da revolução operária e camponesa de outubro.

Tal resultado quase sem derramamento de sangue se explica pelo fato de os inimigos dos trabalhadores, liderados pelo governo

263

provisório, terem sentido de imediato a força representada pelo II Congresso Panrusso dos Sovietes e se rendido logo, praticamente sem combate. Não houve nenhum operário honesto nem soldado para servir de apoio ao governo provisório de Kerenski e Kishkin, que ocupou o Palácio de Inverno. Com exceção de um pequeno grupo de *junkers**, de oficiais do Exército Branco e de um reduzido batalhão de choque feminino, não houve apoio ao governo de coalizão dos capitalistas e oportunistas.

Com sua política de negócios e acordos com a burguesia, com o prolongamento da guerra "até o fim vitorioso", ou seja, sem fim, com o receio de dar as terras aos camponeses – o governo semiburguês de Kerenski, [Mikhail] Tereshchenko e [Aleksander] Konovalov armou contra si todos os operários, camponeses e soldados e demonstrou sua total incapacidade de defender os interesses dos trabalhadores.

Em vez de deixar os velhos soldados livres para cultivar suas terras, Kerenski os mandou ao ataque para regarem com seu próprio sangue os campos alemães. Em vez de entregar as propriedades rurais aos camponeses, de acordo com o que foi escrito na bandeira dos socialistas revolucionários, um membro desse partido, o ministro [Nikolai] AvKséntiev, colocou nas prisões os representantes dos comitês agrários camponeses por causa das suas tentativas de tomar os latifúndios.

Durante oito meses, o governo dos capitalistas e dos oportunistas socialistas ficou parado no mesmo lugar, sem forças, prolongando a guerra e preparando a fome, sem dar as terras aos camponeses, freando o controle dos operários sobre a produção e, com isso, intensificando a destruição industrial. É por isso que o governo de Kerenski, [Viktor] Tchernóv e Konovalov colocou contra si todos os trabalhadores e promoveu o lema para a sua própria substituição: "Todo o poder aos sovietes!".

É por isso que ele foi forçado a se render quase sem combate, é por isso que a nossa Revolução de Outubro não foi tão sangrenta como as insurreições dos operários e camponeses franceses, é por isso que muitos não consideram a revolta de outubro uma revolução, mas uma tomada violenta do poder por um grupelho de bolcheviques, um complô.

Antes de tudo, todo complô que não se apoia nas massas populares é fadado ao fracasso e à repressão, enquanto a Revolução de Outubro

---

* Aristocratas rurais. (N. E.)

A REVOLUÇÃO DAS MULHERES

até agora não pôde ser reprimida por nenhum conluio da contrarrevolução russa ou estrangeira; pelo contrário, essa revolução operária e camponesa conteve todas as conspirações da contrarrevolução que aconteceram até agora.

E, mesmo se considerarmos a Revolução de Outubro uma violenta tomada do poder político da burguesia pela classe trabalhadora, isso seria perfeitamente normal.

"A violência é a parteira de toda sociedade velha que está prenhe de uma sociedade nova", escreveu o grande mestre Karl Marx na sua obra imortal *O capital*.

Seria totalmente improvável que uma reviravolta tão grandiosa como a Revolução de Outubro, que transferiu o poder de uma classe à outra, acontecesse sem nenhum uso da força, que a classe dos latifundiários e capitalistas proprietários, acostumada há anos a se manter no controle por meio da opressão, da violência e com baionetas, entregasse o poder por vontade própria, sem nenhuma resistência.

E se a força dessa resistência das classes abastadas durante a Revolução de Outubro foi extremamente ínfima, se o poder de uma classe em vias de extinção passou a outra classe, dona do futuro, quase sem derramamento de sangue, *isso prova mais do que tudo o quão iminente era a revolta de outubro*, o quanto a Revolução de Outubro foi a luta das amplas massas populares contra um punhado de capitalistas, *a expressão da vontade da maioria do povo, e não de um pequeno grupo de conspiradores, como tentam provar todos os inimigos da revolução operária e camponesa*.

Com suas objeções, os oponentes da Revolução de Outubro só prejudicam a si mesmos e, *mais uma vez, ressaltam todo o grande significado histórico e mundial da mais elevada revolução operária e camponesa*.

III. O que a Revolução de Outubro deu aos trabalhadores e trabalhadoras

Tentando depreciar o significado da Grande Revolução de Outubro e de todas as suas conquistas, os inimigos dos sovietes e do poder soviético falam com frequência que a revolta de outubro não trouxe nenhuma

---

[*] *O capital: crítica da economia política*, Livro I: *O processo de produção do capital* (trad. Rubens Enderle, São Paulo, Boitempo, 2013), p. 821. (N. E.)

melhoria real à classe trabalhadora, mas apenas "uma série de decretos, de papéis escritos, que não estão sendo postos em prática".

Essas frases foram ouvidas um número especial de vezes dos lacaios da burguesia, os mencheviques e socialistas revolucionários, nos primeiros tempos após a Revolução de Outubro, quando muitos decretos apenas acabavam de ser concretizados. Eles difundiam tal calúnia na sua imprensa de modo consciente, para minar a confiança das massas nos sovietes e no poder soviético.

"Seu poder soviético", falavam esses bajuladores da burguesia aos trabalhadores, "não deu a vocês nada do que havia prometido, nem liberdade nem paz. Os decretos sobre a terra e sobre o controle trabalhador são meros papéis que ninguém cumpre", gritavam os inimigos dos sovietes nos comícios e reuniões.

O fato de que a Revolução de Outubro deu aos operários e camponeses *a liberdade plena e ilimitada de construir sua vida com base nos princípios novos*, de reunir-se, de organizar sindicatos, de entrar em greve, a liberdade de expressão e de imprensa não precisa ser provado, pois isso é visto por todos.

Apenas os inimigos dos sovietes e do poder soviético, assim como as pessoas conscientes da sua própria má-fé e desonestidade, podem negar isso, porque *em nenhum outro país do mundo há agora liberdade tão plena para os trabalhadores como na Rússia.*

Alguns podem questionar: e os jornais fechados? Se a classe trabalhadora lutou pela liberdade de imprensa, como ela pôde fechar todos os jornais burgueses?

Sim, a classe trabalhadora lutou pela liberdade de imprensa, *mas não pela liberdade da mentira e da calúnia*, pois a imprensa burguesa e a dos oportunistas mencheviques e socialistas revolucionários foram aquelas da falsidade e injúria totais.

O poder soviético aturou por muito tempo essa imprensa caluniadora, que tentou intoxicar com seu veneno a consciência das pessoas ainda sem entendimento, despejando baldes de lama na cabeça dos líderes do proletariado, representando-os como espiões alemães etc.

Mas toda paciência tem limite. A própria imprensa burguesa e oportunista fez com que fosse preciso pôr nela uma focinheira, forçá-la a ficar calada, sem morder nem caluniar.

A classe trabalhadora lutou pela liberdade de imprensa, mas não pela liberdade da calúnia; pela liberdade da verdade, mas não pela liberdade da mentira; pela liberdade de greve, mas não pela liberdade

A REVOLUÇÃO DAS MULHERES

das greves amarelas*, como aquela do 2 de junho, fracassada entre as massas trabalhadoras; pela liberdade de organizar sindicatos, mas não sindicatos amarelos, como o antigo sindicato dos tipógrafos; pela liberdade de reunião, mas não como a tal "reunião dos encarregados", que não foram encarregados de se reunir por ninguém e que se reuniram para viabilizar uma greve amarela contra os sovietes.

Já os verdadeiros congressos, reuniões, sindicatos e jornais trabalhadores desfrutam de liberdade plena e ilimitada, o que atualmente não há em nenhum outro país.

Quantos congressos diversos de operários e camponeses aconteceram durante este ano desde a Revolução de Outubro, quantos comícios e reuniões tiveram lugar, quantas redes de clubes e sindicatos operários e camponeses cobriram toda a Rússia. Na República Soviética só não há nem pode haver espaço para os jornais, greves e sindicatos amarelos, que beneficiam a burguesia e prejudicam os trabalhadores!

Ao dar liberdade ao povo, o governo dos operários e camponeses deu-lhe a paz, porque foi o primeiro a tirar a Rússia dessa guerra destruidora e sangrenta, para a qual o país foi arrastado pelo sangrento Nicolau e que recebeu apoio do governo dos capitalistas e oportunistas durante oito meses.

Não importa quão alto foi o custo da paz, o fato é que *somente a Revolução de Outubro salvou os operários e camponeses da morte nas trincheiras, somente ela pôs fim ao extermínio de milhões de operários e camponeses russos em nome dos interesses dos capitalistas predadores e devolveu o proletariado às suas famílias e ao trabalho.*

Todos os inimigos do poder soviético o acusaram de assinar uma "paz separada"**. Mas agora a Bulgária e a Turquia também são forçadas a assinar uma paz nos mesmos termos, pois não podem continuar a guerra, assim como a Rússia não podia depois da revolta de outubro.

Até o onipotente Guilherme, esse "*Kaiser*" de ferro que parecia tão invencível, agora é obrigado a se ajoelhar diante do presidente

---

* Greves cujos líderes seguiam a política de cooperação entre empresários e trabalhadores, ignorando os interesses destes últimos. (N. T.)

** Referência ao Tratado de Paz de Brest-Litovsk, entre o governo bolchevique e os Impérios Centrais. Na tentativa de colocar um fim à Primeira Guerra Mundial e sem conseguir o apoio da França e do Reino Unido para as tratativas, a Rússia assinou com a Alemanha, em março de 1918, uma "paz separada", pela qual foram impostas duras condições para o povo russo e a República Soviética. (N. E.)

estadunidense [Thomas Woodrow] Wilson e assinar uma paz infinitamente mais vergonhosa e humilhante do que aquela assinada pelo poder soviético.

Como demonstrou todo o curso da guerra desde a Revolução de Outubro, o enorme mérito do governo operário e camponês dos sovietes está justamente no fato de *que ele levou em conta a tempo a inevitabilidade e a necessidade da paz para a Rússia; antes dos outros, tirou o país dilacerado do massacre sangrento e, com isso, salvou centenas de milhares de operários e camponeses de uma morte inevitável e sem sentido.*

Que agora o poder soviético precise sacrificar seus melhores guerreiros para defender as conquistas da Revolução de Outubro dos imperialistas predadores que a atacam não é sua culpa, e sim sua infelicidade. Mesmo assim, essa defesa dos êxitos da revolução no *front* tcheco-eslovaco não exige vítimas tão numerosas quanto as que foram arrancadas das fileiras dos trabalhadores pela maldita guerra de quatro anos com a Alemanha.

O poder soviético prometeu encerrar o conflito com a Alemanha e o fez, *prometeu assinar a paz e o fez,* não importa o quanto o caluniassem todos os inimigos dos operários e camponeses.

O governo operário e camponês dos sovietes *encontrou um apoio tão amplo no Exército, entre os soldados, justamente por ter concedido a paz* a esses "moradores das trincheiras" atormentados pelos quatro anos de guerra e por tê-los deixado voltar para as suas famílias e povoados nativos, enquanto o inimigo do povo Kerenski prolongava a guerra e mandava os soldados para novas investidas mortíferas contra os alemães.

A enérgica política da paz que começou a ser implementada pelo poder soviético desde os primeiros dias da Revolução de Outubro proporcionou o apoio não só das massas soldadescas, *mas também dos camponeses*, que sofriam sob o peso dessa guerra destruidora, responsável por privar a Rússia de 14 milhões de camponeses e operários retirados do seu trabalho, das suas posses, dos seus campos nativos e jogados nos campos de combate para derramar seu próprio sangue em nome dos interesses dos capitalistas predadores.

A Revolução de Outubro terminou a guerra com a Alemanha, pôs fim a esse derramamento de sangue sem sentido e, com isso, atraiu para o seu lado todos os trabalhadores, camponeses, operários e soldados atormentados por esse conflito e sedentos pela paz.

Olhemos agora para o que a revolução deu aos trabalhadores e trabalhadoras. Será que é verdade que ela não lhes trouxe nenhuma

A REVOLUÇÃO DAS MULHERES

melhoria, como afirmam esses caluniadores do poder soviético? Claro que não é verdade!

Antes de tudo, *a carga de trabalho de oito horas diárias*, lema do 1º de Maio pelo qual a classe trabalhadora lutou ainda durante a monarquia, *foi de fato concretizada apenas pela Revolução de Outubro*. Ainda que nos dias de fevereiro os operários cumprissem, sem autorização, a carga diária de oito horas em muitas fábricas, os donos de fábrica se opuseram a isso de todas as maneiras. Os capitalistas tentaram até atiçar os soldados contra os operários, incutindo neles a ideia de que enquanto ficam nas trincheiras durante 24 horas, os operários querem produzir por apenas oito horas. O que não fizeram os empresários para impedir nas suas fábricas a jornada de trabalho de oito horas por dia.

Apenas a revolta de outubro, que entregou o poder aos próprios trabalhadores e trabalhadoras, possibilitou a eles realizar livremente, com base no decreto do poder soviético, o trabalho diário de oito horas em todas as empresas.

Desse modo, realizou-se o maior sonho da classe trabalhadora, uma vez cantado pelo poeta [L.] Melshin: "Oito horas para o trabalho, oito para o sono e oito livres". Aquilo que foi o maior desejo dos trabalhadores e trabalhadoras, atormentados pela jornada pesada e prolongada de catorze a dezesseis horas por dia, *transformou-se em realidade pelas mãos da Revolução de Outubro. Após essa decisão, o proletariado passou a trabalhar apenas oito horas diárias*, sobrando dezesseis horas para o lazer, a família, o estudo, palestras e reuniões. Não seria isso um grande alívio para os trabalhadores, quando eles deixam suas oficinas abafadas às quinze ou dezesseis horas e se sentem pessoas livres, capazes de dispor do seu lazer como preferirem?

Apenas as operárias retrógradas e inconscientes, que esqueceram como há pouco tempo, durante a guerra e o trabalho noturno "para a defesa dos capitalistas", elas quase desmaiavam de fadiga perto das máquinas e ferramentas, podem declarar que, para elas, "tanto faz por quantas horas se trabalha".

Nos lugares onde o poder soviético está destruído, como Ucrânia e Sibéria, os capitalistas tiraram dos operários e operárias a jornada de oito horas diárias, obrigando-os de novo a trabalhar por doze a catorze horas, tal qual durante a monarquia. E lá as operárias sentem na própria pele o que significa perder a carga reduzida e voltar ao cativeiro dos capitalistas.

Além disso, em toda parte onde o poder soviético está arruinado, tanto no sul quanto no norte, em Arkhángelsk, *o salário da classe trabalhadora foi reduzido*, apesar do custo de vida crescente.

A Revolução de Outubro, que transferiu o poder para os próprios trabalhadores, *deu-lhes o direito de estabelecer e aumentar o valor* de acordo com o crescimento dos preços para os produtos de primeira necessidade.

Uma tecelã ou tabaqueira, que durante a monarquia do tsar recebia 20 rublos por mês, agora, na monarquia do povo, recebe de 16 a 20 rublos por dia.

É claro que alguém questionará que, naquela época, comprava-se mais com 20 rublos do que hoje com 200. É verdade. Mas de quem é a culpa se agora a vida é tão cara? Será que os sovietes e o poder soviético aumentam os preços de todos os produtos, será que foram eles que empreenderam essa guerra nefasta que levou os povos à falência e criou o alto custo de vida atual?

Mesmo durante o regime antigo não era possível viver dignamente com o salário de 20 a 30 rublos por mês, e as trabalhadoras estavam sempre passando fome, alimentando-se mal, usando botas e vestidos rasgados. Agora, elas se esqueceram de tudo isso e, embora a maioria delas receba salários maiores e se vista melhor, continuam falando mal do poder soviético, que não é culpado pelo alto custo de vida.

A Revolução de Outubro entregou a questão do salário de todas as categorias de trabalho aos próprios trabalhadores por meio dos seus sindicatos e comitês de fábrica, o que possibilitou o aumento do seu nível material de acordo com o custo de vida crescente. Após a Revolução, tais comitês se tornaram donos de toda a vida fabril, estabelecendo o regulamento interior das oficinas e realizando o controle operário sobre a produção.

Embora os comitês de fábrica tenham recebido seu batismo de fogo ainda nos dias da Revolução de Fevereiro, quando surgiram pela primeira vez, *eles começaram a funcionar mais livremente apenas depois da Revolução de Outubro*.

Ainda no governo semiburguês de Konovalov, Kerenski e [Matvei] Skóbelev, havia perseguições contra os comitês de fábrica, e o "socialista" oportunista Skóbelev, então ministro do Trabalho, proibiu os comitês de se ocuparem de assuntos comunitários durante o horário de trabalho e introduziu uma série de outras limitações para agradar aos capitalistas.

A REVOLUÇÃO DAS MULHERES

Somente a Revolução de Outubro desatou completamente as mãos dos comitês de fábrica no seu trabalho de organização da produção e efetivação do controle operário nos locais. Os comitês de fábrica constituíram a escola prática de organização da produção, onde os operários aprenderam diretamente a regularizar tal produção na época mais difícil vivida pela Rússia, quando, em consequência da guerra, volta e meia sentia-se a falta de combustível e de matérias-primas nas fábricas.

Passaram por essa escola prática, preparatória para a atividade econômica, muitos operários que agora ocupam postos importantes como comissários da Comuna do Norte: comissário do Trabalho (operário Ivanov), comissário do Comércio e da Indústria (camarada Iévdokimov), entre outros.

Atuando nos comitês de fábrica para regularizar a indústria e realizar o controle operário nos locais, esses camaradas conheceram na prática a organização da produção, o que lhes deu experiência para seu trabalho posterior na ordenação da vida econômica do país em escala nacional.

O controle operário sobre a produção é uma das conquistas mais grandiosas da Revolução de Outubro. Se, após os dias de fevereiro, esse controle era realizado apenas parcial e dispersamente, só em algumas fábricas, enquanto os capitalistas não queriam lhe obedecer e o ex-ministro do Comércio e da Indústria, o capitalista Konovalov, chegou a deixar o ministério por não conseguir digerir essa situação, a partir da Revolução de Outubro o controle operário começou a ser feito em escala nacional, de acordo com o decreto do poder soviético.

Embora, na época, diversos tagarelas do campo dos mencheviques e socialistas revolucionários debochassem do controle, assim como de todos os êxitos da Revolução de Outubro, e com afinco chamassem os operários "de volta ao capitalismo", estes caminhavam para a frente, rumo ao socialismo, realizando o controle operário em todos os lugares onde fosse possível.

É claro que o controle sobre a produção ainda não é socialismo, mas, sem dúvida, *ele faz parte do caminho para o socialismo,* legalizando a participação direta dos próprios operários no processo produtivo e preparando a transferência completa da produção e da distribuição para as mãos do proletariado.

Não obstante as condições incrivelmente difíceis em que começou a ser realizado o controle dos operários sobre a produção, com a sabotagem organizada dos empresários, a indústria destruída pela guerra, a ausência de matéria-prima e de combustível, a falta total de engenheiros especialistas – apesar de tudo isso, o controle sobre a produção, tomado a tempo pelos operários com suas mãos calosas, *acabou superando os danos causados pelos capitalistas e salvando a nossa indústria da ruína completa.*

Se os operários não tivessem assumido logo o controle sobre a produção e toda a vida industrial, a quantidade de fábricas fechadas, que até a revolta de outubro havia alcançado mais de 600, teria aumentado de modo significativo, e o exército de desempregados seria muito maior. Mas agora, graças aos esforços da própria classe trabalhadora e à sua intervenção na produção, muitas fábricas fechadas, como a Obukhovski, a de Baranóvski e outras, reabriram sem qualquer sombra de sabotagem, e a sua produção já está sendo regularizada.

Foi esse o resultado do controle do proletariado sobre a produção, lema que a Revolução de Outubro transformou em realidade pela primeira vez.

Desse modo, *apenas um ano após a Revolução de Outubro, seus criadores, os trabalhadores e trabalhadoras da Rússia, alcançaram uma série de conquistas e melhorias na sua própria condição que ainda não existem em nenhum outro país do mundo.* O controle operário sobre a produção, que refreou os capitalistas; os comitês fabris, que expulsaram os empresários e tornaram a classe trabalhadora dona das fábricas; o salário aumentado e a jornada diária de oito horas; a total liberdade de reunião, de realizar greves, de organizar sindicatos – não seriam esses êxitos grandiosos?

Em apenas um ano, os operários não só dominaram a produção dentro de cada fábrica, mas tomaram para si o mecanismo econômico de todo o país.

Os representantes da classe trabalhadora chefiam agora quase todos os comissariados e departamentos da economia nacional; eles têm em suas mãos todo o aparelho de produção, todas as mudanças nas condições de trabalho e de vida dos trabalhadores.

Se nem tudo flui ainda de modo tão simples e fácil como gostaríamos, é porque o mecanismo econômico de um país inteiro é algo muito complexo, e os trabalhadores herdaram esse mecanismo semi-destruído, abalado pela guerra e pela sabotagem dos empresários.

Contudo, repleto de confiança nas suas próprias forças, na potência criativa da classe trabalhadora, o proletariado tomou esse mecanismo destruído e começou a pôr em ordem todos os seus parafusos e rodinhas.

E, embora houvesse e haja ainda muitos sabotadores, sobretudo entre os intelectuais, que atrapalham esse mecanismo, os trabalhadores, um ano após a Revolução de Outubro, já regularizaram e ordenaram muita coisa.

Isso nos dá a certeza de que, tendo superado as primeiras dificuldades, os criadores da Revolução de Outubro, os trabalhadores da cidade e do campo, conseguirão realizar suas conquistas com mais facilidade no futuro.

Fonte: Великая российская революция [A Grande Revolução Russa], Как совершилось октябрьской революция [Como ocorreu a Grande Revolução de Outubro], Что дала рабочим и крестьянам Великая Октябрьская революция [O que a Revolução de Outubro deu aos trabalhadores e trabalhadoras], em *Что дала рабочим и крестьянам Великая Октябрьская революция – К годовщине революции 26 октября 1917 г.-7 ноября 1918 г.* [O que a Grande Revolução de Outubro deu aos operários e camponeses – Para o aniversário da Revolução, 26 de outubro de 1917 – 7 de novembro de 1918], São Petersburgo, Т-во А. Ф. Маркс [Sociedade A. F. Marx], 1918.

OUTRAS PUBLICAÇÕES DA BOITEMPO

O futuro começa agora
BOAVENTURA DE SOUSA SANTOS
Apresentação de **Naomar de Almeida-Filho**
Orelha de **Ruy Braga**

Interseccionalidade
PATRICIA HILL COLLINS E SIRMA BILGE
Tradução de **Rane Souza**
Orelha de **Winnie Bueno**

O manifesto socialista
BHASKAR SUNKARA
Tradução de **Artur Renzo**
Orelha de **Victor Marques**

Minha carne
PRETA FERREIRA
Prefácio de **Juliana Borges**
Posfácio de **Conceição Evaristo**
Orelha de **Erica Malunguinho**
Quarta capa de **Angela Davis, Allyne Andrade
e Silva, Maria Gadú e Carmen Silva**

O patriarcado do salário, volume I
SILVIA FEDERICI
Tradução de **Heci Regina Candiani**
Orelha de **Bruna Della Torre**

Raça, nação, classe
ÉTIENNE BALIBAR E IMMANUEL WALLERSTEIN
Tradução de **Wanda Caldeira Brant**
Orelha de **Silvio Almeida**

Rosa Luxemburgo e a reinvenção da política
HERNÁN OUVIÑA
Tradução de **Igor Ojeda**
Revisão técnica e apresentação de **Isabel Loureiro**
Prefácio de **Silvia Federici**
Orelha de **Torge Löding**
Coedição de **Fundação Rosa Luxemburgo**

Cartaz de propaganda soviética de 1932 com os dizeres: "8 de Março: o dia da revolta das mulheres trabalhadoras contra a escravidão da cozinha".

Publicado em março de 2017, cem anos após a manifestação de 8 de março de 1917, na Rússia, que reuniu mais de 90 mil mulheres e culminou na chamada Revolução de Fevereiro, um prenúncio da Revolução de Outubro, que derrubou o tsarismo, deu o poder aos sovietes e levou à construção da URSS, este livro foi composto em New Baskerville, corpo 10,1/12,12, e reimpresso em papel Avena 80 g/m² na gráfica Rettec, para a Boitempo, em junho de 2021, com tiragem de 1.000 exemplares.